Zu diesem Buch

Mehr als je zuvor müssen sich Erwachsene heute weiterbilden. Dabei lernen sie allerdings meistens nach den Methoden, die sie in ihrer Schulzeit kennengelernt haben. Diese Methoden sind auch in der Schule veraltet. Heute unterrichtet man Kinder moderner und effektvoller.

Viel wichtiger ist aber: Erwachsene müssen anders lernen als Kinder. Daher vermittelt dieses Buch Lerntechniken, die den Bedürfnissen und Voraussetzungen Erwachsener entsprechen. Da ihre Lernprobleme weit gespannt und vielfältig sind, kann es keine allgemein gültigen Patentregeln geben. Die verschiedenen Typen von Lernvorgängen erfordern spezielle Techniken.

Auf Grund des wissenschaftlich fundierten, dabei aber anschaulichen «Lernquaders» lernt der Leser, seine individuellen Lernaufgaben zu analysieren und konkrete Ratschläge abzuleiten. Vier typische Fallbeispiele zeigen ausführlich die Anwendung der Lerntechniken in wirklichen Lernsituationen. Zwei Kapitel über Prüfungsvorbereitung und das Verhalten in Prüfungen ergänzen das Buch, das ganz auf die praktische Anwendbarkeit der empfohlenen Lerntechniken ausgerichtet ist. Trotzdem ist die wissenschaftliche Korrektheit in allen Teilen gewährleistet. Die einzelnen Techniken werden ausführlich und leicht verständlich begründet, zum Teil durch kleine Experimente, die der Leser an sich selbst durchführen kann.

Walter F. Kugemann, 1944 geboren, Dr. phil., ist als Projektkoordinator mit der Entwicklung eines Fern- und Selbststudienprogramms für das erste Studienjahr der Hochschul-Psychologieausbildung beauftragt.

Bernd Gasch, 1941 geboren, Dr. phil., Diplom-Psychologe, leitet die Koordinationsstelle der Justizministerkonferenz für die wissenschaftlichen Auswertungen der Modelle der einstufigen Juristenausbildung.

Sie wurden unterstützt von Ulrike Franck, Dipl.-Psych., und Peter Hübner, Dr. phil., Dipl.-Psych.

Lerntechniken für Erwachsene

Walter F. Kugemann
Bernd Gasch
unter Mitarbeit von
Ulrike Franck und
Peter Hübner

Rowohlt

70.–72. Tausend Januar 1997

Überarbeitete Ausgabe
Veröffentlicht im Rowohlt Taschenbuch Verlag GmbH,
Reinbek bei Hamburg, März 1978
Copyright © Deutsche Verlags-Anstalt GmbH, Stuttgart, 1972
Alle Rechte bei Gabler-Verlag GmbH, Wiesbaden
Satz Helvetica (Linotron 505 C)
Gesamtherstellung Clausen & Bosse, Leck
Printed in Germany
1090-ISBN 3 499 17123 6

Inhalt

Gebrauchsanweisung für dieses Buch

Sie haben kein übliches Lern- oder Sachbuch in der Hand, sondern ein Trainingsprogramm über Lerntechniken. Es enthält:
1. Den eigentlichen Informationstext.

2. Eine kurze Zusammenfassung der einzelnen Kapitel und der dazugehörigen Lernregeln, jeweils am Kapitel-Ende.

3. Wissenschaftliche Begründungen und Ergänzungen für diejenigen, die manches genauer wissen wollen. Diese Ergänzungen sind etwas kleiner gedruckt als der übrige Text.

4. Trainingsaufgaben. Sie werden häufig aufgefordert werden, selbst kurze Aufgaben zu bearbeiten und bei kleinen Versuchen mitzumachen. Ihre aktive Beteiligung wird es Ihnen leichter machen, die Lerntechniken zu verstehen und zu behalten.

5. Musterlösungen zu den Aufgaben erlauben eine unmittelbare Rückmeldung.

6. Vier ausführliche Fallbeispiele helfen, das Wissen über effektivere Lerntechniken in die Lernpraxis Erwachsener zu übertragen.

Bevor Sie mit diesem Buch beginnen, eine erste kleine Aufgabe: Holen Sie sich irgendein Schreibinstrument und schreiben Sie eine Minute lang spontan alle Worte auf, die Ihnen bei dem Wort «Lernen» einfallen. Fangen Sie gleich an:

Trainingsfeld «Lernassoziationen»

....

....

....

....

....

....

....

....

....

....

Die Macht der Gewohnheiten

Erwachsene sind keine Schulkinder

«Wir lernen heute – Ruhe da hinten, Krause, schwätze nicht –, alle Gase dehnen sich bei Erwärmung aus. Sprecht mir nach!»
«Alle Gase dehnen sich bei Erwärmung aus.»
«Noch einmal – Müller, schau nicht schon wieder zu deinem Nachbarn – und nun wieder im Chor!»
«Alle Gase dehnen sich bei Erwärmung aus.»

Wenn man an das Wort «Lernen» denkt, fällt einem ganz automatisch die Schule ein. Das haben Sie ja selbst an dem vorangegangenen kleinen Assoziationsversuch gesehen. «Schule» stand dabei sicher an einer der oberen Stellen. Die meisten von Ihnen denken dabei an die alte Lernschule, die Sie selbst noch miterlebt haben und die wir Ihnen hier karikiert vorgestellt haben. Erwachsene *denken* beim Wort «Lernen» aber nicht nur an die Schule, sondern sie verwenden meist noch die gleichen Lerntechniken, die man ihnen als Schüler beigebracht hat.

Diese Techniken sind aber inzwischen auch im Schulunterricht überholt. Heute werden meist Kinder moderner und effektvoller unterrichtet.

Noch nachteiliger ist es aber, daß wir Erwachsenen meistens versuchen, wie Kinder zu lernen, obwohl wir längst keine Kinder mehr sind.

Erwachsene brauchen eigene Lerntechniken, und diese «Lerntechniken für Erwachsene» will Ihnen dieses Buch vorstellen.

Was ist denn beim Lernen der Erwachsenen so anders als in der Schule?

Warum wird gelernt?

Zuerst einmal der Grund, warum man überhaupt lernt. Wie war das in der Schule?
«Wenn du nicht bis morgen deine Vokabeln lernst, muß ich dich ins Klassenbuch eintragen. Warte nur, wenn du eine rote Sechs bei der nächsten Arbeit bekommst, wirst du schon fleißiger werden. Wenn du so weitermachst, wird nie ein ordentlicher Mensch aus dir!»

Als Schüler hat man aus Angst vor Strafe gelernt, um keine schlechten Noten zu bekommen und nicht sitzenzubleiben. Man hat eben doch für die Schule gelernt und nicht für das Leben, obwohl man uns das immer wieder weismachen wollte.

Die Lerngründe von Erwachsenen sind vielfältiger.

Warum lernen Sie zum Beispiel?

Erwachsene entscheiden selbst, ob und warum sie lernen, ganz anders als Schüler, die durch andere zum Lernen gezwungen werden.

Ein Erwachsener muß also wissen, warum er lernen will und wie er Lernwünsche und -ziele beeinflussen und steuern kann. Techniken dazu finden Sie in den Kapiteln 6 und 7.

Die Psychologie, besonders die Lernpsychologie, hat Erkenntnisse gewonnen, aus denen man eine Reihe von Regeln für das Lernen von Erwachsenen ableiten kann. Es gibt dafür also ein wissenschaftlich gesichertes Fundament.

Lernen mit Gewalt?

In der Schule haben wir gelernt: Lernen ist eine mühselige, unangenehme Pflicht. Eltern bringen das ihren Kindern ja auch immer wieder bei:

«Du bleibst jetzt hier auf diesem Stuhl sitzen und lernst so lange, bis du alles kannst. Früher stehst du mir nicht auf, auch wenn das zwei Stunden dauert. Beim Lernen wird nicht getrödelt. Zuerst die Arbeit und dann das Vergnügen.»

Muß man beim Lernen so pausenlos und verbissen, mit Gewalt und Willensanstrengung arbeiten? Nein, das ist sogar recht schädlich für den Lernerfolg. «Mach mal Pause!», denn häufige Lernpausen sind nicht nur angenehm, sie sind für effektvolles Lernen notwendig.

Warum man Lernpausen machen muß, wie lange sie sein sollen und in welchen Abständen man sie einlegt, werden wir Ihnen in Kapitel 3 erklären.

Lernen, ohne zu denken?

Noch eins: Auf welche Art lernen Sie? Einfach auswendig, wie Sie es in der Schule gemacht haben?

«Die Glocke, von Friedrich von Schiller: Festgemauert in der Erden, steht die Form aus Lehm gebrannt, heute muß die Glocke werden, frisch

Gesellen, seid zur Hand! Von der Stirne heiß rinnen muß der Schweiß . . .»

Solches mechanisches Einpauken im Schweiße des Angesichtes ist sicher nicht die ideale Lernmethode für Erwachsene. Sie lernen ja nicht, um Wissen auswendig herunterrasseln zu können. Ihnen kommt es darauf an, das Gelernte anwenden zu können. Dazu muß das neue Wissen sinnvoll in die bisherigen Lebenserfahrungen eingeordnet werden. Erwachsene müssen daher auch verstehen, was sie lernen. Gedankenloses Auswendiglernen ist für sie nicht die richtige Lerntechnik.

Mit den Techniken für das Lernen durch Mitdenken, durch Verstehen und Analysieren wollen wir Sie in den Kapiteln 4 und 5 vertraut machen.

Sie haben die Wahl

Ein Schüler kann nicht wählen, auf welchem Weg er lernen will. Der Lehrer entscheidet das: Er redet, die Kinder müssen zuhören, das heißt, sie müssen durch Hören lernen.

Als Erwachsener kann man oft den Weg auswählen, auf dem man lernen will. Man kann eine Fremdsprache mit Hilfe eines Lehrbuches oder eines Schallplattenkurses lernen.

Man kann sich ein programmiertes Buch über Netzplantechnik kaufen oder an einem Direktkurs, zum Beispiel an der Volkshochschule, teilnehmen. Die moderne Technik bietet uns immer wieder neue Lernwege und Hilfsmittel an: Programmierte Lehrbücher, Lernmaschinen, Sprachlabors und «audiovisuelle» Hilfsmittel, wie das Modewort heißt, also Tonbildschau, Film und Fernsehen, alles, wo man gleichzeitig hört und sieht.

Um dabei sinnvoll entscheiden zu können, muß man allerdings wissen, daß nicht jeder Lernweg für jedes Lernziel geeignet ist. Zum Beispiel wird man Fremdsprachen nicht nur durch Lesen lernen und Mathematik nicht nur durch Hören. Das wollen wir Ihnen in den Kapiteln 8 und 9 ausführlich erläutern. Man kann nicht nur auf einem Weg lernen, sondern man kann mehrere Lernwege nebeneinander benutzen und so ihre Vorteile miteinander verbinden.

Was ist denn alles Lernen?

Wie vielfältig Lernvorgänge sind, wollen wir Ihnen nun an einer Trainingsaufgabe demonstrieren. Wir schildern Ihnen fünf Situationen. Sie sollen sich bei jeder dieser Situationen überlegen, ob sie etwas mit Lernen zu tun hat oder nicht.

Trainingsfeld «Lernsituationen»

Hat mit
Lernen
zu tun?

☐ Situation 1
Ein Baby hebt zum erstenmal ohne fremde Hilfe seinen Kopf.

☐ Situation 2
Eine Mutter deutet auf ein vorbeifahrendes Auto und sagt dabei «Auto» zu ihrer kleinen Tochter. Beim nächsten Auto, das vorbeifährt, sagt die Kleine zum erstenmal selbst «Auto».

☐ Situation 3
Ein Mann zieht sich morgens sein Hemd über und knöpft es zu.

☐ Situation 4
Wenn man ein etwa zweijähriges Kind umstoßen will, klappt es wie ein Taschenmesser zusammen und landet, ohne sich wehzutun, auf seinem Po.

☐ Situation 5
Ein Fernsehzuschauer sieht sich aufmerksam die «Tagesschau» an.

Haben Sie sich bei allen geschilderten Situationen angekreuzt, ob sie etwas mit Lernen zu tun haben oder nicht?

Zu welchem Ergebnis sind Sie gekommen?

Richtig ist, daß außer Situation 1 und 4 alle anderen etwas mit Lernen zu tun haben. Manchen von Ihnen wird das nicht ganz einleuchten, daher eine kurze Erklärung: Das erste Heben des Kopfes (Situation 1) ist ein zwangsläufiger Vorgang im Laufe der Entwicklung. Jedes Kind hebt irgendwann einmal den Kopf, wenn die Muskeln und die Nerven reif dafür sind. Daher nennt man solche Vorgänge «Reifen». Reifungsvorgänge sind unabhängig von äußeren Einflüssen. Das ist der «springende Punkt». Das Zusammenklappen des kleinen Kindes in Situation 4 ist eine Art angeborener Reflex. Alle Kinder in diesem Alter – wenn sie nicht körperlich oder geistig geschädigt sind – reagieren so. Auch dieses Verhalten muß also nicht erst erworben werden. Jedes Lernen dagegen läßt sich auf äußere Einflüsse, auf Veränderungen in der Umwelt zurückführen. Diese Veränderungen müssen vom Lernenden natürlich wahrgenommen werden.

Wir könnten daher definieren:
«Lernen ist Änderung von Wissen oder Verhalten durch Wahrnehmung von Veränderungen in der Umwelt.»

Sie finden hier nun zum erstenmal die angekündigten wissenschaftlichen Ergänzungen, in denen Sie mehr über die Grundlagen erfahren.

Sie können diese Teile aber auch überblättern, ohne notwendige Informationen zu verpassen:

Die exakte Definition ist etwas umfangreicher. So definieren die amerikanischen Lerntheoretiker HILGARD und BOWER «Lernen ist der Vorgang, durch den eine Aktivität im Gefolge von Reaktionen des Organismus auf eine Umweltsituation entsteht oder verändert wird. Dies gilt jedoch nur, wenn sich die Art der Aktivitätsänderung nicht auf der Grundlage angeborener Reaktionstendenzen, von Reifung oder von zeitweiligen organismischen Zuständen (zum Beispiel Ermüdung, Drogen usw.) erklären läßt.» (HILGARD & BOWER, Theorien des Lernens, Stuttgart 1970, Band I, S. 16).

Die Situation 2 (das Kind lernt das Wort «Auto») ist daher eine klare Lernsituation.

Die Fähigkeit, ein Hemd zuzuknöpfen (Situation 3), muß irgendwann einmal in der Kindheit erlernt werden. Uns Erwachsenen ist diese Tätigkeit längst so geläufig, daß wir vergessen haben, wie wir sie einmal mühevoll mit Mutters Hilfe gelernt haben.

Auch bei Situation 5 lernt der Fernsehzuschauer Neuigkeiten. Nachdem er die Tagesschau gesehen hat, weiß er ein bißchen mehr als vorher.

Wissenschaftler verstehen unter Lernen «die Änderung von Wissen oder Verhalten durch Wahrnehmungen von Veränderungen in der Umwelt.» Wir wollen uns mit dieser Definition, die das Gebiet der Lernforschung umreißt, nun etwas vom wissenschaftlichen Standpunkt aus befassen. Der Definition können wir entnehmen, daß Lernen durch «Veränderungen in der Umwelt» ausgelöst wird. Mensch und Tier sind gezwungen, sich den Gegebenheiten ihrer Umwelt anzupassen, um ihre Existenz nicht zu gefährden. Mensch und Tier benötigen eine große Zahl von Verhaltensweisen, von Handlungsschemata, um ihre Grundbedürfnisse wie Nahrungsaufnahme, Schutz gegen Umwelteinflüsse usw. befriedigen zu können. Voraussetzung dafür ist, die Informationen, die aus der Umwelt über die Sinnesorgane einlaufen, in ihrer Bedeutung richtig einzuschätzen und für das gesteckte Ziel sinnvoll einzusetzen.

Der Mensch und die höher entwickelten Tiere besitzen in ihrem Informationsspeicher, dem Gehirn, so etwas wie ein inneres (internes) Modell ihrer Umwelt. Dieses interne Modell enthält jene Informationen aus der Umwelt, die sich im bisherigen Leben als bedeutsam erwiesen haben, im Hinblick auf bestimmte Ziele, die erreicht werden sollten.

So weiß zum Beispiel ein Affe im Urwald genau, welchen Weg er zurücklegen muß, um zu Futter oder vielleicht zu einer besonders wohlschmeckenden Futtersorte zu gelangen.

Noch einsichtiger ist das beim Menschen. Er kann auch für komplexe Ziele, wie den Erwerb des Abiturs, die Finanzierung einer Eigentumswohnung, die Reparatur einer

Störung im Fernsehgerät, genau angeben, welche Schritte aufeinander folgen müssen und was zu tun ist, wenn auf dem Weg zum Ziel unvorhergesehene Schwierigkeiten eintreten. Vorausgesetzt ist natürlich, daß er auf dem betreffenden Gebiet ausreichend Gelegenheit gehabt hat, die wesentlichen Erfahrungen zu sammeln. Sonst ergeht es ihm wie beispielsweise einem Schimpansen, vor dessen Käfig – außer Reichweite seiner Arme – eine Banane liegt, die er nur zu gerne fressen würde. Er hat zwar sein Ziel – die Banane – vor seinen Augen, weiß aber zunächst nicht, welcher Weg zu diesem Ziel führt.

Lerntheoretisch läßt sich diese Situation so analysieren: In der Umwelt des Schimpansen ist eine Situation eingetreten, über die sein internes Umweltmodell noch keine Informationen und schon gar nicht Handlungsanweisungen, wie aus seiner augenblicklichen Situation heraus das Ziel – die Banane – zu erreichen ist, enthält. Das interne Umweltmodell des Schimpansen ist lückenhaft. Der Affe versucht, diese Lücke zunächst notdürftig «auszubessern». Man könnte sagen, er stellt Vermutungen, Hypothesen auf, wie er die Banane in den Griff bekommen könnte. Dazu praktiziert er zunächst Verhaltensweisen, die in seinem internen Umweltmodell bereits gespeichert sind. Er weiß zum Beispiel bereits, daß man mit Hilfe von länglichen Gegenständen den eigenen Arm verlängern kann.

Eine der Verhaltensweisen aus diesem Bereich, nämlich die Verwendung eines Spazierstockes mit gebogenem Griff, führt zum Erfolg. Das interne Umweltmodell des Affen wird ergänzt durch die neue Information: «Ein gebogener Stock kann verwendet werden wie ein verlängerter Arm».

Das Verhaltensrepertoire des Affen wird also angeregt, durch eine noch nie dagewesene Situation bereichert. Sein bisheriges Wissen, daß Gegenstände, die in einer gewissen Entfernung außerhalb des Käfigs liegen, unerreichbar sind, wird verändert durch die Tatsache, daß diese Gegenstände mit Hilfe eines Spazierstockes herangeholt werden können.

Genau diese Art von Aktivität bei Mensch und Tier, die durch die Umwelt ausgelöst wird und bei einer Veränderung des internen Umweltmodells und damit des Verhaltens führt, bezeichnet die Wissenschaft als «Lernen». Nun können wir das abgrenzen, was nicht zum Bereich «Lernen» gehört.

Nicht jeder Vorgang, der einer Anpassung der Lebewesen an ihre Umwelt dient, ist Lernen. Ein gutes Beispiel dafür liefert die sog. «Selektionstheorie» von Charles DARWIN. Die DARWINsche Theorie behauptet bekanntlich, daß alle bestehenden Tier- und Pflanzenarten, und nicht zuletzt auch der Mensch, das Ergebnis eines sehr langen Anpassungsprozesses der Lebensformen an ihre Umwelt sind. Der Mechanismus dieser Anpassung ist die «Selektion». Darunter ist zu verstehen:

Jede Art, ob Tier oder Pflanze, produziert eine Vielzahl voneinander verschiedener Nachkommen. Das wird gewährleistet durch die zufällige Kombination der Erbanlagen bei der Fortpflanzung. Die Anzahl der so entstehenden unterschiedlichen Erbvarianten wird noch erhöht durch sogenannte Mutationen, wie man die direkten Veränderungen des Erbgutes bezeichnet.

Der Anpassungsprozeß einer Art an ihre Umwelt besteht darin, daß aus der Vielzahl der in ihren Erbanlagen verschiedenen Nachkommen vor allem jene überleben, die sich in ihrer Umwelt und ihren natürlichen Feinden gegenüber am besten durchsetzen können, die also das «erfolgreichste» Verhalten zeigen. Sie werden durch den natürlichen Ausleseprozeß für die weitere Fortpflanzung in Frage kommen, sie werden also ausgewählt («selektiert»), daher Selektionstheorie.

Bei Tieren, insbesondere bei niedrigen Tierformen, sind die möglichen Verhaltensweisen bereits durch die Erbanlagen weitgehend festgelegt. Man sagt, das Verhalten sei «instinktiv», und meint damit, daß die möglichen Verhaltensweisen, wie Futtersuche, Feindabwehr, Partnersuche und Paarung, Brutpflege usw., bereits in mehr oder minder starrer Weise «vorprogrammiert» sind. Dieses «Programm» wird durch die Erbanlagen weitergegeben. Es kann aber bei der Nachkommenschaft durch die zufällige Kombination der Erbanlagen in verschiedenen, geringfügigen Variationen auftreten. Das Verhalten, das die Tiere zeigen, ist demnach vorwiegend solches Verhalten, das sich im Laufe vieler Generationen als gegenüber der Umwelt am erfolgreichsten gezeigt hat.

Natürlich können auch Tiere darüber hinaus lernen. Je höher Tiere im Entwicklungsniveau stehen, um so weniger programmiert ist ihr Verhalten, desto mehr und besser können sie lernen. Das kann man am Beispiel von Haus- und Zirkustieren sehen.

Beim Menschen erreicht diese Instinktreduktion, der «stammesgeschichtliche Abbau fast aller fest montierten Zuordnungen von ‹Auslösung› zu speziellen, angeborenen Bewegungsweisen|, wie sich der Anthropologe A. GEHLEN ausdrückt, ihren Höhepunkt.

Der Mensch ist «umweltoffen , das heißt, er ist nicht auf eine bestimmte Umwelt eingeengt. Im Gegensatz zu den Tieren erwirbt er den größten Teil seines internen Umweltmodells durch Lernen.

Natürlich treten auch beim Menschen Restformen von Instinkten auf. Sie sind dann aber meist verstandesmäßig überlagert. Ein gutes, neuerdings viel strapaziertes Beispiel dafür ist das Sexualverhalten. Verhaltensweisen aus diesem Bereich werden nur zum Teil gelernt. Einige sind auch instinktiv verankert und daher – wie viele instinktive Verhaltensweisen – reifungsabhängig, das heißt, sie treten in einem bestimmten Alter von selbst auf, wenn die entsprechenden Umweltreize gegeben sind.

Wie gesagt, Tiere sind durch ihr Instinktprogramm auf eine bestimmte Umwelt bereits festgelegt. Diese Umwelt darf sich nur in engen Grenzen ändern, sonst funktioniert dieses Programm nicht mehr. Innerhalb dieser Grenzen aber können die Instinkte durch Lernen modifiziert werden. Sie werden auf die gegenwärtige Umwelt des Individuums «eingestellt», «justiert». Ändert sich die Umwelt über die Grenzen hinaus, dann reicht die Anpassung durch Lernen nicht mehr aus. Der Mensch allein ist fähig,

diese für Tiere von vornherein festgelegten Grenzen hinauszuschieben.

Diese Aktivität des Menschen gehört allerdings nicht mehr in den Bereich der Lernvorgänge, sondern in den Bereich des schöpferischen Denkens.

Lernen läßt die gegenwärtigen Umweltbedingungen unverändert und versucht, ihnen gerecht zu werden. Denken, besonders schöpferisches Denken, modifiziert dagegen – wenn auch nur probeweise – das interne Umweltmodell nach der Regel: «Was wäre wenn . . .?»

Wie man erlernte Verhaltensweisen zu den primitiveren, instinktmäßigen Verhaltensweisen hin abgrenzen kann, indem man darauf hinweist, daß instinktives Verhalten ein Ausdruck vergangener Anpassung ist, Lernen aber ein Ausdruck gegenwärtiger Anpassung, so kann man Lernen «nach oben hin» abgrenzen, indem man schöpferisches Denken als einen Versuch zur künftigen Anpassung sieht.

```
Denken – zukünftige Anpassung
Lernen – gegenwärtige Anpas-
          sung
Instinkte – vergangene Anpassung
```

Fahrplan für diesen Kurs

Lernen ist also sehr vielfältig und verschiedenartig. Daher gibt es keine allgemeinen Ratschläge, die für jedes Lernen gelten. Verschiedene Lernprobleme muß man mit verschiedenen Lerntechniken angehen. Dazu ist es notwendig, erst einmal entscheiden zu können:

Um welchen Typ von Lernen handelt es sich?

Wie unterscheiden sich die Lerntypen?

Welche Lerntechniken gelten, wofür?

Das werden wir in den Kapiteln 2 bis 10 tun.

Das Kapitel 11 weist nach, daß das Sprichwort «Was Hänschen nicht lernt, lernt Hans nimmermehr» falsch ist und zeigt, wo Erwachsene beim Lernen ihre besondere Stärke haben.

Die Kapitel 12 und 13 beschäftigen sich mit der Prüfungsvorbereitung und dem richtigen Verhalten in der Prüfung.

In den Kapiteln 14 bis 17 werden wir Ihnen dann 4 Erwachsene vorstellen mit typischen Lernproblemen. An diesen konkreten Beispielen werden wir die gelernten Techniken in die Lernpraxis übersetzen können.

Zusammenfassung

Lerntechniken für Erwachsene

Erwachsene wenden meist noch die gleichen Lerntechniken an, die man ihnen als Schüler beigebracht hat. Da sie jedoch keine Schulkinder mehr sind, müssen sie andere Lerntechniken einsetzen.

Warum wird gelernt?

Während Schüler durch äußeren Zwang zum Lernen gebracht werden, können Erwachsene meist selbst entscheiden, ob und warum sie lernen, sie können ihre Lernwünsche beeinflussen und steuern.

Lernart

Mechanisches Einpauken ist selten die richtige Lernmethode für Erwachsene. Sie müssen neues Wissen sinnvoll in ihre bisherigen Lebenserfahrungen einordnen und es auch anwenden können.

Lernwege

Während Schüler auf dem Weg lernen müssen, den der Lehrer ihnen vorschreibt, kann man als Erwachsener den Lernweg meistens selbst auswählen.

Was ist Lernen?

«Lernen ist Änderung von Wissen oder Verhalten durch Wahrnehmung von Veränderungen in der Umwelt.»

Ausgenommen sind angeborene Reflexe und Reifungsvorgänge.

Trainingsvorschlag

Bevor Sie mit diesem Buch «Lerntechniken für Erwachsene» richtig beginnen, sollten Sie selbst einmal festhalten, wie Sie bisher gelernt und welche Techniken Sie dabei angewandt haben.

Beim Durcharbeiten des Buchs können Sie dann die vorgeschlagenen Techniken damit vergleichen und feststellen, was Sie bereits richtig machen und was noch zu verbessern ist.

Nehmen Sie dazu ein ganz konkretes Beispiel: Etwas was Sie in letzter Zeit selbst gelernt haben. Je sorgfältiger Sie den nachfolgenden Fragebogen ausfüllen, um so nützlicher werden Ihnen diese Aufzeichnungen später sein können.

Fragebogen «Bisheriges Lernen»

Was haben Sie bisher als Erwachsener gelernt? (Kurse, Lehrbücher, bestimmte Fähigkeiten, Fahrschule, Stenographie oder Kochen)

1. ....

2. ....

3. ....

4. ....

5. ....

6. ....

Wählen Sie bitte aus diesen Lernvorgängen ein konkretes Beispiel. Beschreiben Sie es bitte näher:

....

1. Was haben Sie gelernt, welches Lernziel hatten Sie?

....

....

2. Welche Gründe haben Sie zum Lernen veranlaßt?

....

....

....

....

....

3. Auf welchem Weg haben Sie gelernt, welche Lernmittel haben Sie benützt?
(Zum Beispiel Direktkurs, Fernunterricht, Buch)

....

....

....

4. Haben Sie dabei Dinge auswendig gelernt?

☐ Nein   ☐ Ja: Wie haben Sie das gemacht?
....

....

5. Haben Sie schriftliches Material durchgearbeitet?

☐ Nein   ☐ Ja: Wie haben Sie das gemacht?
....

....

....

6. Haben Sie selbst Aufzeichnungen gemacht?

☐ Nein   ☐ Ja: Wie sind Sie dabei vorge-
                                gangen?
....

....

7. Wo haben Sie gelernt? Beschreiben Sie bitte Ihren Arbeitsplatz (oder Ihre verschiedenen Arbeitsplätze) detailliert!

....

....

....

....

....

8. Haben Sie Ihr Lernen ganz oder teilweise selbst geplant? Beschreiben Sie diese Planung!

....

....

....

9. Haben Sie beim Lernen Pausen gemacht?
Wie lange, in welchen Abständen, was haben Sie in den Pausen getan?

....

....

....

....

10. Nehmen Sie an, Sie müßten einen ganzen Tag lang lernen. Wann würden Sie und wie lange Pausen machen? Was würden Sie in den Pausen tun? Stellen Sie einen genauen Plan auf!

....

....

....

....

....

....

11. Haben Sie sich beim Lernen Zwischenziele gesetzt?

☐ Nein   ☐ Ja: Bitte Beispiele angeben!

....

....

....

12. Haben Sie Ihre Lernfortschritte kontrolliert oder wurden Sie kontrolliert? Wie, in welchen Zeitabschnitten?

....

....

....

13. Haben Sie beim Lernen mit anderen zusammengearbeitet?

☐ Nein: warum nicht?

....

....

☐ Ja: mit wem, in welcher Form, wie häufig usw.?

....

....

....

14. Haben Sie den Lernstoff wiederholt?

☐ Nein   ☐ Ja: Beschreiben Sie bitte Ihre Methoden!

....

....

15. Wo und wann haben Sie das Gelernte oder Teile davon angewandt?

....

....

....

....

16. Welche Schwierigkeiten sind bei dem beschriebenen Lernbeispiel auf-
getaucht?
Keine? Herzlichen Glückwunsch! (Oder haben Sie vielleicht manches vergessen?)

a) ....

b) ....

c) ....

d) ....

e) ....

17. War Ihr Lernen bei diesem Beispiel erfolgreich, haben Sie Ihre persönlichen Lernziele erreicht?

ja ☐   teilweise ☐   nein ☐

Was war der Grund dafür?

....

....

....

....

....

....

....

....

....

....

....

....

Fragebogen «Prüfungserfahrungen»

Welche Erfahrungen haben Sie mit Prüfungen?

1. An welchen Prüfungen haben Sie bisher teilgenommen?

Erfolgreich?

.... Ja ☐ Nein ☐

.... Ja ☐ Nein ☐

.... Ja ☐ Nein ☐

.... Ja ☐ Nein ☐

.... Ja ☐ Nein ☐

.... Ja ☐ Nein ☐

2. Wählen Sie eine dieser Prüfungen als Beispiel aus. Wie haben Sie sich auf diese Prüfung vorbereitet?

....

....

....

....

....

....

....

....

....

....

....

....

Ihre Fragen zu diesem Buch

Sie haben ein Buch über «Lerntechniken für Erwachsene» vor sich.
Auf welche Fragen erwarten Sie in diesem Buch eine Antwort?

Nachdem Sie das Buch gelesen haben, können Sie diese Fragen hier selbst beantworten:

1. ....

....

....

2. ....

....

....

3. ....

....

....

4. ....

....

....

5. ....

....

....

6. ....

....

....

....

....

Trainingsvorschlag

Und nun noch ein Vorschlag für eine kleine «Daueraufgabe»: Sie begegnen täglich vielen verschiedenartigen Lernvorgängen. Die meisten davon haben Sie bisher wahrscheinlich übersehen.

Sammeln Sie daher bewußt alle Lernsituationen, die Ihnen in den nächsten Tagen begegnen:

Am Kinderspielplatz, in der Küche (wenn ein neues Kochrezept «gelernt» wird), beim Fernsehen, beim Heimwerken, am Arbeitsplatz usw.

Denken Sie dabei an die Beispiele der Trainingsaufgabe 1 und an unsere Definition von Lernen.

Wenn Sie Lust haben, schreiben Sie Ihre Beobachtungen einmal auf. Sie werden dann das Wort Lernen bald in einem anderen, sehr viel weiteren und interessanteren Zusammenhang sehen.

Viel Glück beim «Sammeln»!

Lernen durch Verknüpfen

2

Daß Lernen sehr verschiedenartig sein kann, haben Sie schon im 1. Kapitel erfahren. Unter anderem kann man Lernvorgänge in zwei grundlegende Arten einteilen:

○ Lernen durch Wiederholen, durch Üben oder

○ Lernen durch Aufgliedern und durch Verstehen, durch ‹sich Gedanken machen›.

In diesem 2. Kapitel werden wir uns mit der Lernart beschäftigen, die einfacher und grundlegender ist: dem Lernen durch Einpauken, durch immer wieder Üben oder wissenschaftlich besser, dem *Lernen durch Verknüpfen.*

Durch Verknüpfen lernen wir immer dann, wenn wir uns einfache Paarbeziehungen einprägen müssen, wenn wir «Assoziationen» bilden. Dieses Lernen ist sehr verbreitet:

○ wenn wir Vokabeln für eine Fremdsprache lernen,

○ wenn ein Medizinstudent die Namen der einzelnen Muskeln des menschlichen Körpers lernen muß,

○ wenn wir uns die Geburtstage der Verwandtschaft einprägen,

○ wenn die Kassiererin in einem Supermarkt die Preise der einzelnen Artikel auswendig lernt,

○ wenn wir die Telefonnummern unserer Bekannten lernen oder

○ wenn ein Bundeswehrsoldat die Rangabzeichen seiner Vorgesetzten unterscheiden lernt.

Bei diesen Beispielen handelt es sich immer um die Lernart Verknüpfen.

Wie sieht Ihre Lernkurve aus?

Wir wollen in diesem Buch nicht nur vom Lernen reden, wir wollen auch ganz konkret etwas lernen, zuerst mit Hilfe der Lernart Verknüpfen.

Dazu haben wir ein typisches Beispiel ausgesucht: das kyrillische Alphabet. Sie wissen ja, in Rußland und in einigen Ländern Osteuropas wird das kyrillische Alphabet statt der uns vertrauten lateinischen Schrift verwendet. Wenn Sie dieses kyrillische Alphabet gelernt haben, wissen Sie nicht nur besser Bescheid wie Lernvorgänge ablaufen, sondern in Ihrem nächsten Urlaub auf der Krim, an der bulgarischen Küste oder in Belgrad können Sie dann sogar die Ortsschilder lesen.

Sie sollen also lernen, welche kyrillischen Buchstaben unseren lateinischen Buchstaben entsprechen. Zu diesem Versuch benötigen Sie eine Uhr mit Sekundenzeiger, am besten natürlich eine Stoppuhr, außerdem irgendein Schreibinstrument.

Sind Sie fertig mit den Vorbereitungen?

Lernen Sie jetzt 15 Sekunden lang die 8 folgenden Buchstabenpaare:

Lernfeld «Kyrillische Buchstaben I»

З	=	s
р	=	r
л	=	l
ф	=	f
ж	=	j
г	=	g
н	=	n
ц	=	z

Decken Sie nach 15 Sekunden die obere Hälfte dieser Seite sofort ab. Tragen Sie bitte im Kontrollfeld unten die Buchstaben ein, die Sie sich bereits gemerkt haben.

Kontrollfeld «Kyrillische Buchstaben I»

nach dem 1. Lerndurchgang

ж	=
н	=
р	=
З	=
л	=
ф	=
ц	=
г	=

Zahl der im 1. Durchgang behaltenen kyrillischen Buchstaben: ☐

Tragen Sie jetzt das Ergebnis dieses ersten Lerndurchganges in Abbildung 1 ein. Kreuzen Sie dazu auf der Leiste «1. Lerndurchgang» an, wieviele Buchstaben Sie bis jetzt gelernt haben. Ziehen Sie nun vom Ausgangspunkt 0 zu diesem ersten Kreuz einen Strich: Das ist der 1. Abschnitt Ihrer *Lernkurve.*

Ihre Lernkurve:

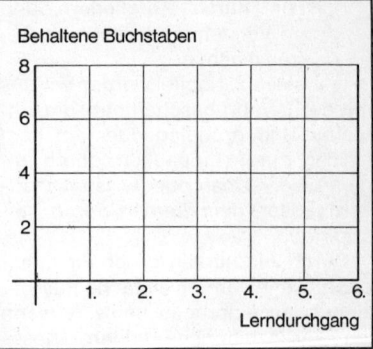

Abb. 1

Wie wird diese Lernkurve weitergehen? Tragen Sie Ihre Vermutung als gestrichelte Linie in die Abbildung ein.

Jetzt wollen wir überprüfen, ob Ihre Vermutung richtig ist. Sehen Sie sich jetzt die 8 Buchstabenpaare links oben ein zweites Mal 15 Sekunden lang an und tragen Sie die nach dem 2. Durchgang behaltenen Buchstaben danach in das zweite Kontrollfeld ein – natürlich ohne auf das erste zu sehen. Am besten decken Sie es dazu mit der Hand oder einem Blatt Papier ab. Beginnen Sie jetzt mit dem Lernen.

Kontrollfeld
«Kyrillische Buchstaben I»

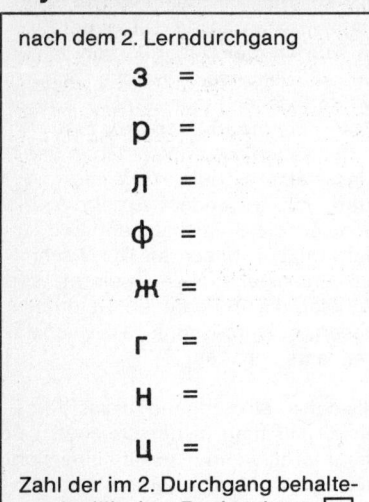

nach dem 2. Lerndurchgang

З =

р =

л =

ф =

ж =

г =

н =

ц =

Zahl der im 2. Durchgang behaltenen kyrillischen Buchstaben: ☐

Tragen Sie nun Ihr Ergebnis wieder in Ihre Lernkurve in Abbildung 1 ein. Verbinden Sie das Kreuz des 1. Lerndurchgangs und das des 2. mit einer durchgehenden Linie.

Sind Sie damit fertig? Die Lernkurve stimmt nicht ganz, weil Sie noch nicht wissen, ob Sie alle Buchstaben auch richtig aufgeschrieben haben. Man hätte das vermeiden können, indem Sie Ihre Ergebnisse mit der Lernreihe verglichen hätten. Aber das wäre ja ein zusätzlicher, unkontrollierter Lerndurchgang gewesen. Nach Abschluß des Lernens allerdings, wenn Sie alle Buchstabenpaare gelernt haben, können Sie Ihre Kontrollfelder nachkontrollieren und so die korrekte Lernkurve feststellen. Aber sie wird nicht viel von der jetzigen Lernkurve abweichen.

Aller Anfang ist leicht

Aber jetzt wieder zur Lernkurve. Vorhin haben Sie ja gestrichelt eingetragen, wie Sie sich ihren Verlauf vorgestellt haben. Vielleicht haben Sie vermutet, daß die Lernkurve weiter gerade ansteigen werde. Sie haben wahrscheinlich selbst gesehen, daß das tatsächlich nicht so ist. Die «Lernkurve» wurde flacher. Wenn wir nun weiterlernen würden, würden wir ungefähr eine Kurve wie in Abbildung 2 erhalten.

Dieser Verlauf der Kurve hat sich in vielen hundert wissenschaftlichen Untersuchungen bestätigt.

In den ersten Lerndurchgängen ist ein relativ hoher Lernfortschritt zu beobachten. Je näher man dem Lernziel kommt, um so flacher wird die Kurve, um so geringer also der Lernfortschritt je Durchgang.

Das bedeutet für die Lernpraxis: Lernen wird um so schwieriger und aufwendiger, je näher man dem Ziel kommt. Das ist nicht zu ändern. Wir können uns nur darauf einrichten und so Enttäuschungen von vornherein vermeiden.

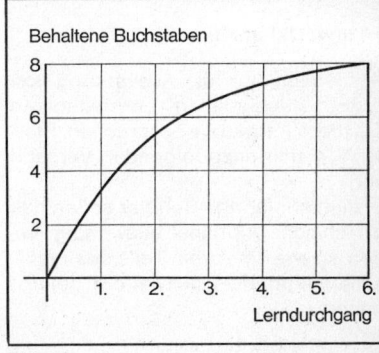

Abb. 2

Die prinzipielle Form dieser Lernkurve können wir nicht beeinflussen. Durch Lerntechniken können wir allerdings erreichen, daß diese Lernkurve steiler ansteigt, das heißt, daß wir schneller lernen. Diesen klassischen Verlauf der Lernkurve finden wir allerdings nur bei einfachen Paarbeziehungen. Bei komplizierterem, zusammenhängendem Lernmaterial kommen andere Einflüsse dazu, die wir in späteren Kapiteln kennenlernen werden.

In bezug auf einfaches Lernen, Lernen durch Verknüpfen , wie wir es nennen, hatten schon die früheren experimentalpsychologischen Lernstudien (in Europa vor allem EBBINGHAUS, 1885, und in Amerika THORNDIKE, 1898) als Resultat ihrer Untersuchungen die oben beschriebene Lernkurve gefunden.

EBBINGHAUS experimentierte zunächst in Selbstversuchen, später mit Versuchspersonengruppen. Er benutzte als Lernmaterial die berühmten «sinnfreien Silben», wie «tak», «siv», «lap», «zot» usw. Diese Silben haben den Vorteil, daß sie kaum Anklänge an die Alltagssprache besitzen oder, wie der Fachmann sagt, daß sie keine sprachlichen Assoziationen gestatten. Man kann auf diese Weise den Lernvorgang im «Reinzustand» untersuchen, das heißt losgelöst von irgendwelchen unkontrollierbaren Einflüssen, die durch Sinnzusammenhänge entstehen können.

Allzuviel ist unklug

Wir wollen nun die Auswirkung von zwei verschiedenen Lerntechniken auf diese Lernkurve besprechen. Stellen Sie sich dazu folgenden Versuch vor:

Vierzehnjährige Schüler sollen das griechische Alphabet auswendig lernen, so wie Sie vorhin Teile des kyrillischen Alphabets auswendig gelernt haben.

Dabei lernt die eine Hälfte der Klasse

eine Reihe von 8 Buchstabenpaaren, die andere Hälfte bekommt eine doppelt so lange Lernreihe von 16 Buchstabenpaaren. Beide Hälften der Klasse würden gleich lang lernen, sagen wir 10 Sekunden. Welche Schüler werden dabei mehr lernen? Die 8-Paar- oder die 16-Paar-Gruppe?

Wir haben diesen Versuch in der 7. Klasse einer Schule in Köln durchgeführt, mit folgendem Ergebnis: Die Schüler, die 8 Buchstabenpaare lernen mußten, haben im Durchschnitt 3,5 Buchstabenpaare gelernt. Die Schüler, die 16 Paare lernen mußten, haben im Durchschnitt 3,0 Buchstabenpaare behalten.

Sie sehen also anhand dieses Versuches, daß man in der gleichen Zeit mehr lernt, wenn man sich eine nicht allzu große Menge Lernstoff auf einmal vornimmt.

Daher die 1. Regel für das Lernen durch Trainieren:
Lernstoff aufteilen

(Das hat übrigens der deutsche Psychologe EBBINGHAUS schon 1885 herausgefunden.)

Man bezeichnet dieses Phänomen daher auch als das Gesetz von EBBINGHAUS. Er konnte experimentell nachweisen, daß die Vergrößerung des Lernmaterials eine unverhältnismäßig große Steigerung der Lernzeit verursacht. So kann man 6 sinnfreie Silben, die hintereinander dargeboten werden, schon nach einem einzigen Lerndurchgang behalten. Um jedoch 12 sinnfreie Silben fehlerfrei zu lernen, benötigt man bereits ca. 17 Durchgänge, für 15 Silben 30, für 24 Silben 44 und für 36 Silben 55 Durchgänge. Die Anzahl der benötigten Durchgänge kann gesenkt werden, wenn das Lernmaterial in Abschnitten dargeboten wird.

Die magische Zahl 7

Worauf ist das zurückzuführen? Das menschliche Gehirn kann gleichzeitig nur eine recht begrenzte Zahl von Gegenständen wahrnehmen und verarbeiten. Rund 7 einzelne Elemente kann man noch «auf einen Blick», d. h. gleichzeitig aufnehmen.

Werden es deutlich mehr Elemente, dann kann man «auf einen Blick» nicht mehr die genaue Zahl erkennen, man muß beginnen abzuzählen. Versuchen Sie das doch einmal selbst an den Punktwolken der Abbildung 3.

Einige Personen können vielleicht nur 5 oder 6 Elemente erkennen, andere sogar 8 oder 9. Aber in diesem relativ kleinen Bereich von 7 plus oder minus 2 bewegt sich bei fast allen Menschen diese Zahl. Diese Zahl 7 ist eine wichtige Grundgröße des menschlichen Gehirns, das haben viele wissenschaftliche Untersuchungen ergeben. Man kann also mit Recht von der «magischen Zahl 7» sprechen.

Nun wissen Sie auch, warum unsere Lernreihen immer 8 Buchstabenpaare umfaßt haben. Diese *Kanalkapazität*, wie es der Fachmann nennt, gilt für die unterschiedlichsten Sinnesgebiete. Für Punkte wie für Töne, für Farbhelligkeiten wie für Geschmacksabstufungen oder auch für Lernreihen. Sie schwankt zwar von Mensch zu Mensch, diese Schwankungen sind jedoch nicht sehr groß. Wenn jemand schnell und gut lernt, heißt es also nicht, er merkt sich das einfach schneller oder er kann mehr auf einmal aufnehmen, sondern er hat eine bessere Lerntechnik.

Trainingsfeld «Kanalkapazität»

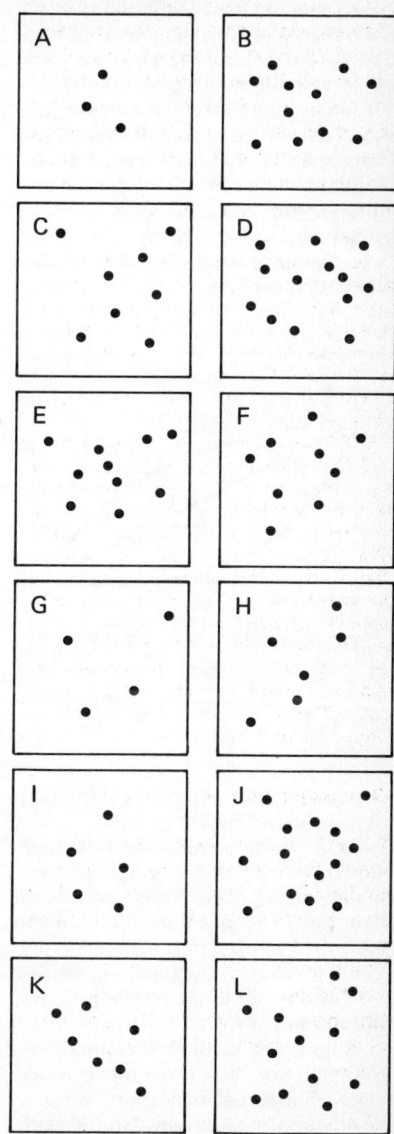

Abbildung 3

Anzahlen:

A: 3	B: 11	C: 8	D: 13
E: 10	F: 9	G: 4	H: 6
I : 5	J: 14	K: 7	L: 12

Wie wird vergessen?

Nun wieder zurück zu unseren kyrillischen Buchstaben. Nehmen wir an, Sie haben alle 8 kyrillischen Buchstaben gelernt. Nun hören Sie mit dem Lernen auf. Was wird geschehen?

Sie werden langsam wieder vergessen. Wie wird dieses Vergessen vor sich gehen? Die Abbildung 4 zeigt vier Möglichkeiten, wie das Vergessen ablaufen könnte, verschiedene «Vergessenskurven» also. Welche davon ist Ihrer Meinung nach die richtige? Die Kurve A ☐, B ☐ oder C ☐.

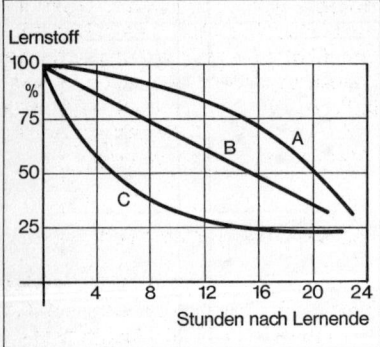

Abb. 4

Kreuzen Sie den Ihrer Meinung nach richtigen Buchstaben an.

Am Anfang, unmittelbar nachdem 100 % gelernt wurden, vergessen wir relativ rasch. Das Vergessen wird dann immer langsamer. Und schließlich bleibt ein Rest übrig, vielleicht 1 oder 2 kyrillische Buchstaben, die Sie auch noch in 3 Monaten oder in 2 Jahren kennen.

Stellen Sie sich einen einfachen Vergleich vor: Wenn wir einen randvollen Suppenteller tragen, werden wir am Anfang, wenn wir also 100 % im

Teller haben, am meisten verschütten. Je leerer der Teller wird, um so weniger schütten wir aus, bis schließlich ein Rest übrigbleibt, der nicht mehr verschüttet wird. Kurve C war also die richtige Lösung.

Wann man aufhören sollte

Kann man nicht verhindern, daß man so schnell wieder vergißt? Wenn man nach 6 Lerndurchgängen zum Beispiel die 8 kyrillischen Buchstaben kann und sie dann zur Sicherheit einfach noch weitere sechsmal lernt, müßte man doch viel langsamer wieder vergessen?

Leider nein. Wenn Sie beim Lernen das erste Mal alles können, wenn Sie also 100 % gelernt haben, dann hören Sie auf, denn mehr als 100 % kann man nicht lernen.

Lernt man doch noch weiter, obwohl man eigentlich schon alles kann, so nennt man das «Überlernen».

«Überlernen» bringt praktisch keinen Gewinn, man vergißt deswegen auch nicht langsamer.

Als Regel: *Nicht überlernen.*

Um ökonomisch zu lernen, muß man also nach jedem Lerndurchgang kontrollieren, wieviel man bereits gelernt hat.

Das heißt: Möglichst nach jedem Lerndurchgang eine sofortige Lernkontrolle.

Und: Aufhören mit dem Lernen, nachdem man zum ersten Mal 100 % des Lernstoffes beherrscht. So vermeidet man das wertlose «Überlernen».

Vergessen kann man verschlafen

Wir haben nun zum ersten Mal 100 % gelernt. Was kann man tun, damit das

Vergessen langsamer vor sich geht?

Dazu sollte man sich erst einmal fragen: Warum vergißt man überhaupt, was ist eigentlich Vergessen? Ein Versuch, der in der Psychologie schon viele Dutzende Male durchgeführt wurde, wird uns helfen zu verstehen, was Vergessen eigentlich ist:

Zwei Gruppen von Schulkindern lernen unter den genau gleichen Bedingungen einen Lernstoff zu 100 %. Die eine Gruppe geht dann ihrem normalen Tagesablauf nach, spielt, ißt, arbeitet also, während die andere Gruppe schläft. Prüft man zum Beispiel nach 12 Stunden, wieviel beide Gruppen vergessen haben, dann findet man, daß die Schulkinder, die geschlafen haben, erheblich weniger vergessen haben als die anderen, die ihrer normalen Tätigkeit nachgegangen sind.

Man hat diesen Versuch mit Ratten durchgeführt und mit erwachsenen Menschen, mit Küchenschaben wie mit Schulkindern. Das Ergebnis ist immer das gleiche: Im Schlaf vergißt man weniger als wenn man wach ist und ständig neue Informationen aufnimmt. Am wenigstens würde man vergessen, wenn man gleich nach dem Lernen schlafen ginge.

Am alten Schauspielerglauben, daß man seine Rolle nicht vergißt, wenn man das Textbuch unter das Kopfkissen legt, ist also etwas dran, natürlich nur dann, wenn man vor dem Schlafengehen noch einmal hineinsieht.

Was zeigt das? Nährt Schlaf die Nervenzellen und stärkt so das Gedächtnis?

Das spielt kaum eine Rolle. Viel wichtiger ist, daß Vergessen nicht ein zwangsläufiges Verblassen der Erinnerungsspuren im Laufe der Zeit ist. Denn sonst müßte man immer gleich schnell vergessen, ob man nun schläft oder nicht. Im Schlaf lernt man nichts

Neues dazu, tagsüber dagegen ist man ständig neuen, anderen Eindrücken ausgesetzt. Und Vergessen ist kein passives Verschwinden, kein Fehler im Bauplan unseres Gehirns. Vergessen ist eine Überlagerung durch neue, andere Eindrücke.

Statt Vergessen könnte man daher besser auch von «Verlernen» sprechen. Sehen Sie sich jetzt die Vergessenskurve in Abbildung 4 nochmals an: Sie ist eigentlich nur eine umgekehrte Lernkurve. Zu Beginn wird sehr rasch «gelernt» wie «verlernt», dann wird beim Lernen der Anstieg, beim Verlernen der Abfall laufend weniger steil. Wenn man gar nichts Neues dazulernen würde, hätte man ein perfektes Gedächtnis. Aber das geht natürlich nicht, man muß ja dauernd Neues dazulernen, damit man sich den Veränderungen der Umwelt anpassen kann und dazu ist Vergessen, besser «Verlernen», sehr notwendig.

Vergessen ist nicht verloren

Aber man vergißt auch Wissen, das man doch dringend braucht. Ist das nicht ein Fehler des Gedächtnisses?

Nicht ganz. Unser Gedächtnis besitzt eine sehr einfache Methode, um festzustellen, ob Wissen noch benötigt wird. Benutzt man es längere Zeit nicht, so wird es «vergessen» und tritt in den Hintergrund.

Wir haben in solchen Fällen übersehen, dem Gedächtnis einen Hinweis zu geben, daß dieses Wissen noch gebraucht wird. Dazu ein Beispiel: Sie waren voriges Jahr 3 Wochen an der italienischen Riviera. In dieser Zeit haben Sie sicher einige Worte Italienisch gelernt. «Pagare», «grazie» usw., weil Sie diese Worte dauernd gehört und schließlich selbst benutzt haben.

Daheim in Deutschland haben Sie dann Monate lang nicht mehr Italienisch gehört und auch nicht selbst gesprochen. Ihr Gedächtnis schließt daraus, daß diese Worte nicht mehr benötigt werden und «vergißt» sie.

Wenn Sie im Jahr darauf Ihren Urlaub wieder in Italien verbringen, brauchen Sie dann wieder 3 Wochen, um Ihren «vergessenen» italienischen Wortschatz völlig neu zu lernen?

Natürlich nicht. In zwei Tagen können Sie das wieder. Da erinnert man sich plötzlich wieder an so vieles.

Es ist also gar nicht so tragisch, wenn man etwas vergißt, da es damit nicht vollständig verloren ist. Es wird nur in den Hintergrund unseres Gedächtnisses gedrängt.

Wenn man es wieder beherrschen will, so muß man es nicht wieder völlig neu lernen, wie wir an unserem Beispiel gesehen haben. Wiederholen bedeutet daher lediglich ein Signal an unser Gedächtnis, das «Vergessene» wieder in den Vordergrund zu holen. Das bedeutet also, daß man erheblich weniger Mühe aufwenden muß, um etwas wieder zu erlernen. Für unsere Lerntechniken können wir daraus einen wichtigen Schluß ziehen: Wiederholen sollte man also erst dann, wenn schon relativ viel vergessen wurde. Mit erheblich geringerem Aufwand erzielt man so den gleichen Erfolg.

Als Regel also: *Nicht zu früh wiederholen.*

Da Wiederholungen kein neues Lernen darstellen, sondern nur ein «Wiederhervorholen» , genügen jeweils wenige Lerndurchgänge. Richtig sind also: Regelmäßige Wiederholungen in größeren zeitlichen Abständen mit jeweils wenigen Lerndurchgängen.

Das ist eine sehr wichtige Lernregel.

Zusammenfassung

Lernkurve
Zu Beginn eines Lernvorganges wird am schnellsten gelernt. Je näher man zum Lernziel kommt, um so langsamer wird der Lernfortschritt.

Massiertes oder verteiltes Lernen
Es ist ökonomischer, den Lernstoff in mehreren kleinen Teilen zu lernen als im Ganzen auf einmal.

Kanalkapazität
Wir können auf einmal nur rund 7 einfache Alternativen aufnehmen. Das ist eine wichtige Grundgröße des menschlichen Gehirns. Sie schwankt von Person zu Person nur wenig («Die magische Zahl 7»).

Vergessenskurve
Nach Beendigung des Lernvorganges wird zunächst rasch vergessen. Dann wird die Vergessenskurve stetig flacher, bis schließlich beinahe nichts mehr vergessen wird.

Überlernen
Lernt man noch weiter, nachdem der Stoff zum ersten Mal zu 100 % beherrscht wird, so bringt dieses Überlernen praktisch keinen Gewinn.

Vergessen
Vergessen ist kein Verblassen des Gedächtnisses, sondern ein aktives «Verlernen» von nicht mehr gebrauchtem Lernstoff. Vergessen ist eine sinnvolle Anpassung an die Veränderungen der Umwelt.

Wiedererlernen
Wiedererlernen von Lernstoff, den man bereits früher vollständig beherrscht hat, erfordert nur einen Bruchteil der Lernarbeit, die für das ursprüngliche Lernen notwendig war. Auch von einem Lernstoff, den man völlig vergessen zu haben glaubt, sind noch viele Gedächtnisspuren vorhanden.

Wiederholen
Wiederholen sollte man erst, wenn die Lernkurve abgeflacht ist. Richtig sind regelmäßige Wiederholungen in größeren zeitlichen Abständen mit jeweils wenigen Lerndurchgängen.

Hauptregeln
Und nun zum Schluß dieses Kapitels die ersten drei Hauptregeln, die wir für das Lernen durch Verknüpfen kennengelernt haben:

---

1. Lernstoff aufteilen.
2. Nicht überlernen.
3. Nicht zu früh wiederholen.

Hemmungen und Pausen

Wieder kyrillische Buchstaben

Wir wollen Ihnen in diesem 3. Kapitel einen weiteren Lernversuch mit kyrillischen Buchstaben schildern und daran neue Lerngesetze kennenlernen.

Sie können diesen Versuch an anderen Personen durchführen, zum Beispiel an Familienangehörigen, Bekannten, Kollegen usw. Sie selbst können allerdings nicht daran teilnehmen. Warum, werden Sie gleich sehen.

Zu diesem Versuch benötigen Sie wieder eine Uhr mit Sekundenzeiger, am besten natürlich eine Stoppuhr.

Wollen Sie den Versuch an mehr als einer Person durchführen, dann müssen Sie die beiden Kontrollfelder vervielfältigen oder abzeichnen.

Am besten zeichnen Sie dann auch das folgende Lernfeld vergrößert auf ein Blatt Papier, damit mehrere Personen es gleichzeitig gut erkennen können.

Lernfeld «Kyrillische Buchstaben II»

В	=	W
б	=	b
Д	=	d
И	=	i
П	=	p
С	=	ß
у	=	u
Э	=	e

1. Schritt:
Diese Lernreihe zeigen Sie 15 Sekunden lang ihrer «Versuchsperson» oder ihren «Versuchspersonen». So nennt man in der Fachsprache gefühllos die Leidtragenden psychologischer Experimente, man kürzt das auch noch brutal als «Vp» oder «Vpn» ab.

2. Schritt:
Legen Sie nun den «Vpn» das erste Kontrollfeld vor, und lassen sie jeden eintragen, welche kyrillischen Buchstaben er bereits gelernt hat.

Sind Ihre «Opfer» damit fertig?

3. Schritt:
Nun sammeln Sie das Kontrollblatt ein.

4. Schritt:
Zeigen Sie das Lernfeld ein zweites Mal 15 Sekunden lang. Nun kommt der Kernpunkt dieses Versuches.
5. Schritt:
Sie müssen nun unmittelbar nach dem 2. Lerndurchgang irgendeine massive Störung produzieren. Zum Beispiel können Sie einen Stuhl oder den Tisch umwerfen, Ihre Frau kann «versehentlich» einen alten Teller oder ein Glas hinunterwerfen. Sie können auch einen Streit mit Ihrer Frau inszenieren oder eine «Abreibung» für Ihren Jüngsten. Lassen Sie sich ruhig etwas einfallen. Wichtig ist nur, daß diese Störung einschneidend genug ist, aber nur sehr kurze Zeit dauert, also höchstens 10 bis 15 Sekunden.
6. Schritt:
Danach legen Sie das zweite Kontrollfeld aus und lassen wieder Ihre Versuchspersonen eintragen, wie viele kyrillische Buchstaben sie nun können.

Auswertung:
Zählen Sie nun als Auswertung, wie viele Buchstabenpaare sich jede Person nach dem 1. und nach dem 2. Lerndurchgang eingeprägt hatte.

Tragen Sie diese Ergebnisse als Lernkurven jeder Person in Abbildung 1 auf Seite 26 ein, am besten zur Unterscheidung mit Farbstift (oder Sie zeichnen das Schema nochmals ab).

In diesem 2. Durchgang werden Ihre Versuchspersonen recht wenig gelernt haben, wenn Ihnen die Störung gut gelungen ist. Vielleicht haben einige Personen sogar Buchstaben wieder vergessen, die sie nach dem 1. Durchgang bereits gelernt hatten. Die unerwartete Störung hat bei ihnen einen Schreck ausgelöst, eine «affektive Erregung», die den Einprägungsvorgang hemmte.

Kontrollfeld «Kyrillische Buchstaben II»

nach dem 1. Lerndurchgang

и =

э =

д =

б =

п =

с =

в =

у =

Zahl der im 1. Durchgang behaltenen kyrillischen Buchstaben: ☐

Kontrollfeld «Kyrillische Buchstaben II»

nach dem 2. Lerndurchgang

п =

б =

и =

э =

с =

в =

д =

у =

Zahl der im 2. Durchgang behaltenen kyrillischen Buchstaben: ☐

Daher nennt man dieses Phänomen auch «affektive Gedächtnishemmung».

Der Unfallschock, von dem Sie sicher schon gehört haben, ist eine solche affektive Hemmung. Der Verunglückte kann sich nach dem Unfall oft nicht mehr an das Geschehen erinnern, obwohl er bei Bewußtsein war.

Störung in der Gedächtniskartei

Daraus können wir eine wichtige Erkenntnis ableiten:

Der Lernprozeß ist nicht in dem Augenblick beendet, in dem die Wahrnehmung des Lernstoffes abgeschlossen ist. Das «Einprägen» und «Einordnen» des Stoffes in unser Gedächtnis nimmt noch zusätzliche Zeit in Anspruch. Diese Vorgänge sind uns allerdings nicht mehr bewußt. Daher nennt man sie auch «postmentale Prozesse».

Wir wollen versuchen, Ihnen das durch einen Vergleich anschaulich zu machen.

Stellen wir uns das Gedächtnis als eine Art Kartei vor, in der alles, was wir lernen, eingeordnet wird.

Wenn die Wahrnehmung des Lernstoffes abgeschlossen ist, endet der Teil des Lernens, der uns bewußt ist. Das neu gelernte Wissen liegt als ein Stapel neuer Karteikarten im Vorraum der eigentlichen Kartei bereit.

Diese neuen Karteikarten müssen nun erst in unser bisheriges Wissen eingeordnet werden. Stellen wir uns also in unserem Modell vor: Ein Karteiangestellter holt die neuen Karten aus dem Vorraum und ordnet sie in die Kartei ein.

Das sind die «postmentalen Prozesse», die uns nicht mehr bewußt sind.

Was geschieht nun aber, wenn wir etwas Neues lernen, während diese «postmentalen Prozesse» noch andauern?

Dann liegt plötzlich ein 2. Stapel von neuen Karteikarten im Vorraum und ein 2. Karteiangestellter versucht sofort, auch diese Karten in die Kartei einzuordnen.

Dort arbeitet aber noch der 1. Angestellte. Die beiden werden sich natürlich bei ihrer Arbeit behindern. Das Einordnen der neuen Karteikarten wird nicht reibungslos ablaufen können. Manche Karten werden zu Boden fallen oder verlorengehen.

Das bedeutet also, zwei Lernprozesse, die zu dicht aufeinander folgen, hemmen sich gegenseitig. Das neue Wissen kann nicht ungestört in unser Gedächtnis eingeordnet werden, manches geht verloren. Die hemmende Wirkung, die vom Einprägungsvorgang «1» auf «2» ausgeübt wird, bezeichnet man als «vorauswirkende Hemmung». Die Hemmung, die vom Einprägungsvorgang «2» auf «1» ausgeübt wird, bezeichnet man als «rückwirkende Hemmung». Diese Hemmungen sind um so stärker, je schneller die beiden Lernvorgänge aufeinander folgen.

Aus wissenschaftlichen Untersuchungen wissen wir, daß die «postmentalen Prozesse» je nach Lernstoff noch ungefähr 5 bis 10 Minuten andauern.

Lernen Sie nicht vor der Prüfung

Nun noch eine andere Art der Hemmung. Stellen Sie sich vor, daß ein Einprägungsvorgang noch andauert, weil kurz vorher noch gelernt wurde. In unserem Modell ordnet also der 1. Karteiangestellte einen Stapel von Karten ein. Nun kommt der 2. Karteiangestellte mit einer Liste und will aus dem Kasten einige bestimmte Karten herausnehmen. Er braucht also etwas aus dem Gedächtnis.

Er kann aber nur schlecht an seine Karten, weil der 1. Karteiangestellte ihm ja im Weg steht. Er findet nicht alle Karten und läuft aufgeregt hin und her, um schließlich wieder ins Vorzimmer zu verschwinden. Wenn ein neuer Lernprozeß noch nicht beendet ist, macht es Schwierigkeiten, bereits früher Gelerntes zu reproduzieren, abzurufen. Man sollte also nichts Neues lernen, kurz bevor man zum Beispiel ein Gedicht aufsagen muß. Es ist ganz allgemein schlecht, kurz vor einer Prüfung noch Neues zu lernen, sonst tritt eine «Wiedergabehemmung» ein.

Wenn's im Gehirn durcheinander geht

Nun gibt es nicht nur Lernhemmungen durch die zeitliche Nähe von zwei Lernstoffen. Auch die inhaltliche Nähe von Lernstoffen, der Grad ihrer Ähnlichkeit, kann zu Lernhemmungen führen. Das wollen wir Ihnen an einem Beispiel zeigen, bei dem diese «Ähnlichkeitshemmung» besonders augenfällig wird.

Sie sehen jetzt hier sechs italienische Worte. Prägen Sie sich diese Worte bitte 15 Sekunden lang ein.

Lernfeld «Italienische Wörter»

famiglia	Familie
campagna	Feld
ottobre	Oktober
istituto	Institut
cinque	fünf
quando	wann

Und nun sehen Sie hier die gleichen sechs Wortpaare in Portugiesisch. Prägen Sie sich auch diese Worte 15 Sekunden lang ein.

Lernfeld «Portugiesische Wörter»

familia	Familie
campo	Feld
outubro	Oktober
instituto	Institut
cinco	fünf
quando	wann

Wir müssen nicht mehr lange das Resultat abprüfen. Sie sehen sicher selbst, daß man bei so ähnlichen Lernstoffen mit Verwechslungen zu kämpfen hat und daß das ungehinderte Einprägen natürlich beeinträchtigt wird.

Um bei unserem Modell zu bleiben: Das Einordnen so ähnlicher Dinge in unsere Gedächtniskartei macht Schwierigkeiten. Es müssen erst Vergleiche angestellt werden, da die Karteikarten mit ähnlichem Lernstoff zu dicht nebeneinander eingeordnet werden müssen. Das führt zwangsläufig zu Verzögerungen und Lernhemmungen.

Es erfordert also mehr Zeit und Mühe, zwei ähnliche Lernstoffe zu lernen als zwei verschiedenartige. Dabei ist diese Hemmung um so ausgeprägter, je ähnlicher sich die beiden Stoffe sind.

Besonders beeinträchtigt es das Lernen, wenn man ähnliche Lernstoffe kurz hintereinander lernt, dann summiert sich nämlich die Hemmung durch die zeitliche Nähe und die Ähnlichkeitshemmung. Wir sehen also daraus:

Zur Vermeidung der Ähnlichkeitshemmung muß man den Lernstoff so einteilen, daß möglichst verschiedenartige Dinge hintereinander folgen.

Als Regel: *Ähnliches nicht hintereinander lernen.*

Man muß aber auch häufig Pausen einlegen, um eine Hemmung durch zu große zeitliche Nähe zu vermeiden.

Mach mal Lernpause

Der Rat: «Öfter mal Pausen machen» nützt Ihnen natürlich noch nicht viel. Wir wollen uns daher jetzt konkret mit dem Thema «Pausen» beschäftigen.

Zuerst einmal: Welche Art von Pausen ist für das Lernen am effektvollsten?

Dazu gleich wieder eine Trainingsaufgabe. Stellen Sie sich einen jungen Mann vor, der sich auf eine Prüfung – sagen wir einmal in Elektrotechnik – vorbereitet. Er gähnt gerade und hat offensichtlich eine Pause nötig. Wie kann er nun diese Pause gestalten?

Sie sollen entscheiden, welche der folgenden 4 Möglichkeiten am wirkungsvollsten für das Lernen sein wird.

Trainingsfeld «Pausentätigkeiten»

☐ Möglichkeit 1:
Der junge Mann geht zum Fenster, sieht durch die Scheibe hinaus und beobachtet den Verkehr.
☐ Möglichkeit 2:
Er greift zu einem Roman, der neben seinem Arbeitsplatz im Bücherregel steht und blättert darin herum.
☐ Möglichkeit 3:
Er lehnt sich in seinen Sessel zurück und schließt die Augen.
☐ Möglichkeit 4:
Er geht in die Küche und kocht sich eine Tasse Kaffee.

Kreuzen Sie nun die Pausenmöglichkeit an, die Ihrer Meinung nach am effektvollsten ist. Analysieren wir nun diese Aufgabe. Je ähnlicher sich zwei Dinge sind, um so stärker hemmen sie den Lernvorgang. Diese Erkenntnis können wir auch umkehren:

Lernen wir um so weniger gehemmt, je weniger sich Dinge ähnlich sind, daß heißt, je mehr sie sich voneinander unterscheiden.

Das können wir auch auf die Pausen nach einem Lernvorgang übertragen:

Pausen hemmen den Lernvorgang um so weniger, je mehr sie sich vom Lernstoff unterscheiden.

Sehen wir uns nun nach diesem Prinzip unsere 4 Möglichkeiten an. Möglichkeit 3 ähnelt sicher am meisten der vorangegangenen Lernsituation. Der Arbeitsplatz bleibt der gleiche, der junge Mann bewegt sich nicht, es ist auch keine Gewähr dafür gegeben, daß er mit geschlossenen

Augen nicht auch weiter mit seinen Gedanken am vorangegangenen Lernen klebenbleibt.

Möglichkeit 2 unterscheidet sich schon ein bißchen. Der Roman wird die Gedanken wahrscheinlich etwas ablenken. Aber immer noch bleibt er unverändert an seinem Lernplatz sitzen.

Bei der Möglichkeit 1 verläßt er diesen Arbeitsplatz, er steht auf und geht zum Fenster. Was er auf der Straße sieht, hat mit seinem Lernen sicher nicht viel zu tun. Die Ähnlichkeit zur Lernsituation besteht allerdings noch darin, daß er nur passiv etwas aufnimmt – wie beim Lernen auch –, er ist selbst nicht aktiv. Bei der Möglichkeit 4 ändert sich diese Passivität. Während er davor ohne viel Bewegung auf seinem Stuhl sitzt, geht er nun in die Küche, kommt in eine andere Umgebung und kümmert sich auch noch aktiv um seinen Kaffee.

Diese Möglichkeit 4 unterscheidet sich also am meisten von seiner vorherigen Lernsituation. Sie wird also für das Lernen den größten Effekt haben.

Sie sehen also: «Nichtstun» ist nicht die beste Art, Pausen zu machen. Viel wirkungsvoller ist es, in den Lernpausen «etwas anderes» zu tun.

«Etwas anderes» war in unserem Beispiel Kaffeekochen.

Verstehen Sie uns aber jetzt bitte nicht falsch. Kaffee zu kochen ist *nicht immer* die beste Art, Pausen zu machen. Wenn Sie sich zum Beispiel beim Lernen stark bewegen, dann ist die effektvollste Art, Pausen zu machen, das ruhige Sitzen im Sessel.

Die ideale Pausenlänge

Und nun zu einer zweiten Frage. Wie lang sollen die Pausen sein?

Eine allgemeine Antwort ist leider unmöglich, denn zwei Dinge muß man beachten:

1. Pausen müssen kurz sein, denn sonst wird in ihnen schon zu viel vergessen.

2. Pausen müssen lang sein, denn das Lernmaterial hemmt sich dann nicht mehr durch eine zeitliche Nähe.

Dazu kommt noch ein weiterer Effekt: Zu Beginn eines Lernprozesses muß man sich erst einmal auf das Lernen einstellen, man muß hineinkommen, mit der ganzen Lernsituation «warmwerden». Daher nennt man das in der Fachsprache auch «Aufwärmeffekt». Noch wissenschaftlicher und eindrucksvoller klingt es auf Englisch: «warming up effect».

Denken Sie dabei an Sportler, die sich auch erst warmlaufen müssen, bevor sie Höchstleistungen vollbringen können.

Das heißt also:

Pausen dürfen nicht so lang sein, daß man aus der Lernroutine herauskommt, daß man die «Lernstimmung» verliert und erst wieder eine neue, zeitraubende Aufwärmphase durchlaufen muß. Andererseits dürfen Pausen auch nicht zu kurz sein, da sonst das Lernmaterial durch die zeitliche Nähe gehemmt wird.

Die vier Pausentypen

Sie sehen also, die ideale Länge von Pausen gibt es nicht. Wir schlagen Ihnen daher ein System von 4 Pausenarten vor, das alle Gesichtspunkte für die Lernpraxis sinnvoll berücksichtigt.

Zuerst einmal die *kurze Unterbrechung*, wie wir sie nennen wollen. Also legen Sie den Bleistift hin, schauen

Sie in die Luft oder zum Fenster hinaus, trinken Sie einen Schluck oder kratzen Sie sich nachdenklich hinter dem Ohr.

Solche kurzen Unterbrechungen legt man fast automatisch ein. Sie sollten aber nicht länger als 1 Minute dauern, und man sollte dabei seinen Arbeitsplatz nicht verlassen.

Die nächste Art wollen wir *Minipause* nennen. Man sollte dabei auf jeden Fall vom Arbeitsplatz aufstehen, herumgehen, vielleicht das Fenster aufmachen, mit jemandem ein paar Worte reden, vielleicht eine Kleinigkeit essen, sich auf der Couch ausstrecken usw. So eine Minipause sollte rund 5 Minuten lang sein. Alle 20 bis 30 Minuten sollte man sie einlegen. Es ist ein weitverbreiteter Irrtum, daß Pausen Zeitverschwendung sind und von Faulheit und mangelndem Lerneifer zeugen.

Beim Lernen sparen Pausen – im richtigen Maß und im richtigen Augenblick – Zeit und Mühe. Viele wissenschaftliche Untersuchungen haben das nachgewiesen. Man spricht daher auch von der *produktiven Pause*. Dazu kann man sich als Faustregel merken: Man sollte beim Lernen 10 % bis 30 % der Arbeistzeit für kurze Pausen verwenden, für kurze Unterbrechungen und Minipausen. Je anstrengender und gleichförmiger der Lernstoff ist, um so mehr Pausen sind notwendig.

Wichtig ist:

Lernen Sie nicht «am Stück», also nicht zu lange auf einmal ohne Unterbrechung. Von der gesamten Lernzeit sollten 10 % bis 30 % für kurze Pausen verwendet werden.

Als einfache Regel: *Häufig kurze Lernpausen machen.*

Der deutsche Arbeitspsychologe O. GRAF hat diesem Phänomen einige Untersuchungen in Betrieben gewidmet. In seiner Theorie der «lohnenden Arbeitspause» führt er einige Grundregeln an:

Die Pausen sind am wirksamsten, wenn es erst gar nicht zu einer spürbaren Ermüdung kommt. Der Pausengewinn entsteht nicht allein durch eine Mehrleistung nach der Pause infolge der Erholungwirkung, sondern die Einplanung einer Pause beeinflußt bereits die vorausgehende Arbeitsleistung merklich positiv. Dieser «Erwartungsanstieg» kann durch geschickte Planung für den Lerninhalt genutzt werden.

Auch wenn man solche kurzen Unterbrechungen und Minipausen gut über die Lernzeit verteilt, darf man größere Lernabschnitte nicht zu lange ausdehnen.

Nach rund 2 Stunden Lernen ist die nächste Pausenart fällig. Nennen wir die *Kaffeepausen.* Dazu sollte man möglichst in ein anderes Zimmer gehen, also die gesamte Lernatmosphäre verlassen, vielleicht Kaffee trinken (oder auch Tee – ganz wie Sie wollen), Zeitung lesen, mit anderen Leuten reden, mit seinen Kindern spielen, Blumen gießen oder die Fische im Aquarium füttern. Es gibt da so viele Möglichkeiten, daß Ihnen sicher immer etwas einfällt.

Eine solche Kaffeepause sollte rund 15 bis 20 Minuten dauern.

Wenn man länger als 3 Stunden täglich lernen muß, ist nach einem solchen 3-Stunden-Abschnitt eine noch größere Erholungspause notwendig. *Erholungspause* wollen wir sie auch nennen. Sie sollte mindestens 1 Stunde, höchstens 2$\frac{1}{2}$ Stunden dauern, denn sonst kann man sich nur mühsam wieder aufs Lernen einstellen (Sie erinnern sich ja an den Aufwärmeeffekt). Vernünftigerweise sollte man an einem Tag höchstens zweimal rund 3 Stunden lernen, das sind 6 Stunden reine Lernzeit. Mehr zu lernen wäre eine Gewaltleistung, deren Ergebnis in keinem Verhältnis zum Lernaufwand stünde.

Zusammenfassung

Postmentale Erregungen
Der Lernprozeß ist nicht in dem Augenblick beendet, in dem die Wahrnehmung des Lernstoffes abgeschlossen ist. Das Einprägen und Einordnen des Stoffes in unser Gedächtnis nimmt zusätzliche Zeit in Anspruch. Diese postmentalen Prozesse sind uns allerdings nicht bewußt.

Affektive Lernhemmung
Werden die postmentalen Prozesse eines Lernprozesses durch eine unmittelbar daraufgolgende affektive Erregung – Schreck, Ärger, starke Freude usw. – gestört, so wird die Einprägung des neuen Lernstoffes deutlich behindert.

Lernhemmung durch die zeitliche Nähe
Zwei Lernprozesse, die zu dicht aufeinanderfolgen, hemmen sich gegenseitig. Das neue Wissen kann nicht ungestört ins Gedächtnis eingeordnet werden und manches geht deshalb verloren.

Ähnlichkeitshemmung
Ähnliche Lernstoffe hemmen sich gegenseitig, denn sie führen bei der Einordnung in unser Gedächtnis zu Verwechslungen und Überschneidungen. Das Lernen wird besonders beeinträchtigt, wenn man Ähnliches kurz hintereinander lernt.

Lernpausen
Nichtstun ist nicht die beste Art, Lernpausen zu machen. Viel wirkungsvoller ist es, etwas anderes zu tun, da man so eine Ähnlichkeitshemmung von Lern- und Pausentätigkeit verhindert.

Wiedergabehemmung
Lernt man neues Wissen, kurz bevor man früher Erlerntes wiedergeben soll, zum Beispiel für eine Prüfung, dann stören die «postmentalen Prozesse» des neuen Lernens die ungehinderte Reproduktion. Man sollte also kurz vor Prüfungen nichts Neues dazulernen.

Produktive Pausen

Man sollte beim Lernen 10 % bis 30 %
der Arbeitszeit für kurze Unterbrechungen und Minipausen verwenden,
die gleichmäßig über die Lernzeit verteilt werden sollen. Pausen in diesem
Ausmaß sind keine Zeitverschwendung, sie erhöhen die Gesamtlei-
stung.

Pausentypen

Kurze Unterbrechungen:
Nicht länger als 1 Minute, der Arbeits-
platz sollte nicht verlassen werden.
Minipausen:
Rund 5 Minuten lang, man sollte vom
Arbeitsplatz aufstehen. Alle 20 bis 30
Minuten sollte man solche Minipau-
sen einlegen.
Kaffeepausen:
Rund 15 bis 20 Minuten lang. Verlas-
sen Sie die ganze Arbeitsatmosphäre.
Kaffeepausen sollten Sie nach 2 Stun-
den einlegen und danach noch 1
Stunde weiterlernen.
Erholungspausen:
1 Stunde bis höchstens 2¹/₂ Stunden
nach einem 3-Stunden-Lernab-
schnitt. Höchstens 2 solche 3-Stun-
den-Abschnitte (= 6 Stunden reine
Lernzeit) an einem Tag.

Hauptregeln

Und nun zwei weitere Hauptregeln für
die Lernart «Trainieren»:

---

4. Ähnliches nicht hintereinander
   lernen.
5. Häufig kurze Pausen machen.

Trainingsvorschlag

Hier können Sie das üben, was Sie
gerade über Pausen gelernt haben.

Trainingsfeld «Pausenplanung I»

Sie wollen eine halbe Stunde lang Vokabeln lernen. Wann machen Sie dabei kurze Pausen? Wie lang sind diese jeweils? (In die Antwortlücken der Kolonne «Tätigkeiten» bitte die entsprechenden Pausenarten eintragen.)

Dauer in Minuten	Tätigkeiten
....	Lernen
....	....
....	Lernen
....	....
....	Lernen
....	....
....	Lernen
....	....
....	Lernen
....	....
....	Lernen
....	....
....	....
....	....
....	....
....	....

Summe: 30 Minuten Lernen

Summe: .... Minuten Pause

Trainingsfeld «Pausenplanung II»

Sie bereiten sich gerade auf eine größere Prüfung in Elektrotechnik vor und wollen sechs Stunden lang aus einem Lehrbuch lernen. Es ist 9.00 Uhr morgens.

Planen Sie «Kaffeepausen» und «Erholungspausen». Geben Sie möglichst konkret an, was Sie in den Pausen tun wollen.

Uhrzeit	Tätigkeiten (bei den Pausen bitte detailliert beschreiben)
9.00 bis .... Uhr	....
.... bis .... Uhr	....
.... bis .... Uhr	....
.... bis .... Uhr	....
.... bis .... Uhr	....
.... bis .... Uhr	....
.... bis .... Uhr	....
.... bis .... Uhr	....
.... bis .... Uhr	....
.... bis .... Uhr	....
.... bis .... Uhr	....
.... bis .... Uhr	....

Lösungsvorschläge

Diese Lösungen sollen nur als Orientierungspunkte dienen. Je nach den individuellen Verhältnissen gibt es noch viele andere richtige Möglichkeiten. Die Zeitangaben sind natürlich als ungefähre Richtwerte gedacht. Kontrollieren Sie sie nicht mit der Stoppuhr!

Musterlösung zum Trainingsfeld «Pausenplanung I»

5 Minuten	Lernen
1 Minute	kurze Unterbrechung
5 Minuten	Lernen
1 Minute	kurze Unterbrechung
5 Minuten	Lernen
5 Minuten	Minipause
5 Minuten	Lernen
1 Minute	kurze Unterbrechung
5 Minuten	Lernen
1 Minute	kurze Unterbrechung
5 Minuten	Lernen

30 Minuten	Lernen
9 Minuten	Pausen (=30 % der Lernzeit, denn Vokabellernen ist anstrengend und gleichförmig)

Musterlösung zum Trainingsfeld «Pausenplanung II»

9.00–11.00 Uhr Lernen (mit eingestreuten kurzen Unterbrechungen und Minipausen).
11.00–11.15 Uhr Kaffeepause (zum Beispiel eine Kleinigkeit essen, Kaffee oder Tee trinken, einmal um den Häuserblock oder zum Kaufmann gehen).
11.15–12.20 Uhr Lernen (mit eingestreuten kurzen Pausen).
12.20–14.00 Uhr Erholungspause (zum Beispiel Mittagessen, danach sich auf dem Balkon sonnen, eine Dreiviertelstunde spazieren gehen, der Frau beim Abspülen helfen, mit den Kindern spielen, vielleicht Fußball im Hof, Rasen mähen usw.).
Wenn Sie einen kleinen Mittagsschlaf einlegen wollen, sollten Sie die Erholungspause allerdings auf 2 bis $2^1/_2$ Stunden verlängern.
14.00–16.00 Uhr Lernen (mit eingestreuten kurzen Pausen).
16.00–16.20 Uhr Kaffeepause (zum Beispiel Kaffeetrinken, sich mit dem Ehepartner unterhalten, mit einem Bekannten telefonieren, Blumen gießen).
16.20–17.20 Uhr Lernen (mit eingestreuten kurzen Pausen).
17.00–. . . . Uhr große Erholungspause für den Rest des Tages.
6 Stunden reine Lernzeit sind bestimmt genug.

Schlagen Sie bitte nun noch einmal den Fragebogen «Bisheriges Lernen» auf Seite 17ff. auf. Bei Frage 9 haben Sie zu Beginn dieses Kurses festgehalten, wie Sie bisher Lernpausen eingelegt haben. Beurteilen Sie nun diese Art der Pausengestaltung kritisch.

Lernen durch Strukturieren

Es gibt zwei grundlegende Arten von Lernen:

Die erste Art haben Sie in den letzten beiden Kapiteln kennengelernt: das Lernen durch Verknüpfen.

In diesem Kapitel und im nächsten wollen wir uns mit der anderen Art beschäftigen: mit dem Lernen durch Überlegen, Nachdenken, Ordnen und Aufgliedern.

Wir wollen es *Lernen durch Strukturieren* nennen, im Gegensatz zum Lernen durch Verknüpfen.

Bevor wir das lange theoretisch erklären, wollen wir Ihnen an einem Beispiel zeigen, was wir meinen.

Wissen Sie, was Sie tun?

Wenn Sie Autofahrer sind, dann macht es Ihnen sicher keine besondere Mühe, rückwärts in eine Parklücke einzuparken.

Überlegen Sie einmal genau:

Wie machen Sie das im einzelnen?

Überlegen Sie, welche Handlungen Sie dabei in welcher Reihenfolge durchführen.

Wann kuppeln Sie, wann schlagen Sie wie stark in welcher Richtung ein, wie oft schalten Sie dabei usw.?

Sie haben sicher Schwierigkeiten, ihre einzelnen Verhaltensschritte beim Einparken zu rekonstruieren. Es ist doch ziemlich kompliziert, was man dabei im einzelnen tut. Und trotzdem macht Ihnen dieser ganze, verwickelte Vorgang in der Praxis kaum Schwierigkeiten. Sie müssen dabei

nicht einmal nachdenken, was Sie wann tun müssen.

Das ist eigentlich erstaunlich, denn diese Fähigkeit Einparken ist ja nicht angeboren, sie ist irgendwann einmal erlernt worden: in der Fahrschule.

Dabei mußte am Anfang der Fahrlehrer sehr genau jeden einzelnen Verhaltensschritt instruieren:

«In ungefähr 1 m Abstand parallel neben den davorstehenden Wagen fahren,

so halten, daß das eigene Heck mit dem Heck des anderen Wagens abschließt,

auskuppeln,

Rückwärtsgang einlegen,

den Kopf nach hinten wenden,

die rechte Hand über die Sitzlehne legen,

langsam die Kupplung kommen lassen . . .»

Die genaue Beschreibung würde sicher eine Seite lang. Wie kommt es, daß Sie diese Einzelschritte wieder vergessen haben?

Zuerst mußte jeder Schritt für sich aus unserem Gedächtnis abgerufen werden.

Im Laufe des Lernens wurde dann allmählich aus den einzelnen Handlungsschritten eine längere Kette, die automatisch ablief, wenn sie einmal angestoßen wurde.

Dabei weiß man nicht einmal mehr, welche einzelnen Schritte genau abgelaufen sind, wie Sie an sich selbst wahrscheinlich deutlich gemerkt haben.

Ohne Blöcke geht es nicht

Solche abgeschlossenen und oft wiederkehrenden Ketten wollen wir «Blöcke» nennen.

Nun lernt ein Autofahrer natürlich nicht nur den einen Block «Rückwärts-Einparken». Er lernt genauso die Blöcke «Anfahren», «Links-Abbiegen», «Einordnen», «Spur-wechseln», «Überholen» und noch vieles mehr.

Solche Blöcke müssen sich immer bilden, wenn wir komplizierte Dinge lernen wollen. Die vielen Einzelelemente sind dann nicht mehr auf einmal zu übersehen. Erst das Zusammenfassen dieser Einzelelemente zu einer überschaubaren Zahl von Blöcken macht komplizierteres Lernen möglich.

Wenn man anfängt, Ski fahren zu lernen, sieht man sich einer unübersehbaren Zahl von Handlungsmöglichkeiten gegenüber. Der Anfänger weiß nie, was er wann tun muß, welche Schulter wohin gehört usw.

Der routinierte Skifahrer dagegen hat durch Übung Blöcke gebildet: «Schwung nach rechts zum Hang», «Schwung in den Hang» usw.

Er muß nur noch entscheiden, wohin er fahren will, also einen ganzen Block ins Gedächtnis rufen. Schon laufen die zugehörigen Einzelelemente automatisch ab. Es stehen also nicht mehr die einzelnen Handlungselemente zusammenhanglos nebeneinander, sie haben sich zu größeren Handlungseinheiten «strukturiert».

Daher nennen wir diese Lernart *Lernen durch Strukturieren*.

Blockbildung spielt natürlich nicht nur beim Lernen des Ski- oder Autofahrens eine Rolle, auch jede Fremdsprache, die wir tatsächlich sprechen können, wird genauso gelernt.

Es ist also wichtig, daß diese Blockbildung möglichst schnell und gut erfolgt. Um so eher nämlich erreichen wir unser Lernziel. Man kann die Blockbildung durch eine sinnvolle Lerntechnik beschleunigen und erleichtern, genauso kann man sie allerdings durch ungeschicktes Lernen verzögern.

Bleiben wir wieder beim Autofahren: Auch wenn man sehr lange und intensiv die Einzelbewegungen wie «Kupplung treten», «1. Gang einlegen» usw. trainieren würde, könnte man deswegen noch lange nicht autofahren. Erst durch Übung im Verkehr, also durch Training dieser einzelnen Bewegungen im Zusammenhang, lernen wir fahren.

Übertragen wir das zum Beispiel auf das Lernen einer Fremdsprache: Es ist verschwendete Mühe, intensiv und sehr lange einzelne Vokabeln und Grammatikregeln zu büffeln.

So lernt man nie im Zusammenhang sprechen. Nur wenn man frühzeitig die einzelnen Worte im Sprachzusammenhang trainiert, also Redewendungen, häufige Phrasen und Satzteile übt, wird man die fremde Sprache vernünftig sprechen und anwenden können. Noch einige Beispiele dazu:

Lernt man Schreibmaschine schreiben, so sollte man nicht nur Einzelbuchstaben üben, sondern möglichst bald die häufigsten Worte und Satzteile trainieren.

Wenn man Buchhaltung lernen muß, sollte man nicht zu lange die einzelnen Buchungsschritte üben, sondern möglichst bald abgeschlossene und wirklichkeitsnahe Buchungsvorgänge durchspielen.

Wieder als einfache Regel: *Sinnvolle Blöcke trainieren.*

Manchmal geht's nicht weiter

Nun ein weiterer Punkt:

Jeder Funker muß im Laufe seiner Ausbildung Morsezeichen lernen, da das die einfachste Form ist, einen Text in Stromstöße umzusetzen. Fragt man nun Funker, dann erzählen sie immer wieder, daß man während des Lernens zweimal an eine Stelle kommt, wo die Lernfortschritte plötzlich aufhören und wo man glaubt, nicht mehr weiterzukommen.

Die Lernkurve steigt also nicht mehr an, sie stagniert. Solche Phasen nennt man Lernplateaus.

Solche Lernplateaus treten bei allen auf, die das Morsealphabet lernen, ganz gleich, ob sie sich gut konzentrieren können oder nicht, ob sie sich mehr oder weniger anstrengen. Sie haben also nichts mit Ermüdung oder mangelnder Anstrengung zu tun.

Interessant ist, daß die Funker übereinstimmend berichten, vor dem 1. Lernplateau würde man noch die einzelnen Punkte und Striche des Morsealphabets lesen, danach kann man bereits ganze Buchstaben erkennen.

Nach dem 2. Lernplateau bemerken sie dann, daß sie statt einzelner Buchstaben ganze Worte zu erkennen beginnen.

Solche Lernplateaus gehen also immer voraus, wenn einzelne Elemente zu einem Block zusammengefaßt werden. Lernplateaus gibt es nicht nur beim Lernen von Morsezeichen. Bei fast jedem Lernen treten solche Phasen auf, in denen der Lernfortschritt stagniert. Man ist dann entmutigt und glaubt: «Das lerne ich nie!» Jeder hat das an sich selbst schon erlebt, ob nun beim Skifahren oder beim Lernen von elektronischer Datenverarbeitung.

Solche Plateaus zeigen, daß sich eine neue Struktur in unserem Gedächtnis bildet, das heißt:

1. Lernplateaus zeigen notwendige Vorgänge für einen späteren Lernfortschritt an. Man kann sie also nicht durch Pausen oder durch besondere Anstrengungen überspringen. Das Lernen nicht auf einem Lernplateau abbrechen.

2. Lernplateaus sind etwas ganz

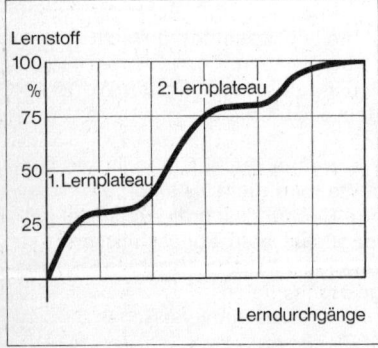

Abb. 5

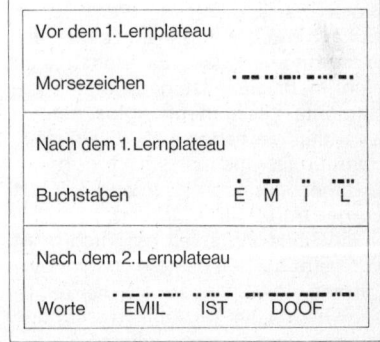

Abb. 6

48

Natürliches im Laufe eines Lernprozesses, sie sind kein Grund zur Beunruhigung und Entmutigung. Es ist wichtig, daß man in seinen Lernanstrengungen fortfährt wie bisher.

Wie die vorangegangenen Beispiele zeigen, erleichtert uns die «Blockbildung», unsere Umwelt überschaubar zu machen. Mit Hilfe von solchen Zusammenfassungen können wir unser «internes Umweltmodell» sparsamer konstruieren. Und das steigert die Geschwindigkeit, mit der wir uns in unserer Umwelt zurecht finden.

Das Lesen läßt sich dafür sehr gut als Beispiel anführen: Ein Mensch, der sich auf dem Niveau des Buchstabierens befindet, wird sehr lange brauchen, bis er ein Buch gelesen hat. Denken Sie daran, wie Schulanfänger lesen. Ein normal Leseübter dagegen nimmt nicht mehr die einzelnen Buchstaben wahr, sondern ganze Worte und wird daher das Buch in viel kürzerer Zeit beenden.

Die Lesegeschwindigkeit läßt sich durch «Schnellesekurse» weiter steigern. Man kann nämlich lernen, ganze Sätze und kleinere Abschnitte im Text auf einmal zu erfassen.

Die Steigerung der Blockgröße ist natürlich nicht nur beim Lesen möglich. Weitere Beispiele: Musiker, die vom Blatt spielen, Dirigenten, die ganze Passagen einer Sinfonie gegenwärtig haben, Kontrollingenieure von automatischen Betrieben, die aus einem bestimmten Muster aufleuchtender Warnlampen sofort die Art der Störung im Betriebsablauf erkennen können und schließlich Ärzte, die aus dem Zusammentreffen verschiedener Symptome sofort die richtige Krankheit zu diagnostizieren wissen.

In all diesen Fällen wird in kurzer Zeit sehr viel Information verarbeitet.

Voraussetzung dafür ist jedoch das «Erkennen» der Blöcke und der mehr oder minder unmerkliche Übergang von der Einzelelement-Ebene zur Block-Ebene. Dieser Übergang geschieht bei der Blockbildung nach längerem Einüben ganz unbewußt.

Denken wir an das Beispiel des einparkenden Autofahrers: Er weiß zwar, daß er einparkt, kennt aber nicht mehr die einzelnen Verhaltenselemente, die zum Block «Einparken» gehören. Das Einparken geschieht automatisch. Das Bewußtsein ist entlastet von der Steuerung des Bewegungsablaufes, denn die Steuerung wurde von anderen Gehirnzentren im Kleinhirn übernommen.

Dieser Vorgang der «Automatisierung» von Verhaltensabläufen ist von großer Wichtigkeit für die Stabilisierung unseres Verhaltens und gleichzeitig für das Freihalten der höheren Nerventätigkeit für die Verarbeitung von Umweltinformationen.

So kann ein einparkender Autofahrer, der genügend Übung hat, durchaus gleichzeitig noch einem hübschen Mädchen nachsehen und Autoradio hören (obwohl natürlich beim Autofahren mehr Konzentration anzuraten ist).

Ordnung spart Arbeit

Nun wollen wir Ihnen an einem kleinen Versuch demonstrieren, wie man mit dem gleichen Lernaufwand mehr behalten kann. Zu diesem Versuch benötigen Sie wieder ein Schreibinstrument und die Uhr mit Sekundenzeiger.

Lernfeld «Hauptwörter I»

Hund	Nelke	Pferd
Posaune	Banane	Rose
Apfel	Geige	Katze
Klavier	Birne	Aster

Blättern Sie bitte auf die übernächste Seite und schreiben Sie im Kontrollfeld «Hauptwörter I» auf, was Sie davon behalten haben.

Wenn Sie das Kontrollfeld «Hauptwörter I» ausgefüllt haben, sehen Sie sich jetzt wieder 20 Sekunden lang 12 Hauptwörter aus anderen Bereichen an. Prägen Sie sich auch diese Wörter gut ein.

Lernfeld «Hauptwörter II»

Schwalbe	Taube	Adler
Eiche	Buche	Tanne
Hammer	Zange	Hobel
Mantel	Hose	Jacke

Decken Sie das Lernfeld ab und schreiben Sie im Kontrollfeld «Hauptwörter II» auf, was Sie sich gemerkt haben.

Sind Sie damit fertig? Wir nehmen an, daß Sie beim zweitenmal mehr Wörter behalten haben.

Warum?

Bei der 2. Liste waren die 12 Wörter nach vier Oberbegriffen geordnet:

Vögel,

Bäume,

Werkzeuge,

Kleidungsstücke.

In der 1. Liste stammten die Beispiele auch aus vier Bereichen:

Haustiere,

Blumen,

Musikinstrumente,

Früchte.

Allerdings waren diese Wörter nicht geordnet, sondern durcheinander gemischt.

Allein die Ordnung nach Oberbegriffen hat Ihnen also das Lernen deutlich erleichtert. Das ist eine sehr wichtige Erkenntnis. Und je komplizierter und vielfältiger ein Lernstoff wird, um so nötiger werden Oberbegriffe. Bei Wissenschaftlern, die es ja mit recht komplizierten Dingen zu tun haben, wird das besonders deutlich.

Ein Botaniker kann Tausende von Pflanzen unterscheiden und benennen. Wie macht er das? Er bedient sich eines raffinierten Systems von Oberbegriffen, das im wesentlichen der Botaniker LINNÉ im Jahre 1738 entwickelt hat: «Das natürliche System der Pflanzen.»

Dieses System wurde weiterentwickelt, heute ist die Fassung nach ENGLER üblich. Nehmen wir zum Beispiel die Bestimmung einer Blume.

Wir haben dazu einen Botaniker interviewt:

Herr Dr. K., Sie haben mir erlaubt, im Botanischen Garten eine Pflanze auszusuchen und sie anhand des Systems von Engler zu benennen und einzuordnen.

Dr. K.: Das ist ein gutes Beispiel.

Wir sind zweifellos in der Abteilung der Samenpflanzen; denn daß diese Pflanze Samen hervorbringt, steht außer Frage.

Als nächstes kämen wir zur Unterabteilung; hier müssen wir uns zwischen zwei Gruppen entscheiden: Nacktsamer oder Bedecktsamer. Diese Pflanze hier ist ein Nacktsamer, der Same liegt, wie Sie ja sehen, frei. Bei den meisten Pflanzen, die wir ja kennen, liegen die Samen in einem Fruchtknoten und sind infolgedessen bedeckt.

Wir kommen also nun zur dritten Ebene: den Klassen. Dort haben wir die beiden Möglichkeiten Einkeimblättrig oder Zweikeimblättrig. Wir haben eine einkeimblättrige Pflanze vor uns. Das können wir schon an den parallelen Nerven des Blattes erkennen. Wenn Sie die Pflanze gegen das Licht halten, wird das ganz deutlich.

Nun kommen wir zur Unterklasse. Sie entfällt in diesem Fall, da die einkeimblättrigen Pflanzen keine Unterklassen besitzen.

Daher nun die Ordnung. Die Pflanze zählt zu den Lilienverwandten. Diese Ordnung ist ausgezeichnet durch eine Dreier-Zahl der Blütenteile, im kon-

kreten Fall sind es hier zwei mal drei.

Wir kommen jetzt zur Familie, diese Pflanze gehört – erstaunlicherweise – zur Familie der Bananengewächse (Musaceae). Und schließlich noch zur Gattung, es handelt sich um die Gattung «Strelitzia», den Namen haben Sie vielleicht schon gehört.

Die Art ist «Reginae».

Diese Pflanze ist also die «Strelitzia Reginae», die königliche Strelitzia.

Ein solches hierarchisches System ist einfach erforderlich bei der Vielzahl der Pflanzen. Allein bei den Samen-pflanzen haben wir mehr als 300000 Arten. Die Familie der Orchideen hat bereits rund 35000 Arten und bei den Orchideen haben wir Gattungen, zumindest eine Gattung, die 1000 verschiedene Arten aufweist: Die Gattung «Dendrobium». Ohne ein solches System wären wir vor dem «Wust» an Pflanzen völlig hilflos. Wir wüßten überhaupt nicht, welche Pflanzen miteinander verwandt sind, man müßte jede einzelne Pflanze neu beschreiben. Und das gäbe dann ein heilloses Durcheinander.

System nach Engler

1. Abteilung:	Samenpflanze
2. Unterabteilung:	Bedecktsamer
3. Klasse:	Einkeimblättrig
4. Unterklasse:	——
5. Ordnung (Reihe):	Lilienverwandte
6. Familie:	Bananengewächse
7. Gattung:	Strelitzia
8. Art:	Reginae

Abb. 7
Diese Abbildung zeigt diese Einordnung nochmals schematisch.

Kontrollfeld «Hauptwörter I»

Welche Wörter haben sie behalten?

Anzahl der behaltenen Wörter: ☐

Gehen Sie jetzt bitte wieder zurück auf Seite 49

Kontrollfeld «Hauptwörter II»

Welche Hauptwörter haben Sie aus der 2. Lerngruppe behalten?

Zahl der behaltenen Hauptwörter: ☐

Lesen Sie nun wieder auf Seite 50 im Text weiter.

Durch nur 8 (bzw. hier 7) Entscheidungen zwischen wenigen Oberbegriffen, die hierarchisch übereinander angeordnet sind, kann man also aus einigen Hunderttausend verschiedenen Pflanzenarten diese Strelitzia reginae bestimmen.

Hätte man dieses Begriffssystem nicht, müßte man durch Tausende von Einzelunterscheidungen die gesuchte Pflanze heraussuchen: ein unmögliches Verfahren.

Ein System mit mehreren Ebenen von Oberbegriffen, ein «hierarchisches» System, macht also auch eine ungeheure Zahl von einzelnen Gegenständen überschaubar und handhabbar.

Dazu kommt noch ein weiterer Vorteil: Mit diesem System kann ein Botaniker auch Pflanzen einordnen oder zumindest grob benennen, die er noch nie vorher in seinem Leben gesehen hat.

Jeder sein eigener LINNÉ

Bei den wenigsten Dingen, die man lernen muß, gibt es ein so perfektes System von Begriffen. Daher muß man sich in den meisten Fällen selbst Oberbegriffe suchen und den Lernstoff danach aufgliedern.

Da dieses Auffinden von Oberbegriffen für das Lernen sehr wichtig ist, wollen wir Ihnen noch ein kleines Beispiel zeigen:

Es gibt bei uns mehr als 100 amtliche Verkehrzeichen, also eine ziemlich unübersichtliche Menge.

Wenn man diese Zeichen nach Oberbegriffen ordnet, werden sie bald überschaubar und lassen sich leichter erlernen:

Verbotsschilder sind rund mit rotem Rand,

Warnschilder sind Dreiecke mit der Spitze nach oben,

Gebotsschilder sind rund und blau,

Hinweisschilder sind rechteckig und blau.

Das heißt als Regel: *Selbst nach Oberbegriffen suchen*

Abb. 8

Abb. 9

Der vorangegangene Versuch zeigte, daß das Vorhandensein von logischen Ordnungsgesichtspunkten das Lernen erleichtert.

Im Gegensatz zu der schon besprochenen Blockbildung handelt es sich bei der Bildung von Oberbegriffen um einen Akt des logischen Denkens. Bei der Blockbildung setzen vorwiegend die Verhältnisse der Umwelt fest, welche Blöcke optimal sind.

(Denken Sie dabei an den Mediziner, der Symptome nach Krankheiten sortiert, oder an den Autofahrer, der sich in seinem Verhalten den bereits bestehenden Verkehrsregeln anpaßt.)

Oberbegriffe sind dagegen in vielen Fällen frei konstruierbar und können – selbst bei gleichem Lernmaterial – für verschiedene Personen verschieden sein. Das gilt selbstverständlich nicht für rein sprachliche Oberbegriffe, zum Beispiel für Oberbegriffe wie «Möbel» oder «Lebensmittel». Diese Begriffe sind festgelegt, weil man sich ja mit ihrer Hilfe den anderen verständlich machen will. Die Möglichlichkeit, daß verschiedene Personen verschiedene Oberbegriffe bilden, gilt jedoch für Lernmaterial, das erst strukturiert werden soll. Denken wir hier an das Beispiel der Verkehrsschilder: Je nach den Merkmalen der Schilder (Form, Farbe, Gebote und Verbote, Geltungsbereiche usw.) lassen sich verschiedene Gruppierungen des Lernmaterials vornehmen.

Lernplateau

Häufig treten in der Lernkurve Phasen auf, in denen der Lernfortschritt stagniert. Solche Lernplateaus signalisieren, daß sich im Gedächtnis eine neue Struktur bildet. Lernplateaus zeigen also notwendige Vorgänge für einen späteren Lernfortschritt an. Sie sind kein Grund zur Entmutigung.

Oberbegriffe

Oberbegriffe fassen ähnliche Gegenstände oder Bezeichnungen zusammen. Die Ordnung von Lernstoffen nach Oberbegriffen erleichtert das Lernen wesentlich.

Je komplizierter und vielfältiger der Lernstoff wird, um so nötiger werden Oberbegriffe. Ein hierarchisches System – wie zum Beispiel «Das natürliche System der Pflanzen» – macht auch eine ungeheuer große Zahl von Gegenständen überschaubar.

Oberbegriffe suchen

Die wenigsten Dinge, die man lernen muß, sind bereits durch ein perfektes System von Oberbegriffen geordnet. Meistens muß man beim Lernen selbst nach Oberbegriffen suchen.

Zusammenfassung

Blockbildung

Im Laufe des Lernens werden aus häufig aufeinander folgenden einzelnen Handlungsschritten «Verhaltensblöcke». Wenn sie einmal angestoßen werden, laufen sie automatisch ab. Erst diese Blockbildung macht kompliziertes Lernen möglich, sie strukturiert die einzelnen Handlungsschritte zu größeren Einheiten. Beispiel: Rückwärts Einparken.

Hauptregeln

Und nun die ersten zwei Hauptregeln
für die Lernart Strukturieren:

1. Sinnvolle Blöcke trainieren
   Also nicht zu lange nur die Einzelelemente üben.
2. Selbst nach Oberbegriffen
   suchen
   Teilen Sie das Lernmaterial in
   leicht erfaßbare Abschnitte, die
   sinnvoll zusammengehören.
   Wenn der Lernstoff besonders
   umfangreich und kompliziert
   ist, dann gliedern Sie auf verschiedenen Ebenen in Oberbegriffe, so wie es die Botaniker
   perfekt vormachen.

Trainingsvorschlag

Sie haben gesehen, daß das Finden von Oberbegriffen für das Lernen sehr wichtig ist. Daher wollen wir das in einer Aufgabe trainieren. Sie werden sehen, daß man die gleichen Gegenstände in viele verschiedene Systeme von Oberbegriffen einordnen kann.

Sie sehen hier 7 verschiedene Vornamen:

Adam   Bert   Charlotte
Evelyn   Monika   Peter   Udo

Sie sollen nun versuchen, diese 7 Namen auf möglichst viele verschiedene Arten zu gruppieren.
Eine Möglichkeit wäre es zum Beispiel, die Vornamen in die beiden Oberbegriffe «männliche» und «weibliche» Namen einzuordnen:

Adam   Charlotte
Bert   Evelyn
Peter   Monika
Udo

Wieviele verschiedene Arten von Oberbegriffen fallen Ihnen ein?
Nehmen Sie sich ungefähr 5 Minuten Zeit für dieses Training.
Wie viele Arten sind Ihnen eingefallen? Nur eine weitere oder vielleicht mehr als vier weitere Arten? Dann sind Sie nach unseren Erfahrungen schon

recht weit gekommen.
Nun einige Lösungsvorschläge:
Man könnte die Vornamen einteilen
○ nach der Anzahl der Silben,
○ nach der Anzahl von Buchstaben,
○ ob sie mit einem Vokal oder einem Konsonanten beginnen,
○ in Vornamen mit oder ohne den Buchstaben A,
○ in Vornamen der ersten und zweiten Hälfte des Alphabets usw.

Dies alles wären «objektive» Oberbegriffe oder Strukturierungen. D. h. alle Personen könnten auf die gleiche Einteilung kommen.

Vielleicht sind Ihnen aber auch Einteilungsmöglichkeiten eingefallen, die nur für Sie persönlich gelten, z. B.
○ Vornamen, die Verwandte oder Bekannte tragen und solche, bei denen man keine Person dieses Namens kennt,
○ Vornamen, die einem sympathisch sind und unsympathische,
○ Namen, die man eigenen Kindern geben möchte.

Dies wären dann «subjektive», d. h. nur für die eigene Person zutreffende Systematisierungen.

Gerade sie sind für das Lernen besonders vorteilhaft. Im nächsten Kapitel werden wir noch näher darauf eingehen, warum das Einbringen eigener Erfahrungen in den Lernprozeß besonders nützlich ist.

Lernen durch Einsicht

Wenn das Lernen Sprünge macht

Steht man vor einer neuartigen Aufgabe, einem Problem, wie läuft die Lösung dann in den meisten Fällen ab?

Kommt man schrittweise und erkennbar der Lösung immer näher? Oder hat man einen plötzlichen Einfall, springt der «zündende Funke» über, kommt ein «Gedankenblitz», «geht einem ein Licht auf»?

Sie haben es oft genug erlebt: In den meisten Fällen kommt die Lösung plötzlich.

Dieses Erlebnis des «Plötzlich-da-Seins» nennt man wissenschaftlich «Aha-Erlebnis».

Will man diesen Vorgang als Lernkurve aufzeichnen, so sieht das ungefähr wie in Abbildung 10 aus.

Wie kommt dieser Lernsprung zustande?

Zuerst lernt man vorwiegend Einzelteile eines Problems kennen:

Man sammelt also Erfahrungen an.

Aufgrund dieser Einzelerfahrungen hat man Vermutungen, wie man sie zu einer Struktur, wie zu einer sinnvollen Lösung zusammenfassen könnte. Diese vorläufige Struktur wird dann geprüft. Kann man alle Einzelerfahrungen sinnvoll in sie einordnen?

Dabei gibt es zwei Möglichkeiten:

1. Möglichkeit: Diese vorläufige Struktur stimmt nicht, sie wird also wieder verworfen. Es wird weiter gesucht. Neue Erfahrungen werden gesammelt. Daher gibt es auch keinen sichtbaren Lernfortschritt.

2. Möglichkeit: Die vorläufige Struktur stimmt.

Der vollständige Lernfortschritt ist da.

Den Lernsprung nach dem Prinzip «Alles oder nichts» gibt es bei allen Arten von Lernen durch Strukturieren:

1. Bei der Bildung von Blöcken: Beim Skifahrenlernen gibt es Phasen, wo es scheinbar nicht weitergeht, bis wir zum Beispiel plötzlich den Block «Schwung nach rechts» beherrschen.

2. Beim Finden von Oberbegriffen: Man denkt nach und plötzlich fällt einem die Lösung ein.

3. Beim Finden von Regeln: Denn wie Oberbegriffe ähnliche Gegenstände oder Begriffe zusammenfassen – Hammer und Sichel sind Werk-

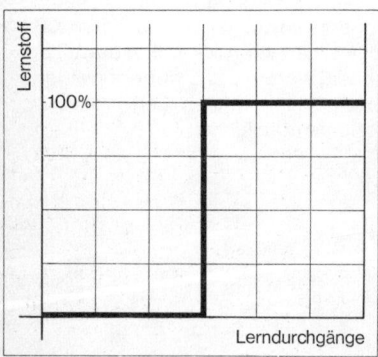

zeuge – so fassen Regeln ähnliche Abläufe und Ereignisse zusammen.

Daß beim Kochen Dampf aus dem Topf entweicht und den Deckel hebt und daß ein Heißluftballon aufsteigt, wenn man die Luft in der Hülle anheizt, läßt sich zusammenfassen in der Regel «Gase dehnen sich bei Erwärmung aus».

Oberbegriffe und Regeln sind also sehr verwandt.

Fassen wir zusammen: Beim Auswendiglernen, dem Lernen durch Verknüpfen, besteht eine kontinuierlich ansteigende Lernkurve.

Anders, wenn wir beim Lernen eine Struktur finden müssen, wenn wir also etwas beherrschen, verstehen und übersehen lernen. Abbildung 13 zeigt dies im Vergleich.

Dann zeigt sich zuerst einmal eine Phase ohne sichtbaren Lernfortschritt. Lassen Sie sich davon nicht entmutigen. Dieses scheinbare «Nicht-von-der-Stelle-kommen» ist eine notwendige Voraussetzung. Arbeiten Sie zuversichtlich weiter, dann kommt das Beherrschen, das Verständnis, die Übersicht auf einmal «ganz von selbst».

Erinnern Sie sich nun bitte an das Lernplateau. Es ist jetzt ganz einfach zu erklären. Wenn nämlich zu einer Lernkurve beim «Lernen durch Verknüpfen» die Bildung von Blöcken, von Oberbegriffen oder von Regeln dazukommt, entsteht durch Überlagerung der kontinuierlichen Lernkurve und eines Lernsprungs ein Lernplateau.

Tritt also ein Lernplateau auf, dann ist das für uns ein Signal, daß irgendein Vorgang des Strukturierens eingesetzt hat.

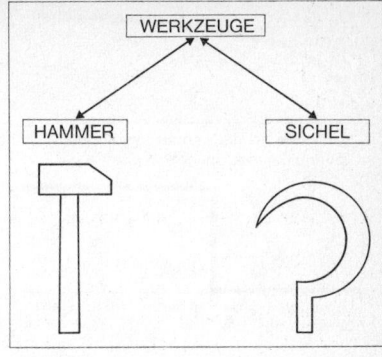

Abb. 11

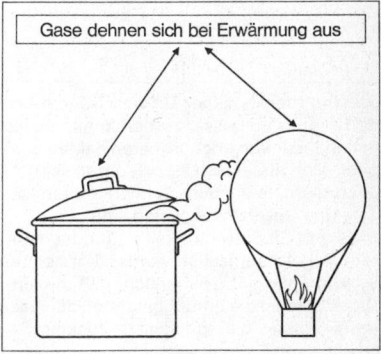

Abb. 12

Wie lernen Kinder eine Regel?

Was wir bisher gesagt haben, gilt dann, wenn man durch eigene Erfahrung eine Regel findet. Das ist auch der natürliche Weg. Unser Gehirn ist dafür konstruiert, die unüberschaubare Vielfalt von Vorgängen durch Regeln und Gesetzmäßigkeiten zu ordnen. Das ist allerdings ein mühsamer und langwieriger Prozeß. Man muß dazu viele Erfahrungen sammeln und diese mit gedanklicher Anstrengung weiterverarbeiten.

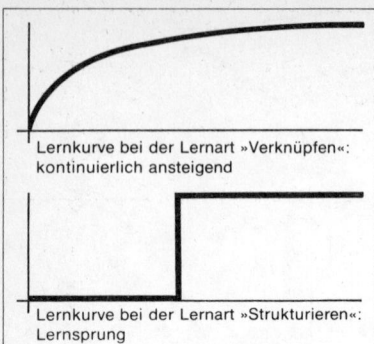

Lernkurve bei der Lernart »Verknüpfen«:
kontinuierlich ansteigend

Lernkurve bei der Lernart »Strukturieren«:
Lernsprung

Abb. 13

Jemand, der in seiner Umwelt Regeln finden kann, wird besser zurechtkommen, als jemand, der von ungeordneten Fakten ausgeht. Man findet sich jedoch um so schneller zurecht, je einfacher die erkannten Regeln und Gesetzmäßigkeiten sind.

Es gibt oft Schwierigkeiten, für die mehrere Regeln aufgestellt werden können. In diesem Falle gilt gewöhnlich, daß die einfachste Regel die brauchbarste ist, denn sie gewährleistet die sparsamste Zusammenfassung von Ereignissen.

Beispiel: 4 8 16 32 . . .

Diese Zahlenreihe kann durch die Regel erhalten werden, die Ausgangszahl immer mit 2 zu multiplizieren.

Man könnte sie aber auch erhalten, indem man nach folgender Regel vorginge:

Multipliziere die Ausgangszahl mit 7, dividiere das Ergebnis durch 14 und multipliziere mit 4.

Die Anwendung der zweiten Regel erfordert bei diesem trivialen Beispiel deutlich mehr Aufwand. Wir würden uns daher ohne zu zögern für die erste Regel entscheiden.

Das Aufsuchen der einfachsten Regel ist ein grundlegendes Prinzip des menschlichen Erkenntnisvermögens, vom Alltag bis hin zur wissenschaftlichen Theorie.

Hätten wir aber nur die Regeln zur

Verfügung, die jeder selbst findet, wäre das dürftig. Die menschliche Zivilisation beruht darauf, daß wir Regeln übernehmen, die andere vor uns gefunden und weitergegeben haben. Jeder von uns weiß, was ein Minuszeichen bedeutet: Ziehe die hinter diesem Zeichen stehende Zahl von der davorstehenden ab.

Aber das haben wir nicht selbst herausgefunden, sondern als Kind in der Schule gelernt.

Wie lernen Kinder solche Regeln?

1. Stufe:

Man vermittelt ihnen anhand ganz konkreter Handlungen Erfahrungen:

Zuerst einmal hantieren die Kinder mit Kastanien, Bonbons, Murmeln oder anderen konkreten Gegenständen. Der Lehrer fordert sie beispielsweise auf, von 10 Kastanien 2, 4, 3 oder 5 wegzunehmen und die restlichen Kastanien zu zählen.

2. Stufe:

Nun zeichnet der Lehrer Gegenstände symbolisch an die Tafel

oder noch besser: Er befestigt die Symbole auf einer Hafttafel. Von 10 symbolischen Äpfeln nimmt er dann wieder 2, 4, 3 oder 5 weg und läßt die restlichen Symbole zählen.

Das gleiche üben danach die Kinder selbst. Sie malen in ihr Heft 10 Reifen oder Äpfel, streichen danach 2 oder 4 usw. durch und zählen danach die übriggebliebenen Reifen oder Äpfel.

Erst wenn sie das lange geübt haben, folgt die

3. Stufe:

Wieder malen die Kinder Äpfel oder Reifen in die Hefte. Diesmal schreiben sie aber deren Anzahl als Zahlensymbol darunter. Dann streichen sie eine bestimmte Anzahl durch und kennzeichnen diese Handlung des Durchstreichens darunter mit dem «Minuszeichen» und dem Zahlensymbol.

$$10 - 4 = 6$$

Von der konkreten Handlung «Gegenstände wegnehmen» kommen die Kinder also über die symbolische Handlung «symbolisch dargestellte Gegenstände durchstreichen» zur abstrakten Benutzung der Regel: «−» bedeutet abziehen der dahinterstehenden Zahl von der davorstehenden.

Der Schritt von der konkreten Handlung zur abstrakten Regel ist ein Prinzip der modernen, psychologisch orientierten Didaktik (sie wird vor allem im Grundschulunterricht angewandt).

Diesem Prinzip liegt die entwicklungspsychologische Theorie von Jean PIAGET zugrunde. Kernpunkt dieser Theorie ist die Auffassung, daß jede geistige Tätigkeit des Erwachsenen irgendwann einmal eine konkrete Handlung war. Wir wollen diese entwicklungspsychologische These am Beispiel der Entwicklung des räumlichen Vorstellungsvermögens etwas ausführlicher darstellen.

Das räumliche Vorstellungsvermögen resultiert aus den unzähligen Bewegungshandlungen des Kleinkindes. Kann sich das Kind selbst fortbewegen, zum Beispiel durch Krabbeln, so verändert sich seine kleine Umwelt ständig. Wenn es beispielsweise um einen Sessel herumkriecht, so nimmt es Vorder- und Rückseite des Sessels zunächst nicht als verschiedene Ansichten des gleichen Gegenstandes wahr, sondern als verschiedene Gegenstände. Das Kind kann nämlich die Veränderungen seiner eigenen Position durch die Bewegung noch nicht mit der Veränderung seiner Wahrnehmungen kombinieren. Erst nach vielen Versuchen lernt es, daß die verschiedenen Ansichten des Sessels «herstellbar» sind. Daß man durch Umkehren der Bewegung, durch Zurückkrabbeln, wieder zum Ausgangspunkt zurückgelangt oder daß man durch Bewegung des Sessels (nehmen wir an, er sei drehbar) seine verschiedenen Ansichten herstellen kann. Das Kind erfährt die «räumliche Konstanz der Gegenstände». Es lernt die Regel: Durch meine Bewegung bleiben die Gegenstände unbeeinflußt, nur meine Wahrnehmungen verändern sich.

Das räumliche Verhalten des Kindes wird durch seine Aktivität «vorstellbar» und damit «verinnerlicht». Das Kind kann nämlich bald vorwegnehmen, was passieren wird, wenn es um den Sessel kriecht, und es braucht diese Handlung nicht mehr tatsächlich, sondern nur noch gedanklich auszuführen.

Das räumliche Vorstellungsvermögen, das auf diese Weise erworben wird, ist natürlich individuell verschieden gut ausgeprägt. In schwierigen Situationen der räumlichen Orientierung kann man bei sich selbst die Neigung verspüren, die räumlichen Operationen wie das Kleinkind tatsächlich durchzuführen, da das Vorstellungsvermögen nicht mehr ausreicht. Der folgende Ausschnitt aus einem psychologischen Test für räumliches Vorstellungsvermögen soll das illustrieren:

(Die folgenden Aufgaben sind dem Werk L. L. THURSTONE's «Primary mental abilities», Chicago 1938, entnommen.)

Die folgenden Zeichnungen sollen Würfel darstellen. Auf jeder der 6 Würfelseiten sind verschiedene Zeichen.

Beide Zeichnungen können den gleichen Würfel in verschiedenen Positionen darstellen. Daher ist im Kästchen neben den Würfeln ein Pluszeichen vermerkt.

Ihre Aufgabe besteht darin, bei den folgenden Würfelpaaren festzustellen, ob es sich um den gleichen Würfel handeln kann oder ob verschiedene Würfel vorliegen. Wenn es sich um die gleichen Würfel handeln kann, vermerken Sie ein «+», wenn es sich um verschiedene Würfel handelt ein «−».

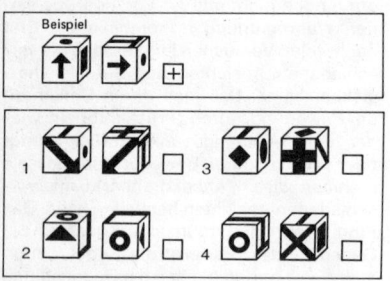

Die richtigen Lösungen sind:

1: −, 2: +, 3: +, 4: −

Sie werden sicherlich bei fast allen Aufgaben das Verlangen bemerkt haben, die vorgegebenen Würfel tatsächlich zu bewegen, zu drehen, um auf ihre verdeckten Seiten schauen zu können.

Dort, wo die bisherigen Erfahrungsschemata nicht mehr ausreichen, ist man also versucht, wieder ein urtümliches Verhalten einzusetzen: die konkrete Handlung (die Generalmethode des kindlichen Erfahrungserwerbs).

Dazu ein einfacher Versuch:

Fordern Sie ein Familienmitglied, einen Kollegen oder einen Bekannten auf, Ihnen zu definieren, was eine «Wendeltreppe» ist. Sie können sicher sein, daß fast alle Angesprochenen statt einer abstrakten Erklärung mit den Fingern eine Spirale in die Luft zeichnen werden.

Es ist daher kein Wunder, daß gerade dort, wo neue Regeln erworben werden sollen, mit großem Erfolg von konkreten Operationen ausgegangen wird. Das Erlernen von Regeln wird auf diese Weise erleichtert.

Wie schnell jemand Regeln und Gesetzmäßigkeiten seiner Umwelt erfaßt, hängt aber nicht nur von der Art des Lernvorganges ab, sondern zu einem großen Teil von seiner eigenen Intelligenz.

Manche Wissenschaftler definieren die Intelligenz geradezu als die Fähigkeit des Menschen, sich in neuen Situationen zurechtzufinden, die Umweltfakten zu ordnen und in Beziehung zueinander zu setzen. Auch in Intelligenztests nimmt daher die Prüfung der Fähigkeit, Regeln zu entdecken und anzuwenden, einen breiten Raum ein.

Dazu wieder ein Beispiel:

(Diese Beispiele wurden dem Figurenreihentest − FR-Test — von KOMER-LÖHR entnommen.)

In der folgenden Reihe von Figuren läßt sich eine logische Ordnung finden, wenn man nach der Regel vorgeht: «Addiere immer einen Punkt dazu». Begonnen wird immer bei der ersten Figur, unter der eine «1» steht. Als nächste Figur käme die Figur mit 2 Punkten.

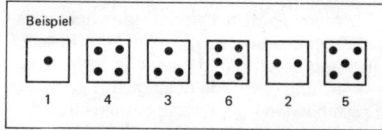

Ihre Aufgabe besteht darin, bei den folgenden vier Figurenreihen eine logische Ordnung zu finden. Beginnen Sie dabei immer bei Figur 1, ganz links, und versuchen Sie, die Veränderungen dieser Figur in eine sinnvolle Reihenfolge zu bringen. Es gibt jeweils nur eine logisch richtige Lösung!

Schreiben Sie unter jede Figur, an welcher Stelle sie stehen müßte.

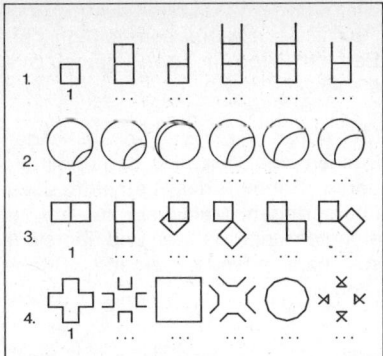

1.
2.
3.
4.

Richtige Lösungen:

Erfahrungen und Regellernen

Kinder können Regeln nur über konkrete Handlungen lernen.

Erwachsene dagegen haben im Laufe ihres Lebens viele konkrete Erfahrungen im Gedächtnis gesammelt.

Sie müssen also Handlungen nicht immer tatsächlich vollziehen, es genügt wenn sie sich früher gemachte Erfahrungen ins Gedächtnis rufen.

Wichtig ist aber: Auch Erwachsene können eine neue Regel nur dann wirklich lernen und verstehen, wenn sie sie mit eigenem Erfahrungsschatz unterlegen können.

Natürlich kann man den Wortlaut einer Regel auswendig lernen, aber das nützt nichts. Man kann die Regel dann noch nicht auf die verschiedenen Situationen und Probleme anwenden.

Ein schlechtes und ein gutes Beispiel

Dazu ein Beispiel: Die Netzplantechnik ist eine moderne Methode, um komplizierte Abläufe zu planen und zu überwachen (zum Beispiel große Bauprojekte, die Produktion einer Fabrik oder auch einen Flug zum Mond).

Eine Grundregel der Netzplantechnik lautet: Abhängigkeiten von Vorgängen werden durch Pfeile gekennzeichnet.

Das sieht so aus: Die Vorgänge 2 und 3 sind vom Vorgang 1 abhängig. Der Vorgang 4 wiederum ist von den Vorgängen 2 und 3 abhängig (Abb. 14).

Wenn man das so abstrakt liest, versteht man noch gar nichts. Nehmen wir ein konkretes Beispiel aus einem Lehrbuch über Netzplantechnik (Abb. 15):

In der Gießerei eines Hüttenbetriebes soll die Kapazität durch die Installation von weiteren Netzfrequenztiegelöfen (NFT-Öfen) erweitert werden. Dazu sind unter anderem folgende Vorgänge notwendig:

1. Freileitungen verlegen (Freil. verleg.).
2. Trafozellen errichten (Trafozellen),
3. Stromschienenkanal errichten (Str. Sch. Kanal),
4. Stromschienen in den Trafozellen montieren (Str. Sch. Zelle).

Daher sind Vorgang 2 (Trafozellen errichten) und Vorgang 3 (Stromschienenkanal errichten) von Vorgang 1 abhängig: Zuerst müssen die Freileitungen verlegt sein.

Vorgang 4 (Stromschienen in den Trafozellen montieren) kann erst erfolgen, wenn Vorgang 2 und 3 abgeschlossen sind.

Haben Sie die Regel jetzt verstanden?

Wahrscheinlich kaum, denn dieses Beispiel war höchstens für Leute einleuchtend, die Netzfrequenztiegelöfen selbst installieren. Für solche Personen ist das ein Teil ihrer täglichen Erfahrung. Damit können diese Leute die Regel unterlegen.

Für alle, die noch keine NFT-Öfen installiert haben, war das sicher kein glückliches Beispiel.

Nehmen wir daher als Beispiel den Bau eines Hauses. Da hat jeder zumindest schon einmal zugesehen (Abb. 16).

Vorgang 2 (das Aufsetzen des Daches) und Vorgang 3 (die Installation der Leitungen) sind vom Vorgang 1 abhängig: Zuerst müssen einmal die Mauern vorhanden sein.

Vorgang 4 (der Verputz außen und innen) kann erst erfolgen, wenn das Dach und die Installationen fertig sind.

Sehen Sie, so fällt es erheblich leichter, die Regel «Abhängigkeiten von Vorgängen werden durch Pfeile gekennzeichnet» mit eigenen Erfahrungen zu unterlegen.

Gleichzeitig haben Sie gesehen, daß auch Beispiele aus dem alltäglichen Bereich helfen können, Regeln zu verstehen.

Man hat zu oft nur eine Scheu, auf der Suche nach Beispielen den unmittelbaren Bereich des Lernstoffes zu überspringen. Man klebt zu sehr an eingefahrenen Bahnen und übersieht so naheliegende, eigene Erfahrungen.

Die Luftmatratze als Lernhilfe

Ein Beispiel dazu: Sie sollen die Regel lernen:

«Alle Gase dehnen sich bei Erwärmung aus».

Sie brauchen nicht unbedingt in einem physikalischen Labor zu arbeiten, um zu dieser Regel Beispiele aus Ihrem eigenen Erfahrungsschatz zu finden:

1. Beispiel: Wenn ein halbvoller Benzinkanister im Sommer im Auto liegt und das Auto erwärmt sich, weil es in der Sonne steht, dann beult sich der Kanister aus.

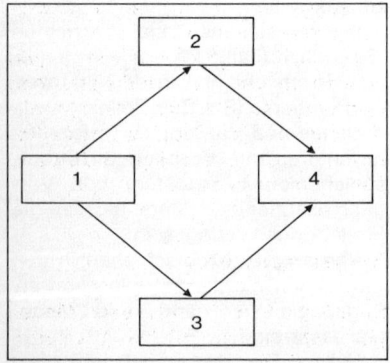

Abb. 14

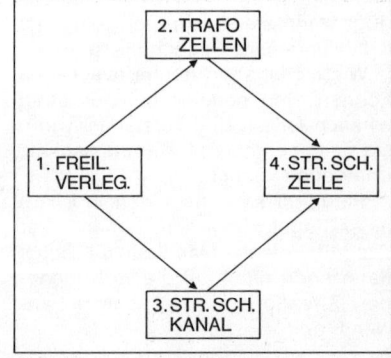

Abb. 15

2. Beispiel: Stellt man eine geschlossene Konservendose, in der etwas Luft ist, ins kochende Wasser, dann hebt sich der Deckel.

Sticht man in den Deckel, dann pfeift heiße Luft heraus.

3. Beispiel: Wenn man im Sommer beim Baden eine Luftmatratze aus dem Wasser holt und sie in die Sonne legt, wird sie nach kurzer Zeit sehr prall.

Sie sollten nun in der gleichen Weise selbst Beispiele zu einer Regel suchen:

> Regler:
> Eine Meßvorrichtung, die einen Soll-Wert mit dem Ist-Zustand vergleicht und bei Abweichung den Soll-Wert wieder herstellt.

Das war eine sehr abstrakte Beschreibung, die in einem Lehrbuch stehen könnte. Das auswendig zu lernen hat keinen Sinn.

Ihre Aufgabe nun:

Suchen Sie konkrete Beispiele für diese Regel in Ihrem eigenen Haushalt. Es gibt mehr Beispiele, als Sie denken. Nehmen Sie dazu ein Blatt Papier und schreiben Sie die gefundenen Beispiele dort auf. Lesen Sie erst danach weiter.

Wieviele Beispiele haben Sie gefunden?

Wir nennen Ihnen nun einige:

Der Kühlschrankthermostat: Er mißt, ob es im Kühlschrank kalt genug ist. Wenn nicht, wird der Motor eingeschaltet. Ist die Temperatur wieder niedrig genug, wird er ausgeschaltet. Der Thermostat im Gefrierschrank funktioniert genauso.

Die Temperaturregler im Bügeleisen und in der Backröhre.

Die Automatikplatte am Herd.

Der Thermostat am Kohleofen oder an der Zentralheizung und der Zulaufregler am Ölofen.

Die Spülung in der Toilette: Der Wasserstand im Spülkasten wird gemessen. Ist er zu niedrig, dann läuft so lange Wasser in den Kasten, bis der Spülstand wieder erreicht ist.

Die Überläufe in Ihren Waschbekken und in der Badewanne.

Das Überdruckventil am Dampfkochtopf usw.

Sie sehen also, daß Sie viel mehr Beispiele kennen, als Sie ursprünglich geglaubt haben.

Die Kunst des Lernens von Regeln ist also: Nutzen Sie Ihre Erfahrungen und vergessen Sie nicht den ganz alltäglichen Bereich, auch wenn die Regeln zuerst furchtbar kompliziert und fremd erscheinen.

Irren ist menschlich

Zum Schluß noch etwas sehr Wichtiges: Regeln sind nichts Absolutes, Unantastbares. Sie sind von Menschen gefunden worden und Men-

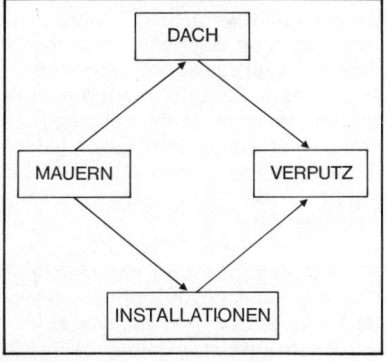

Abb. 16

schen können sich bekanntlich irren. Daher kann sich jede Regel auch als falsch erweisen. Das gilt auch für Regeln, die von Wissenschaftlern aufgestellt wurden. Daher gibt es auch in der Wissenschaft keine ewigen Erkenntnisse. Werden neue Tatsachen gefunden, die nicht zu den bestehenden Regeln passen, so müssen die Regeln diesen neuen Tatsachen angepaßt werden.

Zum Beispiel galt jahrhundertelang der Satz: «Alle Gegenstände fallen zum Mittelpunkt der Erde hin.» Spätestens seit der Raumfahrt weiß man, daß diese Regel nur im Bereich der Erdanziehungskraft gilt und daß sie im Weltraum falsch ist.

«Die Weisheit von heute ist der Irrtum von morgen.» Dieses Motto der Wissenschaft gilt also besonders für Regeln, die man selbst gefunden hat. Hier ist die Gefahr eines Irrtums besonders groß. Vor allem in Fällen, wo es schwierig ist, genau zu prüfen, ob die selbst gefundene Regel auch stimmt.

Mister Skinners abergläubische Tauben

Daß falsche Regeln entstehen müssen, wenn man keine Kontrollmöglichkeiten hat, zeigt ein klassisches Experiment, das der amerikanische Psychologe B. F. SKINNER mit Tauben durchgeführt hat. Seine Versuchstiere saßen in einem Käfig, in den in zufälligen Abständen Futterkugeln fielen. Man konnte keinerlei Regelmäßigkeit finden. Trotzdem versuchten die Tauben, irgendwelche Regelmäßigkeiten zu lernen, um die Futtergabe beeinflussen zu können. Da zufällig die Futtergabe mit bestimmten augenblicklichen Körperbewegungen der Tauben zusammenfiel,

entwickelten die Tauben mit der Zeit die absonderlichsten Bewegungen und Verrenkungen.

Man nennt das «gelernten Aberglauben». Recht ähnliche Dinge kann man auch bei Menschen beobachten, überall dort, wo der Erfolg in großem Maße vom Zufall abhängt. Denken Sie an die oft absonderlichen Rituale und Talismane bei Leistungssportlern. Denken Sie an die verschiedenen «todsicheren» Systeme, die sich manche Lottospieler zusammengereimt haben, oder denken Sie an den hochentwickelten Aberglauben bei Schauspielern, deren Erfolg ja oft auch vom Zufall abhängig ist.

Lernen Sie kreativ

Wenn man eine Regel bildet, ist es nicht erst wahrscheinlich, daß bereits die erste Vermutung die gesuchte Regel ist. Je mehr verschiedene Vermutungen man produziert, um so eher wird die richtige Regel gefunden.

Das hängt auch vom Erfahrungsschatz einer Person ab. Aus dem Erfahrungsschatz schöpft man auch seine Vermutungen.

Besonders erleichtert es die Suche nach Regeln, wenn man Erfahrungen aus ähnlichen Bereichen besitzt, die man dann auf das neue Problem übertragen kann. Die Übertragung von Erfahrungen kann geübt werden. Man sollte sich angewöhnen, bei jedem Problem sofort zu überlegen, welche ähnlichen Beispiele man schon kennengelernt hat.

Viele Pädagogen sind der Meinung, daß es heute gar nicht mehr so wichtig ist, in der Schule sehr viel Wissen anzuhäufen und zu trainieren. Die Schüler müßten vielmehr lernen, neue Probleme zu lösen und ihre bisherigen Erfahrungen auf diese neuen Gebiete zu übertragen.

Natürlich kann man um so besser bisherige Erfahrungen verwenden, je weniger eingefahren und festgelegt man in seinem Denken ist. Je unvoreingenommener man ein Problem angeht, um so eher gelingt es, das Problem von verschiedenartigen Standpunkten zu betrachten und so zu neuen Lösungen zu kommen.

Wichtig ist für uns: Lernen ist nicht immer passives Aufnehmen und Einprägen von vorherbestimmtem Wissen, nur das Lernen durch Verknüpfen, der Erwerb der Einzelelemente, erfolgt so. Lernen durch Strukturieren ist eine aktive individuelle Auseinandersetzung mit den Problemen. Also mitdenken beim Lernen und nicht nur Lernen durch Eintrichtern.

Kleine Kinder und Schüler müssen sich erst das grundlegende Wissen und die notwendigen Erfahrungen aneignen. Daher eignet sich für Kinder vor allem das «Lernen durch Verknüpfen». Das liegt Kindern auch besser.

Erwachsene dagegen, mit ihrem reicheren Erfahrungsschatz, können meistens besser lernen durch Strukturieren. Erwachsene müssen also anders als Kinder lernen. Da das ein sehr wichtiges Problem ist, werden wir uns ein ganzes Kapitel lang nur damit beschäftigen.

Richtige Regeln können schlecht sein

Weiter vorne hatten wir gesagt, daß man dann eine Regel gefunden hat, wenn sich diese Regel bei allen Kontrollen bestätigt. Man kann nun aber für ein und dieselbe Sache viele Re-

geln aufstellen, die alle stimmen. Sind alle diese verschiedenen Regeln richtig?

Sie sind gleich richtig, aber sie sind deswegen noch lange nicht gleich gut. Betrachten wir das an einem historisch bedeutsamen Beispiel: Im Altertum und im Mittelalter nahm man an, daß sich die Sonne und alle Gestirne um die Erde bewegen: das ptolemäische Weltbild. Diese Regel ist nicht unbedingt falsch. Tatsächlich kann man es so sehen. Von uns aus betrachtet bewegen sich alle Gestirne am Himmel um uns herum. Wenn man allerdings die Regeln betrachtet, nach denen sich die Gestirne bewegen, also ihre Bahnen, dann kommt man unter der Annahme, daß die Erde sich nicht bewegt, zu ziemlich verwirrenden und komplizierten Vorgängen.

Galileo Galilei fand aufgrund seiner Beobachtungen eine einfachere Regel: Wenn man nämlich annimmt, daß sich alle Planeten einschließlich unserer Erde um die Sonne drehen, dann kommt man zu viel einfacheren und klareren Bahnen der Gestirne.

Das Weltbild, das Galilei entdeckte, ist daher besser, da es die gleichen Vorgänge einfacher erklären kann. Das heißt also für unser Lernen: Man sollte nicht gleich zufrieden sein, wenn man irgendeine richtige Regel gefunden hat, sondern man muß nach der einfachsten Regel suchen!

Eine Regel darf natürlich nur so einfach werden, daß sie noch richtig ist. Geht sie darüber hinaus, wird sie zu einer falschen Verallgemeinerung.

Ein Beispiel dazu:

Die Regel: «Frauen sind manchmal schlechte Autofahrer, weil sie im Durchschnitt weniger Fahrpraxis haben als Männer» ist eine richtige Regel. Die vereinfachte Regel: «Alle Frauen sind schlechte Autofahrer» ist dagegen nur noch ein Vorurteil.

Zusammenfassung

Lernen durch Einsicht
Neben Lernvorgängen, die durch Bilden und Verfestigen von Verknüpfungen allmählich zum Lernziel führen, gibt es auch Lernprozesse, die plötzlich zum Erreichen des Lernfortschritts führen. Subjektiv wird dieses plötzliche Finden der richtigen Lösung als «Aha-Erlebnis» bemerkt.

Lernsprung
Während bei der Lernart «Verknüpfen» eine kontinuierliche Lernkurve auftritt, finden wir bei der Lernart Strukturieren einen Lernsprung nach dem Prinzip «Alles-oder-Nichts». Es ist zuerst eine Phase ohne sichtbaren Lernfortschritt notwendig, in der die vorläufigen Vermutungen über die Struktur gebildet und überprüft werden. Erweist sich eine dieser Vermutungen als richtig, wird plötzlich der volle Lernerfolg sichtbar.

Entwicklung des Regellernens
Kleine Kinder können Regeln nur anhand eigener konkreter Handlungen erlernen. Erwachsene dagegen haben im Laufe ihres Lebens viele konkrete Erfahrungen gesammelt, sie können deshalb die konkreten Handlungen durch die Erinnerungen an frühere eigene Erfahrungen ersetzen.

Regeln und eigene Erfahrungen
Regeln müssen mit konkreten Erfahrungen unterlegt werden. Die «nackte» Regel muß daher mit Beispielen anschaulich und begreifbar gemacht werden. Allerdings sind nur Beispiele aus dem eigenen Erfahrungsschatz brauchbar. Es lassen sich fast immer Beispiele im eigenen, alltäglichen Bereich finden.

Regeln kontrollieren
Regeln sind nichts Absolutes, sie können sich auch als falsch erweisen. Die Geschichte der Wissenschaft liefert uns unzählige Beispiele dafür. Die Gefahr des Irrtums ist vor allem bei selbst gefundenen Regeln groß und dort, wo die Richtigkeit von Regeln schwer nachprüfbar ist. Hier hilft nur der dauernde Vergleich mit Erfahrungen und Regeln, die schon andere Menschen gefunden haben.

Gelernter Aberglaube
Hängt der Erfolg von Handlungen zum großen Teil vom Zufall ab, so vermutet man leicht Regelmäßigkeiten und Zusammenhänge, die nicht vorhanden sind. Dies läßt sich auch in Tierexperimenten nachweisen. Man spricht vom «gelernten Aberglauben .

Qualität von Regeln
Die gleichen Vorgänge können oft mit verschiedenen Regeln erklärt werden. Dabei ist die Regel besser – nicht richtiger –, die die Vorgänge einfacher darstellt. Diese Erkenntnis ist ein wichtiger Bestandteil der modernen Wissenschaftstheorie.

Hauptregeln
Und nun wieder die Hauptregeln dieses 5. Kapitels, die gleichzeitig die letzten drei Regeln für die Lernart Strukturieren sind:

3. Selbst nach Regeln suchen.

4. Regeln mit eigenen Erfahrungen unterlegen.

5. Regeln kritisch prüfen.

Warum lernt man?

Was ist denn ein «Motiv»?

In diesem Kapitel beginnt ein neues Gebiet:

Aus welchen Gründen wird gelernt? Und wie kann man das beeinflussen?

Das ist für das Lernen natürlich sehr wichtig. Darüber hinaus ist es aber bei allen Handlungen und Verhaltensweisen von Menschen wichtig, aus welchen Gründen sie das tun, welche Wünsche und Bedürfnisse dahinterstecken. Die Wissenschaft hat daher einen eigenen Ausdruck dafür, der fast schon in die Umgangssprache eingegangen ist: *Motiv*.

Dieses Wort kommt aus dem Latein («movere» heißt bewegen). Motive sind also der Motor unseres Verhaltens. Diese Folge wird sich also mit den Motiven beim Lernen beschäftigen.

Zuckerbrot oder Peitsche

Fangen wir mit einer einfachen Situation an: Jemand sitzt im Sessel und liest gemütlich eine Zeitung. Plötzlich erscheint ein Männchen und fordert ihn auf, chinesische Vokabeln zu lernen.

Natürlich wird unser Zeitungsleser weiterhin bei seiner Lektüre bleiben, da ihm diese Situation angenehm ist. Das Lernen der chinesischen Vokabeln wäre mit Mühe und Anstrengung verbunden.

Wie können wir nun den Leser doch dazu bringen, die chinesischen Vokabeln zu lernen?

Wir könnten ihm mit Strafe drohen. Was würde dann geschehen? Es könnte sein, daß er nun zu lernen beginnt, denn die angedrohte Strafe wäre unangenehmer als die von ihm verlangte Anstrengung.

Es kann aber auch sein, daß er vor der Strafe davonläuft. In diesem Fall muß man erst alle Ausweichmöglichkeiten blockieren, nur dann wird er lernen.

Wir sehen also:

Durch Strafe kann man jemanden zum Lernen bringen. Das kann allerdings sehr aufwendig sein, da man erst alle anderen Möglichkeiten blockieren muß. Das ist meist schwierig, oft sogar unmöglich.

Belohnung ist auf jeden Fall ein besseres Mittel als Strafe.

Lange, bevor die Psychologie diese Tatsache wissenschaftlich beweisen konnte, formulierte im Jahr 1745 Jonathan SWIFT diese Erkenntnis in seinem Buch «Gulliver's Reisen» verschlüsselt als Bericht über die Gesetze des sagenhaften Landes Liliput:

Obgleich wir Belohnung und Strafe zwei Angeln zu nennen pflegen, auf denen sich jede Regierung bewegt, so habe ich doch diesen Grundsatz bei keiner Nation mit Ausnahme der liliputschen ausüben sehen. Jeder, welcher den Beweis vorbringen kann, daß er die Landesgesetze 73 Monate lang mit größter Strenge befolgt hat, erhält einen Anspruch auf gewisse Privilegien, je nach seinem Stande und Lebensverhältnis, zugleich eine besondere Geldsumme, die aus einem besonderen Fond für diesen Zweck genommen wird. Ferner erhält er den Titel Seigall oder der Gesetzliche, der seinem Namen angefügt, jedoch auf seine Nachkommen nicht vererbt wird. Die Liliputer hielten es auch für einen außerordentlichen Mangel unserer Staatsverfassung, als ich ihnen sagte, die Befolgung unserer Gesetze werde allein durch Strafen erzwungen, ohne daß von irgendeiner Belohnung die Rede sei. Mit Rücksicht auf die erwähnte Sitte wird die Gerechtigkeit in ihren Gerichtshöfen mit sechs Augen abgebildet, zwei vorne und hinten, und einem an jeder Seite, um die Umsicht anzudeuten; sie hält ferner einen Beutel mit Gold in der rechten und ein Schwert in der Scheide mit der linken Hand, um anzudeuten, sie sei mehr zur Belohnung wie zur Strafe geneigt.»

Ein Hauptergebnis der amerikanischen Lernpsychologie ist: Durch Erfolg, das heißt Befriedigung der Bedürfnisse, werden aus dem Verhaltensrepertoire automatisch diejenigen Verhaltensweisen ausgesondert und gespeichert, die die Bedürfnisreduktion ermöglichen. Diese Verhaltensketten führen gewöhnlich über Zwischenstufen, die weniger angenehm für das Individuum sind als das Ziel. Je höherentwickelt Lebewesen sind, desto mehr solcher Zwischenstufen können zwischen Ausgangspunkt und Ziel geschaltet sein, desto länger kann eine Motivbefriedigung hinausgeschoben werden.

Man kann sich diese Gesetzmäßigkeit durch folgende theoretische Vorstellung karmachen, die 1959 durch W. TOMAN entwickelt wurde:

Bereits durch die experimentelle Lernpsychologie wurde eingehend untersucht, wie Tiere reagieren, wenn man ihnen die Belohnung in einem Versuch nicht wie in allen bisherigen Versuchsdurchgängen zuteil werden läßt, das heißt man variiert die Belohnung, die Art der Bedürfnisreduktion. Die Tiere erhalten dann zum Beispiel nicht ihr Lieblingsfutter, sondern ein weniger wohlschmeckendes Futter. Das ursprüngliche Ziel wird also ersetzt, «substituiert» durch ein anderes, allerdings ähnliches Ziel.

Je weniger ähnlich das neue Ziel dem ursprünglichen ist, desto weniger wird dieses Ziel natürlich in der Lage sein, die ursprüngliche Verhaltenskette zu verstärken. Wenn eine Ratte dort, wo sie früher Futter gefunden hat, nur noch Murmeln findet, wird sie natürlich andere Verhaltensweisen ausprobieren, um zu Futter zu gelangen. Das einmal gelernte Verhalten wird so immer weniger auftreten. Wird sie dagegen an der Futterstelle statt ihres Lieblingsfutters ein für sie sehr unangenehm schmeckendes Futter finden, so wird sie die Verhaltenskette, die zu dieser Futterstelle führt, zwar seltener produzieren, immer aber dann wieder einsetzen, wenn woanders kein Futter zu erhalten ist.

Man rechnet nun alle Verhaltensziele, die in bestimmten Situationen einander vertreten können oder, mit dem Fachausdruck, einander substituieren können, zu einem sogenannten «Substitutionskontinuum».

Wie am Beispiel der Ratte deutlich wurde, sind nicht alle Ziele – oder mit dem Fachausdruck Motive – eines Substitutionskontinuums in gleicher Weise geeignet, das ursprüngliche Motiv, zum Beispiel Hunger, zu befriedigen.

Die Lieblingsnahrung der Ratte vermag das sicher sehr viel besser als das schlecht schmeckende Futter. Beim Menschen kann diese Spanne noch viel weiter reichen. Der erwachsene Mensch kann ja, um beim Beispiel der Nahrungsaufnahme zu bleiben, sein Motiv Hunger sogar durch sogenannte Appetitzügler befriedigen, ein Verfahren, das sehr weit von der Konsumierung der Leibspeise entfernt ist.

Hier kommt aber offenbar noch ein weiteres Motiv dazu: Das Motiv Schlankwerden, das auf einem anderen Substitutionskontinuum liegt. Substitutionskontinua können sich demnach überlappen. Durch die Befriedigung eines Motives werden meist auch einige andere in mehr oder weniger großem Ausmaß mitbefriedigt. So bedeutet Essen in Gesellschaft nicht nur Stillen des Hungers, sondern eventuell auch die Befriedigung folgender Motive: Sich mit anderen Menschen unterhalten, ein neues Kleid vorführen, die neue Wohnung vorzeigen, die Gunst einer anderen Person gewinnen oder ähnliches.

Ist ein Motiv befriedigt, so ist die Motivintensität – also das Ausmaß des Hungers in unserem Beispiel – gleich Null zu setzen. Diese Motivintensität steigt bei verschiedenen Motiven verschieden schnell an. Das Bedürfnis nach Sauerstoff beim Anhalten der Luft steigt sicher erheblich schneller auf einen unerträglichen Maximalwert an als das Bedürfnis zu essen. Erreicht die Motivintensität einen bestimmten Grenzwert, so muß entweder die Befriedigung oder zumindest eine Ersatzbefriedigung des Substitutionskontinuums erfolgen oder es treten Angstgefühle und Panik auf.

Der Grenzwert der Motivintensität, die gerade noch ertragen werden kann, ist individuell verschieden. Auch die Abstände zwischen den einzelnen Befriedigungen eines Motives schwanken von Person zu Person. Generell sind sie beim Kind erheblich kürzer als beim Erwachsenen. Ein Kind erhält nach der Geburt 5 bis 6 Mahlzeiten am Tag, ein Erwachsener kann mit einer einzigen auskommen.

Das liegt daran, daß der Erwachsene eine viel größere Zahl von Motiven hat als das Kind. Die ursprünglich wenigen Grundbedürfnisse des Säuglings nach Nahrungsaufnahme, nach Wärme und Pflege, differenzieren sich durch Lernvorgänge im Laufe der Entwicklung zu den sich überlappenden Substitutionskontinua der Erwachsenen.

Während das Kleinkind zum Beispiel zunächst nur das Bedürfnis nach Trinken in irgendeiner Form haben mag, kann es nach einiger Zeit schon Vorlieben für bestimmte Getränke entwickeln und andere ablehnen. Während der Nahrungsaufnahme lernt es auch etwas über den Kontakt und die Beziehungen zur Mutter oder zu anderen Pflegepersonen, und es lernt etwas über die Handhabung der Flasche usw.

Wie kommt es nun, daß durch die Anzahl der verschiedenen Motive einer Person gleichzeitig die Abstände zwischen den Befriedigungen bestimmt werden?

Dieses Phänomen läßt sich mit Hilfe einer einfachen Annahme sehr plausibel aus dem bisher Gesagten ableiten: Jeder Mensch hat in jedem beliebigen Augenblick eine Anzahl von Motiven, die in ihrer Intensität gerade anwachsen. Er hat aber auch eine Anzahl von Motiven, die er gerade befriedigt hat. Man nimmt an, daß ein Motiv nach seiner Befriedigung zunächst langsam und dann schneller anwächst. Zu einem bestehenden «Motivpotential» muß also so etwas wie «Energie» hinzugefügt werden, damit die Motivintensität weiter ansteigt, und zwar kurz nach der Befriedigung weniger schnell als später. Die Hauptannahme der TOMANschen Motivationstheorie lautet nun, daß die Energiemenge, die in jedem Augenblick produziert werden kann, begrenzt und für eine Person konstant ist.

Daraus folgt:

Je mehr Motive eine Person hat, desto weniger Zeit kann für das Anwachsen des einzelnen Motivs im Durchschnitt verwendet werden, desto langsamer steigen also die Motive an, desto später erreichen sie den «kritischen» Wert und desto länger werden die Abschnitte zwischen den einzelnen Befriedigungen.

Dazu einige Beispiele:

Befindet sich jemand im Urlaub und will einmal so richtig «abschalten», so hat er sicherlich sein Motivrepertoire eingeengt. Er lebt sozusagen auf «Sparflamme». Aus unserem Modell folgt dann für die nicht abgeschalteten Motive (Schlafen, Schwimmen, Essen usw.), daß für ihr Anwachsen viel mehr Energie zur Verfügung steht als im Arbeitsalltag. Sie werden also ihre «kritischen» Werte schneller erreichen und in kürzeren Abständen befriedigt werden müssen als sonst. Jedem ist es ja bekannt, daß man im Urlaub mehr ißt, mehr trinkt, mehr schläft usw. als sonst.

Ein anderes Beispiel:

Wenn jemand gerade sehr viele unbefriedigte Motive hat, die alle sehr viel Energie in Anspruch nehmen, da ihre Befriedigung ja schon längere Zeit zurückliegt, so hat ein neues Motiv, zum Beispiel das Durchführen eines Fernstudiums, zunächst wenig Chancen, ausreichende Energie auf sich zu vereinigen, so daß es bis zum kritischen Wert anwächst. Umgekehrt steigen natürlich die

Chancen für dieses Motiv, wenn jemand gerade die Mehrzahl seiner Bedürfnisse befriedigt hat, wenn er sozusagen «problemlos» ist. Das Lernen von neuen Verhaltensweisen, von neuen Wissensgebieten erfolgt also um so eher und um so intensiver, je mehr Anteile des Gesamtenergiepotentials der Person zur Verfügung stehen, je weniger unbefriedigte Motive er also hat.

Wie sich Lernen selbst belohnt

Es folgt ein weiterer kleiner Versuch. Wir zeigen Ihnen jetzt einige Denkaufgaben in der Art, wie sie gerne in Intelligenztests verwendet werden. Sie prüfen das logisch-schlußfolgernde Denken.

Trainingsfeld «Gesetzmäßigkeiten»

Sie sehen eine Reihe von drei Figuren, die sich nach einer bestimmten Gesetzmäßigkeit entwickeln. Sie sollen diese Gesetzmäßigkeit erkennen.

Entscheiden Sie, welche der drei gezeigten Möglichkeiten die Gesetzmäßigkeit fortsetzt.

In unserem Beispiel ist das einfach, Figur C ist richtig. Der Strich im Quadrat wandert jedesmal um 90°, er muß also hier wieder waagrecht stehen.

Entscheiden Sie bei den nächsten drei Aufgaben, ob jeweils Möglichkeit A, B oder C die richtige Fortsetzung ist.

Beispiel:

A☐ B☐ C☒

Aufgabe 1:

A☐ B☐ C☐

Aufgabe 2:

A☐ B☐ C☐

Aufgabe 3:

A☐ B☐ C☐

Richtige Lösungen: 1: C, 2: B, 3: A

71

Waren Ihre Lösungen richtig?

Hat es Ihnen Spaß gemacht?

Haben Sie bei allen Aufgaben mitgemacht?

Und wollen Sie mit solchen Aufgaben weitermachen?

Nun drei andere Aufgaben. Diese Art prüft Ihr optisches Vorstellungsvermögen.

Ihre Aufgabe ist es, herauszufinden, welche Figur man erhält, wenn man diese Einzelteile richtig zusammensetzt. Versuchen Sie, das in Ihrer Vorstellung zu tun. Zuerst wieder ein Beispiel:

Trainingsfeld «Optisches Vorstellungsvermögen»

Sie sehen hier ein spitzwinkliges Dreieck – Figur A –, ein gleichschenkliges Dreieck – Figur B – und ein Rechteck – Figur C. Hier wurde nun eine dieser drei Figuren auseinandergeschnitten, die Teile wurden verdreht.

Die Teile ergeben, richtig zusammengesetzt, ein Rechteck; C ist also die richtige Lösung.

Nun wieder die drei Aufgaben:
Kreuzen Sie den Buchstaben an, der Ihrer Meinung nach die richtige Figur kennzeichnet.

A☐   B☐   C☒

Aufgabe 1:

A☐   B☐   C☐

Aufgabe 2:

A☐   B☐   C☐

Aufgabe 3:

A☐   B☐   C☐

Die richtigen Lösungen finden Sie auf Seite 74. Bitte kontrollieren Sie dort Ihre Lösungen.

Haben Ihnen diese Aufgaben auch Spaß gemacht?

Möchten Sie noch weitere davon machen?

Wir nehmen an, Sie wollen das lieber nicht. Dagegen glauben wir, daß Sie nach der 1. Aufgabenart noch ganz gerne weitergemacht haben. Woran lag das?

Die ersten Aufgaben waren so ausgesucht, daß die meisten von Ihnen in der Zeit, die zur Verfügung stand, die richtige Lösung fanden. Sie waren also wahrscheinlich bei diesen Aufgaben erfolgreich. Und jedes solche Erfolgserlebnis – wie man das nennt – wirkt als Belohnung. Die Lust weiterzuarbeiten steigt danach. Der Lernerfolg ist also eine der wichtigsten Belohnungen beim Lernen.

Solche Erfolgserlebnisse kann man aber nur dann beim Lernen haben, wenn man den Lernerfolg möglichst häufig und unmittelbar kontrolliert.

Diese Lernerfolgskontrollen verhindern also nicht nur das Überlernen – das wissen Sie ja seit dem 2. Kapitel – sie erhöhen auch die Motivation weiterzulernen.

Verhängnisvolle Mißerfolge

Wie war das nach der zweiten Art von Aufgaben?

Danach hatten Sie wahrscheinlich viel weniger Lust, solche Probleme weiter zu lösen, denn diese Aufgaben waren so ausgesucht, daß Sie nur selten die richtigen Lösungen finden konnten. Wir haben also versucht, Ihnen möglichst häufig das Erlebnis von Mißerfolg zu vermitteln. Hoffentlich ist es uns gelungen. Denn wir wollten Ihnen damit zeigen, wie Mißerfolge die Lust am Weitermachen verringern. Die Folgerung für das Lernen: Man kann Mißerfolge verhindern, wenn

man seine Erwartungen an den Lernerfolg realistisch ansetzt. Eher etwas zu niedrig als zu hoch. Hat man unrealistisch hohe Erwartungen, dann erlebt man häufig Enttäuschungen und zu selten die so wichtigen Lernerfolge. Die Lernmotivation wird bald verschwinden.

Bündeln Sie Ihre Motive

Bei Lernsituationen in der Praxis gibt es selten nur ein Motiv. Meistens sind zur gleichen Zeit viele unterschiedlich angenehme und unangenehme Möglichkeiten im Spiel.

Es ist einleuchtend: Je mehr Wünsche und Bedürfnisse man dabei in den Dienst des Lernziels stellen kann, je stärker diese Motive insgesamt werden, um so besser wird gelernt.

Lösung zum Trainingsfeld «Optisches Vorstellungsvermögen»

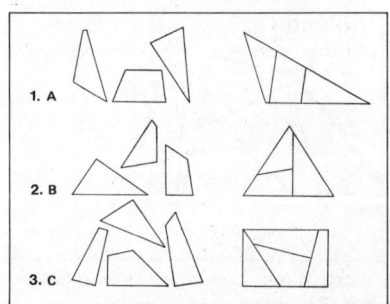

1. A

2. B

3. C

Wie kann man das aber erreichen? Willensanstrengung nach dem Motto «Jetzt stelle ich alle meine Wünsche in den Dienst des Lernziels» nützt dabei nichts.

Wirksame Techniken sind:

Man kann andere Motive auf das Lernziel hin umlenken. Und man kann Wünsche, die vom Lernen wegführen oder ihm entgegenstehen, ausklammern. Detaillierte Ratschläge dazu geben wir Ihnen im nächsten Kapitel.

Die Grundvoraussetzung dafür ist aber: Man muß erst einmal wissen, welche Wünsche und Bedürfnisse man hat. Man muß sich also die eigenen Motive bewußt machen. Das ist alles andere als einfach. Man muß es erst einmal lernen. Wir wollen Ihnen zwei Hilfen dazu geben:

1. Wir werden Ihnen in dieser und vor allem in der nächsten Folge zeigen, welche Vielfalt verschiedener Wünsche es gibt. Dabei entdecken Sie sicher auch bei Ihnen selbst manches, was Ihnen bisher nicht bewußt war.

2. Trainieren Sie das «Bewußtmachen» Ihrer Motive in verschiedenen Situationen. Geben Sie sich öfters selbst Rechenschaft: Welche Wünsche habe ich im Augenblick? (Konkrete Anweisungen dazu finden Sie im Trainingsvorschlag zu diesem Kapitel.)

Was man zum Lernen alles braucht

Wie entstehen unsere Motive, woher kommen sie? Es gibt biologische Grundbedingungen, die jeder Mensch zum Leben unbedingt braucht. Diese Grundbedingungen sind meistens gar nicht bewußt, denn wir befriedigen sie regelmäßig. Sie fallen uns erst auf, wenn wir sie uns einmal nicht erfüllen. Nehmen wir einige Beispiele:

Das Atmen. Der Wunsch zu atmen wird enorm stark, wenn wir auch nur eine Minute nicht atmen können, zum Beispiel unter Wasser beim Tauchen.

Oder das Bedürfnis, sich zu bewegen. Wer gehindert wird, sich zu bewegen, wird sich dabei bald höchst unbehaglich fühlen.

Genauso haben wir das Bedürfnis, unsere Umwelt wahrzunehmen, zu sehen, zu hören, zu fühlen, zu riechen.

Versuchspersonen, denen man alle Wahrnehmungen entzieht, indem man sie in dunkle, geräuschisolierte Räume steckt und auch ihr Fühlen durch Verpacken der Beine in Pappröhren und Watte lahmlegt, zeigen in kurzer Zeit massive Störungen. Auch Essen und Trinken sind Grundbedingungen, Ausscheidungen genauso. Ebenso notwendig ist ausreichender Schlaf. Eine Grundbedingung ist auch der Kontakt zu anderen Menschen. Es gibt sicher keinen Menschen, der nicht irgendwann in seinem Leben Kontakt zu anderen Menschen hat. Nur wenn alle diese biologischen Grundbedingungen ausreichend erfüllt sind, kann man ohne Beeinträchtigung andere Dinge tun, in unserem Fall zum Beispiel optimal lernen.

Der analysierte Raucher

Aus diesen noch recht allgemeinen Grundbedingungen entwickeln sich im Laufe unseres Lebens die individuellen konkreten Motive. Sehen wir uns das Beispiel eines sehr verbreiteten Motivs an: Wie entsteht der Wunsch, Zigaretten zu rauchen?

Fragen Sie einige Raucher. Wenn Sie selbst rauchen, überlegen Sie sich, warum Sie angefangen haben, zu rauchen.

Wann war das?

Wieviele Zigaretten haben Sie am

Anfang täglich geraucht?
Wieviele Zigaretten rauchen Sie heute am Tag?

Analysieren wir diesen Vorgang:

Der 1. Schritt ist, daß durch äußere Einflüsse – Mitschüler, Kameraden beim Militär, Vorbild der Eltern, um einem Mädchen zu imponieren – die Handlung Rauchen ausgelöst wird. Wenn der Erfolg der Handlung in irgendeiner Weise angenehm ist – wenn man also als toller Kerl anerkannt wird, nachdem man hinter den Büschen die erste Zigarette geraucht hat, auch wenn einem daraufhin fürchterlich schlecht wurde – folgt

der 2. Schritt: Der Wunsch, wieder zu rauchen, beginnt langsam zu wachsen.

Nun der 3. Schritt: Ist dieser Wunsch zu rauchen stärker geworden als die anderen augenblicklichen Wünsche, wird die Handlung Rauchen wieder ausgelöst.

Wenn der Erfolg dieser Handlung wieder angenehm ist – wenn man also wieder von den Kameraden als toller Kerl anerkannt wurde – beginnt der Wunsch zu rauchen wieder zu wachsen. Diesmal allerdings schon etwas schneller. Das ist der 4. Schritt. Wenn der Erfolg einer Handlung jedesmal oder zumindest oft angenehm ist, werden die Handlungen häufiger werden.

Die meisten Raucher haben zuerst selten geraucht, dann wurden die Abstände, nach denen sie zur Zigarette griffen, immer kürzer.

Als 5. Schritt pendelt sich schließlich ein Gleichgewicht ein. Dann nämlich, wenn die neue Handlung so häufig wird, daß sie andere, bereits bestehende Wünsche und Motive behindert. Wenn zum Beispiel das Rauchen so häufig wird, daß es den Appetit verdirbt. Oder wenn man so viel Geld für Zigaretten ausgibt, daß man sich kaum mehr etwas anderes leisten kann.

Je nach der individuellen Situation einer Person bildet sich dieses Gleichgewicht auf unterschiedlicher Höhe. Ein Raucher pendelt sich bei 30 Zigaretten am Tag ein, ein anderer bei 10 Zigaretten.

Wie Motive entstehen

Motive, also unsere Wünsche und Bedürfnisse, sind keine Einzelereignisse, die einmalig in unserem Leben auftauchen.

Sie haben eine längere Entstehungsgeschichte. Zuerst muß durch ein Grundbedürfnis oder durch einen Anstoß von außen die Handlung zum erstenmal ausgelöst werden. Motive werden nur stärker und stabil, wenn die Handlungen immer oder sehr häufig angenehme Folgen für die Person haben. Wenn wir uns zum Beispiel über den Lernerfolg und das neuerworbene Wissen freuen, wenn wir anderen damit imponieren können, wenn wir das neue Wissen anwenden können in der Praxis oder wenn wir ein gesetztes Ziel erreichen. Auf einer bestimmten Stärke pendeln sich Motive ein, im Zusammenspiel mit allen anderen Wünschen und Bedürfnissen eines Menschen. Genauso wie Motive nicht plötzlich erscheinen, sondern langsam entstehen, verschwinden sie auch nicht sofort, wenn die Handlungen unangenehme Folgen haben, sondern sie schwächen sich im Laufe eines längeren Prozesses ab.

Kurz: Auch unsere Wünsche und Bedürfnisse werden von uns gelernt und wieder entlernt. Sie sind langfristige Gewohnheiten, die sich nicht von heute auf morgen ändern lassen.

Ein schiefgegangener Spanischkurs

Betrachten wir das an einem konkreten Lernbeispiel:

Ein Mann will Spanisch lernen, weil er im Sommer wieder nach Spanien in Urlaub fahren will. Als er voriges Jahr in Spanien war und sich da gerne besser verständlich gemacht hätte, ist dieser Wunsch entstanden. Er nimmt sich also vor, einen Sprachkurs an der Volkshochschule zu besuchen.

Doch in der ersten Stunde werden nur Vokabeln gelernt.

So hat er sich das nicht vorgestellt. Sein Wunsch, Spanisch sprechen zu können, wurde vorerst enttäuscht. Als Folge davon wird sich sein Motiv, den Kurs weiter zu besuchen, etwas verringern.

In der 2. Stunde werden wieder nur Vokabeln gelernt, mit denen weiß er nichts anzufangen und ist wieder enttäuscht.

Das Motiv, den Kurs zu besuchen, schwächt sich weiter ab.

In der 3. Stunde, die er nur noch mit recht wenig Lust besucht, geht es ihm genauso, das Motiv wird also noch geringer.

In der folgenden Woche ist sein Wunsch, Spanisch zu lernen, so gering, daß er lieber zu Hause bleibt, um einen Fernsehkrimi anzusehen. Das bringt ihn natürlich beim Spanischlernen erst recht nicht weiter. Wieder wurde dieser Wunsch enttäuscht und wird daher so gering, daß er aufhört, den Kurs zu besuchen.

Sie sehen also:

Jedes Mal, wenn bei einem Lernschritt die Erwartungen nicht erfüllt werden, verringert sich der Lernwille für die Zukunft. Denken Sie an das Schicksal von guten Vorsätzen, die man von Zeit zu Zeit, besonders aber zu Beginn eines neuen Jahres, faßt: beispielsweise in Zukunft weniger zu essen. Jedes Mal, wenn man seinen Vorsatz nicht einhält, wenn man also trotzdem kräftig ißt, verringert man damit den guten Vorsatz selbst. Man hat ja die Erwartungen nicht erfüllt, die man an sich selbst gestellt hatte.

Ein erfolgreicher Spanischkurs

Wollen wir unseren Lernwillen aufrecht erhalten oder sogar steigern, dann heißt das also: Jeder Lernschritt muß unsere Erwartungen erfüllen, er muß angenehme Folgen haben. Sehen wir uns das wieder an unserem Lernbeispiel an. Ein Mann will – wie vorhin – Spanisch lernen.

Wieder werden in der 1. Kursstunde nur Vokabeln gelernt. Bei einigen Vokabeln erinnert er sich, daß er sie letztes Jahr in Spanien schon einmal gehört hat und freut sich darüber. Daher fühlt er sich ein kleines Stück weiter auf seinem Weg, Spanisch zu sprechen, und sein Lernwunsch wächst.

In der 2. Stunde werden wieder Vokabeln gelernt. Dabei vergleicht er seine Lernfortschritte mit denen seines Nachbarn. Er stellt fest, daß er ein bißchen besser ist. Das gefällt ihm, der Lernwunsch wächst also weiter.

Nach der 3. Stunde sieht er mit seiner Frau im Fernsehen einen alten Spielfilm. Bei einer Szene, die zufällig in Spanien spielt, kann man die Aufschrift «Salida» lesen. Er hat gerade gelernt, daß das «Ausgang» heißt, und übersetzt es stolz seiner Frau. Auch das vergrößert sein Motiv, den Sprachkurs weiter zu besuchen.

Da sein Lernwunsch nun groß ist, wird er gute Fortschritte machen.

Dieser Erfolg «motiviert» ihn weiter. Und so wird er den Kurs bald mit Erfolg abschließen und im nächsten Urlaub sein Spanisch voller Freude anwenden können.

Wir sehen wieder: Nur wenn jeder oder fast jeder Lernschritt angenehme Folgen hat, entsteht ein stabiles Lernmotiv. Dabei können auch Dinge, die uns auf den ersten Blick als Kleinigkeiten erscheinen, bedeutsame Auswirkungen auf den Lernwunsch haben. Wir haben also gezeigt, wie man ein Lernmotiv beeinflussen kann:

Wenden Sie das Gelernte sofort an, erzählen Sie zum Beispiel anderen, was Sie gerade gelernt haben. Suchen Sie nach Anwendungen in Ihrem täglichen Lebensbereich und setzen Sie Gelerntes in die Praxis um.

Gewinner im Motivwettkampf

Noch eine interessante Frage: Wie sieht es aus, wenn mehrere Motive miteinander konkurrieren? Überlegen Sie selbst, welcher Wunsch wird stärker sein?

1. Heute abend zu lernen, um in 2 Jahren Ingenieur zu werden, eine Menge Geld zu verdienen und von den anderen anerkannt zu werden.

2. Heute abend fernzusehen.

Das Ziel, Ingenieur zu werden, ist sehr weit entfernt. Das Motiv wird also sehr, sehr langsam ansteigen, um in 2 Jahren seine volle Stärke zu erreichen.

Fernsehen dagegen ist eine sehr häufige, fast tägliche Handlung. Dieses Motiv liegt sehr nahe, es steigt also sehr schnell zu seiner vollen Stärke an.

Daher wird das Motiv «Fernsehen» immer stärker sein als der Wunsch zu lernen, um in 2 Jahren Ingenieur zu sein. Kurzfristige Wünsche und Bedürfnisse sind also fast immer stärker als langfristige Ziele.

Das ist keine sehr erfreuliche Erkenntnis für das Lernen von Erwachsenen. Denn bei ihnen liegt das Lernziel fast immer in der Zukunft.

Wie man trotzdem aus solchen langfristigen Wünschen für das Lernen wirksame Motive machen kann, das werden wir Ihnen im nächsten Kapitel zeigen.

Zusammenfassung

Motiv
Für das Lernen, aber auch für alle anderen Handlungen von Menschen ist es wichtig, aus welchen Gründen das geschieht und welche Wünsche und Bedürfnisse dahinterstehen. Die Wissenschaft faßt das unter dem Begriff «Motive» zusammen.

Strafe
Strafe als Lernmotiv ist problematisch, denn es müssen erst alle nicht gewünschten Handlungsmöglichkeiten blockiert werden, ehe Strafe eine gewünschte Handlung verursacht.

Erfolgserlebnis
Das Erlebnis eines Lernerfolges wirkt als deutliche Belohnung und steigert daher die Lernmotivation. Erfolgserlebnisse sind aber nur möglich, wenn der Lernerfolg häufig und unmittelbar kontrolliert wird.

Dagegen vermindert Mißerfolg die Lernmotivation. Deshalb muß man seine Erwartungen an den Lernerfolg realistisch ansetzen, um selten Mißerfolge zu erleben.

Motivbündelung
Je mehr und je stärker man Motive in den Dienst des Lernzieles stellt, um so besser lernt man.

Dazu kann man andere Motive auf das Lernziel hin «umlenken» oder konkurrierende Motive ausklammern.

Biologische Grundbedingungen
Jeder Mensch hat eine Reihe biologischer Grundbedingungen wie Atmen, Schmerzfreiheit, Wärme, sich bewegen, etwas wahrnehmen, Essen und Trinken, Ausscheidungen, Schlaf, Kontakt zu anderen Menschen.

Aus diesen Grundbedingungen entwickeln sich im Laufe unseres Lebens die individuellen Motive.

Motiventstehung
Motive sind keine Einzelereignisse, sie haben eine längere Entstehungsgeschichte. Sie werden um so stärker und stabiler, je häufiger die ausgelösten Handlungen angenehme Folgen haben.

Auf einer bestimmten Stärke pendeln sich die Motive dann ein, im Zusammenspiel mit allen anderen Motiven einer Person.

Motivlöschung
Motive verschwinden nicht plötzlich, sondern sie schwächen sich im Laufe eines längeren Prozesses ab, wenn die ausgelösten Handlungen häufig unangenehme Folgen haben.

Lang- und kurzfristige Motive
Kurzfristige Motive sind fast immer stärker als langfristige, da kurzfristige sehr schnell zur vollen Stärke ansteigen. Langfristige Motive erreichen ihre volle Stärke erst in ferner Zukunft.

Hauptregeln
Wieder die zwei wichtigsten Regeln dieses 6. Kapitels, die für Lerngründe allgemein gelten:

> 1. Möglichst viele Motive für das Lernziel.
> 2. Jeder Lernschritt muß angenehme Folgen haben.

Trainingsvorschlag

Nehmen Sie bitte ein Blatt Papier zur Hand und schreiben Sie dort alle Lerngründe auf, die Ihnen einfallen. Verwenden Sie für jeden Grund eine eigene Zeile. Denken Sie dabei vor allem an solche Gründe, die Sie selbst zum Lernen veranlassen oder schon einmal veranlaßt haben. Kennzeichnen Sie diese Gründe mit einem Kreuz.

Sie können dieses Blatt nach Ende des Kapitels 7 selbst auswerten. Heben Sie es daher gut auf und lassen Sie am rechten Rand einen etwa 6–8 cm breiten Rand für diese Auswertung frei.

Die Lerngründe

7

Zwischenziele als Erfolgstrick

Die Erkenntnis, die Sie am Ende des letzten Kapitels gewonnen haben, ist recht betrüblich: Kurzfristige Wünsche und Bedürfnisse (zum Beispiel das Fernsehen am Abend) sind fast immer stärker als die langfristigen Motive (zum Beispiel in 2 Jahren Ingenieur zu werden). Das bedeutet: Solche langfristigen Lernziele sind für unsere Lernmotivation praktisch ohne Wirkung.

Aber es gibt einen Ausweg. Jeder, der erfolgreich ein Lernziel bewältigt, geht diesen Weg. Meistens allerdings ist es ihm gar nicht bewußt, worauf sein Lernerfolg beruht. Der Trick ist im Prinzip ganz einfach: Wenn nur kurzfristige Wünsche zum Lernen motivieren, muß man eben aus langfristigen Zielen kurzfristige machen. Wie ist das möglich? Nehmen wir wieder das langfristige Lernziel: in zwei Jahren Ingenieur zu werden. Davon können wir kurzfristigere Zwischenziele ableiten: zum Beispiel in den nächsten drei Monaten den Kursteil «Physikalische Grundlagen» abzuschließen.

Doch auch das ist noch zu langfristig. Teilen wir also weiter auf:

In dieser Woche beispielsweise müssen die nächsten drei Kapitel des Lehrbuchs durchgearbeitet werden. Und dann als nächste Stufe: Das Lernziel für heute sind die ersten zehn Seiten des Kapitels 7. Bei den Tageslernzielen hört dieses Ableiten von Zwischenzielen jedoch noch lange nicht auf. Für jeden einzelnen Lernab-schnitt, auch wenn er nur eine Viertelstunde dauert, sollte man ein Zwischenziel ableiten. So erhält man eine hierarchische Einteilung, die das weit entfernte, umfassende Lernziel sinnvoll in immer kleinere, überschaubare Teilabschnitte gliedert.

So merken wir ganz deutlich, daß uns das Erreichen jedes einzelnen Teilzieles dem Erreichen des Gesamtzieles näherbringt. Wir haben kurzfristige und damit wirksame Lernmotive erhalten.

Die Lernplanung, das heißt das richtige Einteilen des gesamten Lernens in möglichst kurzfristige Teilziele, ist also die beste Methode, unsere Lernwünsche zu stärken.

Führen Sie sich nicht in Versuchung

Wir haben gelernt, daß Belohnungen für das Lernen von großer Bedeutung sind.

Es gibt jedoch auch Belohnungen, die mit dem Lernziel nichts zu tun haben. Dazu ein Beispiel: Ein Mann arbeitet in einem Zimmer, das direkt neben der Küche liegt. Von dort hört er ab und zu das Klappern der Töpfe und immer, wenn er aus dem Zimmer geht, steigen ihm die verlockendsten Essensdüfte in die Nase.

Wenn er gerade großen Hunger hat, wird das seinen Lerneifer sicher nicht fördern.

Ein anderes Beispiel: Wenn im Nebenzimmer gerade ein Fernsehkrimi läuft, stören beim Lernen nicht so sehr die Geräusche aus dem Fernsehgerät, sondern die eigenen Wünsche, jetzt viel lieber fernzusehen als zu lernen.

Andere Wünsche, andere Motive, die wir vor Augen haben – oder bei unseren Beispielen vor der Nase oder in den Ohren – wirken sich also negativ auf das Lernen aus. Auf solche «Versuchungssituationen», wie man das wissenschaftlich nennt, sollte man beim Lernen besonders achten. Man kann nämlich auch etwas dagegen unternehmen.

Einige Beispiele:

Nicht gerade in Lernpausen in der Programmzeitschrift nachlesen, was jetzt gerade im Fernsehen zu sehen ist.

Nicht neben den Kochtöpfen lernen, wenn man gerade Hunger hat.

Motiverfüllung nebenbei

Nun kann man natürlich den Wunsch, mit den Kindern zu spielen, oder den Wunsch zu essen, nur aufschieben, abschaffen kann man ihn nicht. Man kann aber trotzdem etwas tun, damit diese konkurrierenden Wünsche nicht beim Lernen stören:

Man kann sie umlenken und in den Dienst des Lernziels stellen.

Manche dieser Wünsche kann man sich erfüllen, ohne daß das Lernen darunter leidet. Man kann beispielsweise von vornherein etwas zu trinken auf den Tisch stellen. Wenn man dann Durst bekommt, stört es nicht beim Lernen. Man kann sich einen Radiergummi oder eine Schachtel Büroklammern oder sonst etwas bereitlegen, wenn man gerne herumspielt bei der Arbeit.

Aus Ablenkungen Belohnungen machen

Umleiten und in den Dienst des Lernzieles stellen kann man konkurrierende Wünsche, wenn man sie als Belohnung für das Lernen benutzt. Es können ganz kleine, unbedeutend erscheinende «Minibelohnungen» sein. Zum Beispiel: Erst, wenn ich mit dem Kapitel fertig bin, esse ich einen Apfel oder hole ich mir etwas zu trinken aus dem Kühlschrank.

Oder: Nach dieser Seite gehe ich auf den Balkon und sehe nach dem Wetter.

Oder: Noch diesen Abschnitt, dann gehe ich 5 Minuten ins Wohnzimmer und sehe nach, was die Familie macht.

Es können aber auch größere Belohnungen sein: Wenn ich bis 20 Uhr mein Tagespensum geschafft habe, dann kann ich mir den «Kommissar» ansehen.

Oder: Wenn ich heute noch die drei Übungsaufgaben löse, kann ich morgen abend zum Skatspiel gehen.

Das heißt also: Belohnungen für sich selbst planen. Sie dürfen dabei auch nicht die kleinen, kurzfristigen Belohnungen vergessen.

«Materielle» Lerngründe

Bis jetzt haben wir Lerngründe kennengelernt, die aus äußeren, greifbaren Anreizen oder Abschreckungen herrühren.

Daher nennen wir diese Gruppe:

Materielle Lerngründe:
Belohnungen,
Bestrafungen,
konkurrierende Motive.

Und hier die 4 wichtigsten Regeln für diese Art von Motiven:

1. Häufige Erfolgskontrollen,

2. Selbst Belohnungen planen,

3. Kurzfristige Zwischenziele ableiten,

4. Konkurrierende Motive ausschalten.

Das ist jedoch nur eine Gruppe. Es gibt noch eine Vielzahl von anderen Motiven, die alle für das Lernen bedeutsam sein können. Wir wollen Ihren Blick für die verschiedenen Arten von Lernwünschen und Lerngründen schärfen. Oft übersieht man Motive und kann sie daher nicht gezielt einsetzen. Daher werden wir Ihnen in diesem Kapitel viele Motivarten nur kurz vorstellen, um Ihnen ein Bild dieser Vielfalt zu vermitteln.

Lernen sportlich betrachtet

Bei jeder Amateur-Sportveranstaltung erleben Sie, was Menschen zu großen Anstrengungen treiben kann: der Wettbewerb, der Vergleich und die Konkurrenz mit anderen Menschen.

Wettbewerbe gibt es aber nicht nur im Sport, obwohl sie dort besonders deutlich werden. Wichtig ist für uns, daß man dieses oft sehr starke Motiv auch als Lerngrund einsetzen kann. Sucht man beim Lernen nach Partnern, mit denen man sich vergleichen kann, so ist das ein zusätzlicher Lernansporn.

Nicht bei allen Gesellschaftsformen steht, wie in unserer «Leistungsgesellschaft», der Wettbewerb aller gegen alle im Vordergrund. So gibt es beispielsweise in Neumexiko Indianerstämme – die Zuni- und Hopi-Indianer – die vollkommen uneigennützig am Leben der Gemeinschaft teilhaben. Die eigene Leistung und auch das private Eigentum spielen bei dieser Gesellschaftsform eine untergeordnete Rolle. In solchen Gesellschaften ist natürlich der Leistungsansporn durch die Gruppe minimal.

Das Leistungsprinzip ist also nicht etwas Menschliches schlechthin, sondern eine «Erfindung» unserer Zivilisation und unserer Kultur.

Der Lernpartner muß natürlich nicht dauernd beim Lernen anwesend sein. Mit einem Lernpartner kann man sich auch nur einmal in der Woche treffen, um seine Kenntnisse miteinander zu vergleichen und sich über den Lernstoff zu unterhalten.

Es ist wichtig, daß der oder die Partner ungefähr in der gleichen Leistungsklasse liegen, wie man selbst. Nur so spornt der Wettbewerb alle Beteiligten an. Wenn ein Weltrekordläufer und ein Anfänger um die Wette laufen, dann wirkt das auf keinen der beiden leistungssteigernd.

Nun ist es leicht gesagt: Lernpartner suchen. Wie macht man das? Dazu gibt es kein Patentrezept. Daher muß man sich mit dieser Frage noch ausführlicher beschäftigen. Anhand konkreter Lernsituationen werden wir deshalb diese allgemeinen Regeln in den Kapiteln 14 bis 17 in verschiedene konkrete Ratschläge umsetzen.

Geteiltes Leid

Beim Lernen Partner zu haben, hat den Vorteil, daß der Wettbewerb alle Beteiligten anspornt. Es bildet sich auch ein *Gruppengefühl*, das gemeinsam leichter Schwierigkeiten überwinden läßt. Man erfährt, daß andere beim Lernen ähnliche Probleme haben, man kann sich gegenseitig helfen und kann Erfahrungen austauschen.

Kurz: Die Gruppe erleichtert das Lernen.

Unter der Bezeichnung *Kameradschaft* spielt dieses Gruppengefühl bei Soldaten eine entscheidende Rolle. Im letzten Krieg machten amerikanische Armeepsychologen die erstaunliche Entdeckung, daß nicht Ideale, Patriotismus, Mut oder ähnliches die Soldaten dazu brachten, Strapazen und Entbehrungen auf sich zu nehmen und zu kämpfen, sondern das Zugehörigkeitsgefühl zum «Haufen».

Genauso kann Lernen in einer Gruppe die einzelnen Gruppenmitglieder dazu bringen, lange und anstrengende Lernprozesse durchzuhalten, so etwa das Lernen auf eine größere Prüfung, einen langen Kurs usw.

Natürlich hat das alles seine Grenzen. Wenn die Gruppe beginnt, ein Eigenleben zu führen und zu einer Art *Stammtisch* wird, geht das ursprüngliche Lernziel oft dabei verloren.

Der Gruppendruck

Eine Gruppe setzt auch oft bestimmte, ungeschriebene Erwartungen, Normen und Leistungsforderungen, die zum Lernen auffordern oder das Lernen unterstützen. Nehmen wir einmal unsere Politiker in Bonn:

Im Zuge der *Trimm-dich-Welle* entstand bei dieser Gruppe die ungeschriebene Aufforderung, sich sportlich zu betätigen (vor allem, wenn die Kameras der Presse in der Nähe sind). Und, siehe da, fast alle machten mit, von diesem unsichtbaren Gruppendruck angestoßen.

Andere Menschen spielen in der Lerngeschichte des einzelnen eine große Rolle. So erhält das Kind «Belohnungen» für sein Verhalten gewöhnlich von den Eltern. Oft besteht eine solche Belohnung nur in einem zustimmenden Nicken oder Lächeln. So lernt das Kind auch Dinge zu tun, deren Richtigkeit und Vernünftigkeit es zunächst nicht begreift. Es tut dies nur, um den Eltern zu gefallen.

Unterstützt wird dieses Verhalten durch den Mechanismus der «Identifikation». Das Kind identifiziert sich mit Vater oder Mutter und versucht so zu sein, wie seine Bezugspersonen. Auf diese Weise können ganze Verhaltenssysteme der Eltern einfach übernommen werden. Eingesehen und auf ihre Richtigkeit überprüft werden sie erst später. Das gilt vor allem für das Lernen moralischer Begriffe.

So verbietet ein Kind beispielsweise seinem Teddy, allein über die Straße zu gehen oder mit der Schere zu spielen. Es versetzt sich in die Rolle der Mutter und übernimmt auf diese Weise leichter die Verhaltensvorschriften, denen es selbst gehorchen muß.

Auch Erwachsene identifizieren sich, zum Beispiel mit Vorbildern, mit berühmten Männern, aber auch mit Gruppen. Man fühlt sich einer Gruppe zugehörig und ahmt das Verhalten der Gruppenmitglieder nach. Zugehöriger einer Gruppe ist man jedoch nur, wenn man die Verhaltensnormen der Gruppe akzeptiert. Nur so wird man auch von den anderen Gruppenmitgliedern anerkannt. Je besser und je vollkommener jemand den Verhaltensnormen einer Gruppe gerecht wird, desto mehr hat er Aussicht, in dieser Gruppe eine führende Position einzunehmen.

Für die Position in der Gruppe ist unter anderem auch die Leistung des einzelnen entscheidend.

So wird in einer Gruppe von Bergsteigern wahrscheinlich der Erfahrenste die Führung innehaben, bei einer Gruppe von Taschendieben wahrscheinlich der, der am geschicktesten klaut. Die Gruppe definiert die Leistungen, die für die Rangordnung innerhalb der Gruppe entscheidend sind. Um diese Rangordnung entsteht dann der Wettbewerb der Gruppenmitglieder. Denn eine gute Position in der Gruppe verleiht soziale Anerkennung und wird als eine begehrte «Belohnung» empfunden.

Daß die Gruppe oder die Gruppen, zu denen sich jemand zugehörig fühlt, einen sehr entscheidenden Einfluß auf die Entwicklung und den Erfahrungserwerb der Einzelpersonen ausüben, wird bereits aus diesen wenigen Andeutungen erkenntlich. Systematisch untersucht werden solche Gruppenprozesse etwa seit 1945 unter dem Stichwort «Gruppendynamik»!

Wir haben also eine zweite Gruppe von Lerngründen kennengelernt. Sie entstehen aus dem direkten Kontakt zu anderen Menschen. Daher auch die Bezeichnung:

Soziale Lerngründe:
Wettbewerb
Gruppengefühl
Gruppennormen
Hier wieder die drei Regeln für diese Gruppe:

1. Lernpartner suchen

2. Realistische Partner für den Wettbewerb wählen

3. Möglichst eine Lerngruppe bilden

Ein bißchen spielend lernen

Nun noch zu einer dritten Gruppe. Denken Sie an eine elektrische Modelleisenbahn oder an ein chromblitzendes, neues Auto, an Spielmagneten oder an andere Spielsachen für Erwachsene.

Fühlt man sich da nicht aufgefordert, hinzulangen, sich mit den Dingen zu beschäftigen, daran zu hantieren?

Fasziniert es nicht, mit Druckknöpfen und Schaltern die Züge der Modelleisenbahn zu dirigieren?

Hat man nicht allein beim Ansehen eines neuen Autos das Bedürfnis, einzusteigen und auf alle Knöpfe zu drücken, Türen, Haube, Verschlüsse auf- und zuzumachen, einfach alles auszuprobieren?

Solche Gegenstände sind so attraktiv und verlockend, daß man sich aufgefordert fühlt, sich damit zu beschäftigen, obwohl man eigentlich «nichts davon hat». Daher nennt man dieses Motiv *Aufforderungscharakter*.

(Von Zeit zu Zeit erwähnen wir mit Absicht solche Fachausdrücke. Nicht, weil sie notwendig sind für das Verständnis, aber Sie können damit auf der nächsten Party oder im Betrieb Ihren Mitmenschen kräftig imponieren. Das erhöht Ihre Freude an diesem Kurs und steigert so den Lernerfolg.)

Diesen Aufforderungscharakter benutzt die Werbung bei jeder Anzeige, bei jeder Verpackung und in jedem Fernsehspot.

Dieses so wirksame Motiv können wir uns auch beim Lernen zunutze machen. Wir können zum Beispiel Lehrbücher und Lehrmaterial nach der Ausgestaltung aussuchen, danach, wie es uns anspricht.

Das spartanische Stehpult vor kahlen Wänden ist für das Lernen alles andere als ideal. Wir sollten den Arbeitsplatz mit etwas Mühe so ausstatten, daß man sich aufgefordert fühlt, daran Platz zu nehmen und zu lernen. Ein hübscher Kalender, attraktive Bleistifte und Kugelschreiber, ein paar schöne Dinge nach eigenem Geschmack, eine ästhetisch aussehende Schreibtischlampe usw., das alles erhöht die Bereitschaft zu lernen.

Also: Arbeitsplatz und Lernumgebung attraktiv machen.

Der Spaß an der Sache

Ein ganz ähnliches Motiv ist die *Funktionslust*, zum Beispiel auf einem modernen Bürostuhl zu wippen. Das macht man einfach aus Freude daran, etwas zu tun. So wie Kinder stundenlang schaukeln oder über eine Rutschbahn rutschen können.

Diese Funktionslust können wir auch in den Dienst des Lernens setzen. Fast alles, was mit Hantieren zu tun hat, spricht diese Funktionslust an (Versuche in Chemie und Elektronik usw.). Nutzen Sie also diese Funktionslust und suchen Sie danach. Wo gibt es beim Lernen etwas zu hantieren, das Ihnen Spaß macht? Vielleicht etwas farbig anzumalen, Karteikarten zu sortieren oder vieles mehr.

Sie sollten neugieriger sein

Einen anderen wichtigen Lerngrund kennen Sie alle auch: die *Neugierde*. *Wissensdrang* kann man auch sagen. Es ist eigenartig, daß das Wort «Neugierde» meist einen negativen Beigeschmack hat.

Für das Lernen ist Neugierde aber sicher positiv zu bewerten.

Denken Sie einmal daran: Ohne Neugierde hätte Columbus nie Amerika entdeckt, hätten Forscher sich nie mit dem Aufbau des Atoms befaßt, hätten Menschen wahrscheinlich ihren Fuß nicht auf den Mond gesetzt.

Aber immer noch hören viele Kinder: *«Sei nicht so neugierig!»* wenn sie nur mehr wissen wollen über ihre Umwelt.

Wahrscheinlich ist auch Ihnen in der Kindheit und in der Schule schon gründlich abgewöhnt worden, daß man auch aus purer Neugierde oder aus Interesse an der Sache lernen kann.

Wahrscheinlich hilft es, wenn man sich bei jedem Lernen die Frage stellt, ob man nicht auch neugierig auf den Lernstoff ist. Versuchen Sie beim Lernen wieder neugierig zu sein. Stellen Sie Fragen. Fragen Sie andere, Lehrer, Lernpartner, Fachleute, Ihren Ehepartner. Fragen Sie auch immer wieder sich selbst. Und haben Sie keine Angst, auch einmal eine dumme Frage zu stellen. Von dummen Fragen lernt man nämlich am meisten. Und: Manche Frage, die Ihnen dumm erscheint, ist vielleicht in Wirklichkeit gar nicht so unwichtig.

Der Vollendungswunsch

Ein weiteres Motiv:

Sicher haben Sie schon das befriedigende Gefühl kennengelernt, das man empfindet, wenn man seine Aufgabe abgeschlossen hat und fertig ist. Dieses Bedürfnis, eine Tätigkeit zu vollenden, nennen wir einmal *Vollendungswunsch*.

Es ist also sehr nützlich, beim Lernen geschlossene Abschnitte zu planen, die man vollenden kann.

Diese Befriedigung, etwas fertig zu haben, wirkt dann als zusätzlicher Ansporn für das weitere Lernen.

Ein weiterer Lerngrund von innen wird in der psychologischen Literatur nach seiner Entdeckerin als ZEIGARNIK-Effekt bezeichnet.

ZEIGARNIK konnte feststellen, daß man Verhaltensweisen, die zu einem klar definierten Ziel führen (zum Beispiel das Lösen von Aufgaben), besser im Gedächtnis behält, solange das Ziel noch nicht erreicht ist. Verhaltensfolgen, die bereits abgeschlossen wurden, werden rascher vergessen.

Unerledigte oder nicht gelöste Aufgaben schaffen ein «Quasi-Bedürfnis», erzeugen eine Spannung, die zur Beendigung der Aufgaben drängt. Das Motiv, eine Aufgabe zu beenden, steigt also an, wenn die Aufgabe erst einmal begonnen wurde. Es zieht einen sozusagen immer wieder zur unerledigten Handlung zurück. Dadurch wird der interne Lerngrund, das Interesse an der Sache verstärkt:

Achten Sie auf Ihr Gemüt

Von innen kommen noch weitere Lerngründe: Unsere augenblickliche Verfassung, unser geistiger Grundzustand, zum Beispiel ist man müde, man hat sich geärgert, man ist schlechter Laune, man hat in letzter Zeit viel gearbeitet, man hat Sorgen. Das alles sind Belastungen, die unsere Energie und unsere Bereitschaft zum Lernen einschränken, manchmal sogar lahmlegen. Natürlich kann man diese Dinge nicht beliebig beeinflussen, das heißt den Ärger vergessen, die Sorgen einfach abschaffen, bevor man mit dem Lernen anfängt. Aber man kann bei der Vorbereitung auf seinen geistigen Grundzustand achten und das Lernen danach planen. Fünf Minuten nach einem furchtbaren Krach mit dem Chef hat es keinen Sinn, mit dem Lernen anzufangen. Genauso ist das Lernen wenig erfolgreich, wenn man total übermüdet ist.

In beiden Fällen ist es sinnvoll, erst einmal eine Pause zu machen. Im ersten Fall sollte man der Ehefrau den Ärger erst einmal erzählen, um dabei schon etwas von seiner Erregung loszuwerden. Im zweiten Fall sollte man sich beispielsweise eine Stunde hinlegen.

Also: Seien Sie beim Lernen geistig und seelisch entspannt.

Damit haben wir die Lerngründe einer dritten Gruppe kennengelernt:

Diese Lerngründe sind unabhängig von äußeren Belohnungen, sie liegen in uns selbst.

Daher nennen wir diese Gruppe:
Interne Lerngründe:
Aufforderungscharakter
Funktionslust
Neugierde
Wissensdrang
Vollendungswunsch
geistiger Grundzustand

Die 4 wichtigsten Regeln für diese Gruppe lauten zusammengefaßt:

1. Immer wieder Fragen stellen,

2. Die Lernumgebung attraktiv machen,

3. Lerngewohnheiten schaffen,

4. Geistig und seelisch entspannt sein.

Damit haben wir die drei Arten von Lerngründen, von Motiven kennengelernt:
Materielle Lerngründe
Soziale Lerngründe
Interne Lerngründe

In der wissenschaftlichen Literatur findet man normalerweise nur eine Zweiteilung in «intrinsische Motivation» (sie entspricht unserem internen Lerngrund) und «extrinsische Motivation» (das entspricht unserem materiellen und sozialen Lerngrund).

Dies liegt daran, daß vom wissenschaftlichen Standpunkt aus zunächst nur interessiert, ob die Belohnung bei einem Lernprozeß in der Sache selbst liegt oder außerhalb. Will man jedoch Lernregeln ableiten, so empfiehlt es sich, das «außerhalb» noch zu unterteilen in materielle Anreize/Strafen und andere Personen. Die Lerntechniken in beiden Fällen sind ja unterschiedlich!

Zusammenfassung

Lernplanung
Um weit entfernte Ziele für das Lernen wirksam werden zu lassen, muß man Zwischenziele ableiten.

Für jeden einzelnen Lernabschnitt, auch wenn er nur 15 Minuten dauert, sollte man ein Zwischenziel ableiten.

Versuchungssituation
Durch äußere Einflüsse können Wünsche und Bedürfnisse besonders aktiviert und verstärkt werden. Eine solche Situation wird Versuchungssituation genannt.

Um ungestört lernen zu können, ist es wichtig, Versuchungssituationen möglichst auszuschalten.

Motive umlenken
Konkurrierende Motive, die eigentlich nicht auf das Lernziel gerichtet sind, können «umgelenkt» werden, indem man sie als Belohnung für erfolgreiches Lernen benutzt.

Schema: «Wenn ich das geschafft habe, dann darf ich . . .»

Materielle Lerngründe
Viele Lerngründe beruhen auf äußeren, greifbar materiellen Einflüssen: Belohnung, Strafe, konkurrierende Motive.

Soziale Lerngründe
Der Kontakt zu anderen Menschen kann sehr wirksame Lernmotive auslösen. Daher sollte man Lernpartner suchen. Lernmotive dieser Gruppe sind zum Beispiel der Wettbewerb, das Gruppengefühl und die Gruppennormen.

Interne Lerngründe
Beim Lernen werden häufig die Lerngründe übersehen, die ohne Einflüsse von außen oder von anderen Personen im Lernstoff oder in uns selbst liegen. Durch solche internen Lerngründe gewinnt man meist mehr Spaß am Lernen. Das Lernen erscheint weniger anstrengend.

Hierher gehören: der Aufforderungscharakter, die Funktionslust, Neugierde und Wissensdrang, der Vollendungswunsch, unser geistiger Grundzustand.

Trainingsvorschlag

Nehmen Sie das Blatt vom vorigen Kapitel 6 zur Hand, auf dem Sie Lerngründe gesammelt haben. Rechts sollen Sie nun eintragen, zu welcher Gruppe und zu welcher Art die von Ihnen aufgezählten Lernmotive gehören:

Hier ein Beispiel:

Lerngrund	bei mir selbst vorhanden?	Gruppe	Art
um mehr Geld zu verdienen	X	materiell	Belohnung
damit ich im Beruf mehr erreiche	X	materiell	Belohnung
um genauer Bescheid zu wissen		intern	Neugierde/ Wissensdrang

Wenn Sie mit diesem Einordnen fertig sind, dann zählen Sie einmal zusammen, wie viele Ihrer eigenen Lernmotive zu den drei folgenden Gruppen gehören:
  materiell
  sozial
  intern
Vielleicht entdecken Sie dabei Gruppen, die Sie bisher nur zu wenig in den Dienst des Lernens gestellt haben.
  Nun noch ein weiterer Trainingsvorschlag: Nehmen Sie ein Blatt Papier, beobachten Sie sich selbst genau und überlegen Sie: Welche Wünsche und Bedürfnisse, welche Motive also, habe ich im jetzigen Augenblick?

Vergessen Sie auch scheinbare Kleinigkeiten nicht. Sie trainieren so, sich selbst besser kennenzulernen.

Wenn Sie Lust haben, können Sie anschließend noch diese Motive anhand unseres Schemas auf der rechten Seite des Blattes analysieren.

Die Lernwege

Ohne Wahrnehmung kein Lernen

Um etwas zu lernen, muß man erst einmal den Lernstoff wahrnehmen können. Das ist banal. Ein von Geburt an tauber Mensch, dem das Wahrnehmungsgebiet «Hören» fehlt, kann ohne Hilfsmittel nicht sprechen lernen.

Ungestörte Wahrnehmung ist eine wichtige Voraussetzung für jedes Lernen. Die Wahrnehmung war ja auch ein wichtiger Bestandteil unserer Lerndefinition im 1. Kapitel (Seite 11 ff).

Der Mensch hat verschiedene Möglichkeiten der Wahrnehmung: Seine einzelnen Sinne. Es liegt also nahe, die verschiedenen Lernwege nach den Sinnen aufzuteilen:

Sehen
Hören
Riechen
Schmecken
Fühlen

Aber da nur sehr wenige Menschen durch Riechen und Schmecken lernen, es sei denn, sie wollten Koch, Kaffeekoster, Weinexperte oder Parfumspezialist werden, haben wir eine andere Einteilung gewählt.

Der Lernweg Hören

Ein wichtiger Lernweg ist das Hören. Einmal das Lernen durch das Hören von Tönen und Geräuschen, das aber nicht sehr verbreitet ist.

Viel wichtiger ist der Lernweg:
Hören von Sprache.

Unsere Sprache ist ein raffiniertes System von Lautsymbolen, die für Gegenstände, Begriffe und Vorgänge stehen.

Wie einfach ist es doch, in einem Lokal etwas zu bestellen, wenn man die Sprache beherrscht.

Und wie anstrengend ist es, das gleiche zu tun, wenn wir in einem fremden Land die Sprache nicht beherrschen.

Der große Vorteil des Lernwegs Hören ist also: Beliebige Dinge kann man schnell und ohne großen Aufwand durch die Sprache mitteilen.

Aber die Sprache ist unanschaulich. Man muß die einzelnen Wörter erst im Gehirn in konkrete Vorstellungen von den angesprochenen Gegenständen oder Vorgängen umsetzen.

Außerdem hat die Sprache den Nachteil, daß sie sich sofort verflüchtigt, man kann sie nicht festhalten.

Der Lernweg Lesen

Die Sprache kann jedoch durch die Schrift festgehalten werden. Die Schrift ist nichts anderes als festgehaltenes Sprechen. Der zugehörige Lernweg ist das Lesen.

Gegenüber dem Hören hat das Lesen den Vorteil, daß sich die Schrift nicht verflüchtigt, daß man wiederholen kann.

Wie das Hören ist das Lesen auch nicht sehr anschaulich. Wenn man Dinge schnell mitteilen will, ist der Aufwand beim Lesen größer als beim Hören, denn die Sprache muß erst einmal formuliert und aufgezeichnet werden. Es braucht weniger Aufwand, jemandem am Telefon eine Mitteilung auszurichten als ihm das gleiche in einem Brief zu schreiben.

Der Lernweg Sehen

Ein anschaulicher Lernweg ist das Sehen. Wir verstehen darunter das Sehen von Bildern, Abbildungen, Grafiken und Zeichnungen, von konkreten Gegenständen und Situationen, also optisch anschauliche Eindrücke.

Lesen geschieht zwar ebenso mit den Augen, es hat aber einen ganz anderen Lernweg. Lesen ist nämlich nicht unbedingt an das Sehen gebunden. Blinde können genausogut das Begriffssystem unserer Sprache fühlen, sie lesen ja bei der Blindenschrift mit den Fingerspitzen kleine Erhöhungen auf dem Papier. Dagegen ist zum Beispiel das Wahrnehmen einer Landkarte «auf einen Blick» an das Sehen gebunden. Ein Blinder müßte sich mühsam Streifen für Streifen das Bild der Landkarte ertasten.

Der Vorteil dieses Lernweges Sehen ist also die Anschaulichkeit. Hier müssen nicht erst Worte im Gehirn umgesetzt werden. Bilder und Symbole verstehen auch Ausländer, unabhängig von der Sprache.

Es ist ein Nachteil, daß abstrakte Begriffe – zum Beispiel das Wort *Treue* – nicht bildlich dargestellt werden können. Ein anderer Nachteil ist, daß bildliche Darstellungen aufwendiger herzustellen sind als Sprache und Schrift.

Eine recht unterhaltsame Beschreibung einer sehr «anschaulichen» Sprache, die in unserer Ausdrucksweise den Lernweg «Sehen» benutzt, finden wir in dem berühmten Buch «Gulliver's Reisen» von Jonathan

SWIFT. Im 5. Kapitel des 3. Teiles erhält der Verfasser die Erlaubnis «die große Akademie von Lagado» zu besichtigen. Dabei besucht er auch die «Sprachschule».

«Hierauf begaben wir uns in die Sprachschule, wo drei Professoren saßen und sich über die zweckmäßigste Methode, ihre Landessprache zu verbessern, berieten. Das Projekt des ersten bestand darin, die Rede dadurch abzukürzen, daß man die vielsilbigen Wörter in einsilbige verwandelt und Verben und Partizipien auslasse; denn alle verstellbaren Dinge seien in Wirklichkeit nur Hauptwörter.

Das zweite Projekt bezweckte die gänzliche Abschaffung aller Wörter, und diese ward als eine große Verbesserung in bezug auf Gesundheit wie der Kürze betrachtet. Denn es ist klar, daß jedes von uns gesprochene Wort eine Schwächung unserer Lungen durch Abnutzung, folglich auch die Verkürzung unseres Lebens zur Folge hat. Es wurde deshalb folgendes Auskunftsmittel angeboten: Da Worte Dinge seien, so wäre es vorteilhafter, wenn alle Menschen solche Dinge bei sich herumtrügen, welche das besondere Geschäft bezeichneten, worüber sie sich unterhalten wollten.

Diese Erfindung würde sicher allgemein geworden sein, zur großen Erleichterung und für aller Gesundheit, wenn sich nicht die Weiber mit dem Pöbel und den ungebildeten Menschen verbunden und mit einer Rebellion gedroht hätten, im Falle ihnen nicht die Freiheit ihrer Zungen nach herkömmlicher Weise verbliebe; der Pöbel ist ja ohnedem der unversöhnliche Feind jeder Wissenschaft.

Die Klügsten und Weisesten jedoch befolgen die neue Methode, sich durch Dinge auszudrücken; die einzige Unbequemlichkeit, die sich daraus ergibt, besteht nur darin, daß ein

Mann, dessen Geschäft sehr groß und von verschiedener Art ist, ein großes Bündel von Dingen auf seinem Rükken mit sich herumtragen muß, wenn er nicht imstande ist, sich einen oder zwei starke Bediente zu halten.

Zwei dieser Weisen habe ich oft unter ihren Bündeln beinahe zusammensinken sehen, wie dies bei Hausierern in England wohl der Fall ist. Wenn sie sich in den Straßen begegneten, legten sie ihre Last nieder, öffneten ihre Säcke und hielten ein stundenlanges Gespräch; alsdann füllten sie ihren Behälter aufs neue, halfen sich einander die Last wieder auf den Rücken zu nehmen und empfahlen sich.

Für ein kurzes Gespräch mag jeder seinen Bedarf in der Tasche oder unter dem Arm tragen, weil ihm weniger genügt. Zu Hause aber kann niemand in Verlegenheit kommen. Deshalb ist ein Zimmer, wo eine in dieser Kunst gewandte Gesellschaft zusammenkommt, mit allen Dingen angefüllt, griffbereit, um Stoff zu einem solchen künstlichen Gespräch darzubieten. Ein anderer Vorteil, welcher sich aus dieser Erfindung ergeben muß, besteht darin, daß sie für eine allgemeine Sprache brauchbar wäre, die man bei allen zivilisierten Nationen verstände, bei denen Güter und Gerät sich gleichen oder fast ähneln, so daß ihre Benutzung leicht verstanden werden kann. So könnten Gesandte mit fremden Fürsten oder Staatsmännern leicht verhandeln, obgleich sie deren Sprache nicht verstünden.»

Der Lernweg Handeln

Bei weitem der anschaulichste Lernweg ist das Handeln, denn dabei sind fast alle Sinne mitbeteiligt: außer Sehen und Hören auch das Fühlen und die Bewegungssinne, also die Wahrnehmung der eigenen Körperbewegungen. Handeln erfordert von allen Lernwegen allerdings die größte eigene Aktivität. Überall dort ist Handeln jedoch unerläßlich, wo Handlungsabläufe gelernt werden müssen.

Skifahren kann man auch mit einem noch so guten Lehrbuch oder durch einen perfekten Demonstrationsfilm nicht lernen. Dazu muß man sich schon selbst auf die Bretter stellen und üben.

Von den Lernwegen Hören – zu Lesen – zu Sehen – zu Handeln nimmt also die Anschaulichkeit stetig zu. Allerdings steigt der Aufwand der einzelnen Lernwege im gleichen Maße.

Je anschaulicher der Lernweg allerdings ist, um so leichter lernt man. Das heißt also für unser Lernen: *Lernstoff anschaulich machen.*

Während sich die psychologische Forschung sehr ausführlich mit den verschiedenen Arten und mit den unterschiedlichen Motiven des Lernens beschäftigt hat, ist der Bereich, den wir Lernwege genannt haben, nur relativ wenig bearbeitet. Zwar gibt es eine große Zahl einzelner Befunde, z. B. über Detailprobleme des Lernens durch eigenes Handeln oder spezielle Untersuchungen über die visuelle oder akustische Wahrnehmung unter den verschiedensten Bedingungen.

Übergreifende Theorien aus dem Bereich der Lernwege – oder, wie man wissenschaftlich etwa sagen würde, der Informationskanäle bei Lernprozessen – sind noch kaum vorhanden. Hier liegt ein weites Aufgabengebiet für einige noch junge Bereiche der Psychologie: der Informationspsychologie z. B. im theoretischen Grundlagenbereich, der Mediendidaktik als Teilgebiet der pädagogischen Psychologie z. B. in der Anwendungsforschung.

Informationspsychologische Überlegungen liegen auch unserer Einteilung der 4 Lernwege: «Hören», «Lesen», «Sehen»,

«Handeln» zugrunde. Diese Überlegungen sollen hier kurz angedeutet werden.

Der Informationszufluß «Hören» ist dadurch gekennzeichnet, daß die Informationsaufnahme nur in der vorgegebenen Abfolge und Geschwindigkeit des Sprachmediums (des Sprechers, des Radiogerätes, des Tonbandgerätes usw.) erfolgen kann. Da der Informationsempfänger, der Lernende also, Abfolge und Geschwindigkeit dieses Informationszuflusses nicht beeinflussen kann, ist für ihn also kein «Freiheitsgrad» vorhanden.

Der Informationszufluß «Lesen» ermöglicht es im Gegensatz dazu dem Lernenden, die Geschwindigkeit der Informationsaufnahme selbst zu bestimmen. «Lesen» eröffnet ihm außerdem eine Bewegungsmöglichkeit durch Vor- und Zurückspringen im Textablauf. Wir können also von «1 Freiheitsgrad» bei der Informationsaufnahme sprechen.

Betrachten wir das «Sehen» unter diesem Gesichtspunkt, so finden wir «2 Freiheitsgrade». Zusätzlich zur Bewegungsdimension des «Vor- und Zurück», was in unserer Schrift «waagerecht» bedeutet, (in der chinesischen Schrift wäre das senkrecht, da dort ja von oben nach unten geschrieben wird), tritt hier die weitere Dimension der Fläche hinzu, bei uns also die senkrechte Bewegungsmöglichkeit.

Während eine Beschreibung eines komplexen Ablaufes nur eine festgelegte «Lesereihenfolge» zuläßt, kann ein Schema des gleichen Ablaufes in den verschiedensten «Reihenfolgen», unter verschiedenen Aspekten betrachtet werden. Der dadurch entstehende Zuwachs an Anschaulichkeit wird schnell klar, wenn Sie die Beschreibung eines Weges im Vergleich setzen mit einer entsprechenden Kartenskizze. Der Lernweg «Handeln» schließlich ist charakterisiert durch eine weitere Dimension: Die räumliche Komponente tritt hinzu, «3 Freiheitsgrade» sind dadurch vorhanden. Der Lernende bewegt sich dabei nicht nur körperlich in den Raumdimensionen Höhe, Breite und Tiefe, diese Dimensionen stehen ihm auch in seinem Gedächtnis zur Einordnung und Strukturierung des Lernstoffes zur Verfügung.

Unter dieser Betrachtungsweise sehen wir, daß «Anschaulichkeit» gleichzusetzen ist mit den «Freiheitsgraden», die dem Lernenden zur Verfügung stehen.

Gibt es Lerntypen?

In vielen Büchern über geistige Arbeit liest man eine Menge über die sogenannten Lerntypen. Danach erfolgt eine Einteilung nach «visuellen Typen», das heißt Menschen, die nur durch Sehen, oder «akustische Typen», die nur durch Hören, und schließlich «motorische Typen», die nur durch Handeln lernen können. Das würde aber bedeuten, daß Skifahren der eine durch Hören lernt, der andere durch Sehen, der dritte durch Handeln. Das stimmt natürlich nicht, denn kein Mensch lernt Skifahren ohne zu handeln. Genauso lernt kein Mensch Landkartenlesen ohne zu sehen.

Deshalb: Angeborene Lerntypen, die bevorzugt auf einem bestimmten Lernweg lernen, egal, um welchen Lernstoff es sich handelt, gibt es nicht. Sicher, ein Student, der jahrelang Bücher vor der Nase hat, ist geübter im Lernen durch Lesen. Ein Automechaniker dagegen, der dauernd lernt, verschiedene Störgeräusche zu unterscheiden, hat besonders viel Übung im Lernen durch Hören. Man kann sich also an bestimmte Lernwege gewöhnen. Aber das ist sicher nicht so bedeutsam. Viel wichtiger ist es, daß man den Lernweg wählt, der dem Lernstoff angemessen ist.

Sonst muß man viel zu viel Mühe aufwenden, um zum Lernziel zu kommen.

Der beste Lernweg lohnt oft nicht

Noch ein wichtiger Grundsatz:

Die einzelnen Lernwege sind mit verschieden hohem Aufwand verbunden. In vielen Fällen wäre Handeln der anschaulichste und beste Lernweg, aber auch der aufwendigste. Oft steht dieser Aufwand in keinem Verhältnis zum Erfolg.

Ein Beispiel:

Damit der Käufer eines neuen Radios lernt, wie er sein Gerät bedienen muß, könnte natürlich der Verkäufer mit ihm alle Bedienungsgriffe trainieren. Der Käufer würde also durch Handeln lernen. Es wäre jedoch viel zu teuer, das bei allen Radiogeräten zu tun. Also legt man eine schriftliche Gebrauchsanweisung bei. Das Lernen durch Lesen ist in diesem Fall der zweitbeste, aber sehr viel weniger aufwendige Lernweg.

Der Aufwand eines Lernweges muß dem erreichbaren Nutzen angemessen sein.

Je mehr, desto besser

Wir hatten bisher noch nicht gesagt, daß man für ein Lernziel mehrere Lernwege nebeneinander benutzen kann. Das OHMsche Gesetz der Elektrizitätslehre kann man beispielsweise durch eine Vorlesung lernen, also durch Hören. Man kann aber auch den Stoff zu Hause nachlesen (Lernweg Lesen), und die Regeln kann man sich an einem Schaltschema veranschaulichen (Lernweg Sehen). Und schließlich kann man mit einer Taschenlampenbatterie, mit einigen Widerständen und einem Meßinstrument selbst in Versuchen die Regel überprüfen: also durch Handeln.

Zusammenfassung

Hören

Wichtig ist hier vor allem der Lernweg: Hören von Sprache. Sprache ist ein einfaches Mittel, einander Dinge mitzuteilen. Ihr Vorteil ist der geringe Aufwand. Ihr Nachteil, daß sie unanschaulich ist und sich sofort verflüchtigt.

Lesen

Schrift ist festgehaltene Sprache, sie verflüchtigt sich nicht. Mit der Sprache hat sie den Vorteil des geringen Aufwandes, aber auch den Nachteil der geringen Anschaulichkeit gemeinsam.

Sehen

Vorteil des Lernweges Sehen ist die unmittelbare Anschaulichkeit (Verständlichkeit von Symbolen). Allerdings sind abstrakte Begriffe nicht darstellbar, außerdem sind Abbildungen deutlich aufwendiger als Sprache oder Schrift.

Handeln

Handeln ist der anschaulichste Lernweg. Dabei sind fast alle unsere Sinne beteiligt. Außer Sehen und Hören vor allem auch Fühlen und unsere Bewegungssinne. Handeln erfordert allerdings auch die größte eigene Aktivität und es ist zeitaufwendig. Jedoch ist dieser Lernweg dort unerläßlich, wo Handlungsabläufe erlernt werden müssen.

Lerntypen

In vielen Büchern über geistige Arbeit ist von «akustischen, visuellen und motorischen Lerntypen» die Rede. Angeborene Lerntypen, die bevorzugt auf einem bestimmten Lernweg lernen, egal um welchen Lernstoff es sich handelt, gibt es jedoch nicht. Jeder hat jedoch, je nach seinen bisherigen Lernerfahrungen, mehr oder weniger Übung mit den unterschiedlichen Lernwegen.

Aufwand – Nutzen – Verhältnis

Auch für Lernwege gilt: Der Aufwand muß dem erreichbaren Nutzen angemessen sein. So ist der prinzipiell beste Lernweg in vielen Situationen nicht immer auch der günstigste.

Trainingsvorschlag

Wir haben einen kleinen Versuch mit Ihnen vor, den wir später zusammen mit Ihnen analysieren wollen.

Es ist wichtig, daß Sie vorerst den Versuchszweck noch nicht kennen, das würde sonst die Ergebnisse völlig verfälschen.

Sie müssen uns also vertrauen und erst einmal nur unsere Anweisungen befolgen.

Zu diesem Versuch brauchen Sie ein leeres Blatt Papier.

Legen Sie dieses Blatt vor sich auf den Tisch und nehmen Sie sich einen gespitzten Bleistift. Sehen Sie auf die Uhr. Machen Sie nun 15 Minuten lang kleine Striche.

Tun Sie das in dem Tempo, das Ihnen am angenehmsten ist. Beobachten Sie sich dabei genau. Aber hören Sie bitte nicht auf, bevor die 15 Minuten vergangen sind.

Viel Spaß dabei!

Hören und Sehen, Lesen und Handeln

Die vier Lernwege Hören, Lesen, Sehen und Handeln können wir uns als Zuflüsse zu unserem Gehirn, also als Kanäle, auf denen die Informationen in unser Gedächtnis gelangen können, vorstellen.

Wie ungestört und leistungsfähig diese Kanäle sind, hängt davon ab, wie gut gelernt werden kann.

Wovon hängt die Güte dieser Kanäle ab?

Davon, wie genau und scharf sie auf den Lernstoff gerichtet sind, also von der «Konzentration».

Können Sie sich konzentrieren?

Sich zu konzentrieren ist zu Beginn ganz einfach. Je länger man die Konzentration jedoch aufrecht erhält, um so stärker ermüdet der entsprechende Kanal, er beginnt «auszufransen» und auf andere Gegenstände abzuschweifen.

Man muß also den Kanal mit wachsender Anstrengung zusammenhalten und auf das Lernmaterial bündeln. Diese Konzentration erfordert dann bald viel Energie und Aufwand. Und diese Energie fehlt uns natürlich beim eigentlichen Lernen.

Wie schnell unsere Lernkanäle ermüden, wollen wir Ihnen jetzt an einem kleinen Versuch beweisen. Sie werden sehen, daß es Ihnen nur sehr, sehr kurze Zeit möglich ist, sich mit einem Kanal, dem Sehen in diesem Fall, auf eine einzige Sache zu konzentrieren.

Auch noch so große Willensanstrengung wird kaum etwas daran ändern.

Dazu finden Sie auf der nächsten Seite einen Punkt. Konzentrieren Sie Ihr Sehen nur auf diesen Punkt und lassen Sie sich von anderen Dingen nicht ablenken. Versuchen Sie, sich rund 30 Sekunden lang zu konzentrieren. Am besten zählen Sie dabei still von 20 bis 50. Blättern Sie also um und fangen Sie an.

Vielen Dank. Sie haben sich doch nur auf den Punkt konzentriert? Sie dürften also gar nicht wissen, was auf der Seite sonst noch stand. Oder haben Sie es doch bemerkt?

Sie haben also an diesem Versuch selbst erlebt, daß man sich nur sehr kurze Zeit, wenige Sekunden lang, auf einen Lernkanal genau konzentrieren kann. Auch noch so große Willensanstrengung kann die Ermüdung und das Abschweifen nicht verhindern.

Konzentration durch Abwechslung

Es ist deshalb besser, unter mehreren Kanälen abzuwechseln. Zum Beispiel zuerst einen Abschnitt aus einem Lehrbuch durchzulesen (Kanal Lesen), ihn dann laut zu wiederholen (Kanal Hören) und schließlich die wichtigsten Sätze noch aufzuschreiben (Kanal Handeln).

In diesem Beispiel wird kein Kanal, kein Lernweg längere Zeit benutzt. Kein Kanal wird so stark ermüden, das heißt keiner wird abschweifen oder ausfransen. Wenn man also mehrere Lernwege sinnvoll abwechselt, wird man sich mit weniger Mühe besser konzentrieren können.

Das Lernen wird damit effektvoller und weniger mühsam.

Als Regel: *Mehrere Lernwege abwechseln.*

Die Lehren des Strichelversuches

Die Ermüdung eines Kanals und damit die Konzentrationsanstrengung ist dann besonders groß, wenn es sich um sehr gleichförmige und auch geistig nicht sonderlich anspruchsvolle Tätigkeiten handelt. Man spricht in diesem Fall von Monotonie. Im letzten Trainingsvorschlag haben wir Sie gebeten, 15 Minuten lang nur Striche auf ein Blatt Papier zu machen. Das war ein extremes Beispiel für Monotonie. Was geschieht dabei?

Hier zeigen wir Ihnen ein typisches Ergebnis. Vergleichen Sie Ihr Blatt einmal mit Abbildung 17.

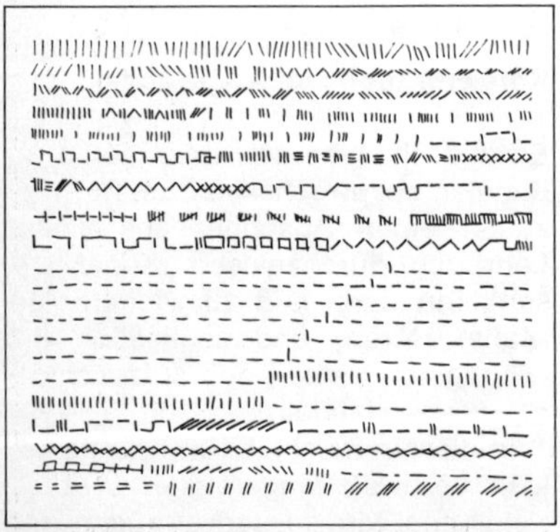

Die Monotonie ist darauf zurückzuführen, daß zu wenig Neues und Interessantes geschieht. Was kann man dagegen tun? Erhöhte Konzentrationsanstrengung hat sicher keinen Sinn. Der Versuch demonstriert uns, wie man sich helfen kann:

Möglichst Abwechslung in die monotone Tätigkeit bringen, und sei es auch nur dadurch, daß, wie in unserem Beispiel, die Striche ein bißchen anders, kürzer oder länger, schräger oder gerade gemacht werden. Denken Sie an den *Aufforderungscharakter.* Wenn Sie es beim Lernen mit monotonen Tätigkeiten zu tun haben, benutzen Sie zum Beispiel einmal einen Kugelschreiber, ein andermal einen Bleistift, wechseln Sie die Papierformate oder unterstreichen Sie mit verschiedenen Farben.

Suchen Sie sich zwischendurch einen anderen Arbeitsplatz.

Versuchen Sie einmal, beim Herumgehen zu lernen. Hören Sie im Hintergrund Unterhaltungsmusik.

Wichtig ist nur, daß Sie bei solchen monotonen Lerninhalten die Bedingungen und Methoden möglichst abwechslungsreich und interessant gestalten.

Abb. 17

Trainingsfeld «Konzentrationsversuch»

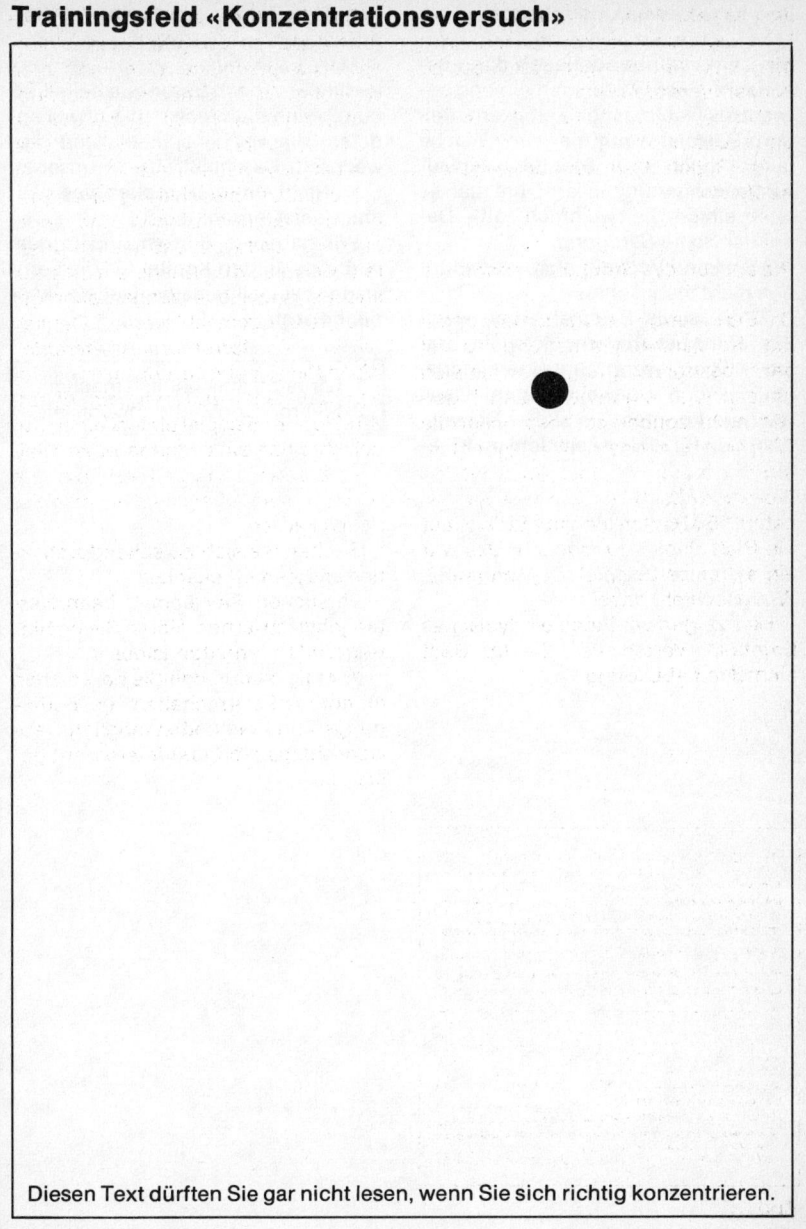

Diesen Text dürften Sie gar nicht lesen, wenn Sie sich richtig konzentrieren.

Damit man es nicht satt bekommt

Ein Lernweg ermüdet auch dann besonders rasch, wenn man ein eng begrenztes Gebiet lange Zeit bearbeitet. Zum Beispiel wenn man eine Woche lang täglich drei Stunden Verwaltungsbestimmungen lernt, hat man es nach einiger Zeit «einfach satt». Daher der Name *Sättigung*.

Man kann Verwaltungsbestimmungen nicht mehr sehen.

Ein anderes Beispiel: Auch wenn Sie für Ihr Leben gerne Schweinebraten mögen, wenn Sie einen Monat läng täglich Schweinebraten essen müßten, könnten Sie sicher Schweinebraten für einige Zeit nicht mehr sehen. Er würde Ihnen zum Halse heraushängen.

Man kann eine solche Sättigung verhindern (beim Essen wie beim Lernen), wenn man rechtzeitig etwas anderes dazwischenschiebt und abwechselt. Das heißt also in unserem Fall: Nicht ununterbrochen das gleiche Gebiet lernen.

Wir haben in diesem und in dem vorhergehenden Kapitel für die Lernwege zwei allgemeine Regeln kennengelernt:

---

1. Lernstoff anschaulich machen,
2. Mehrere Lernwege abwechseln.

Der Französischkurs

Wenden wir nun diese Regeln auf die einzelnen Lernwege an.

Dazu ein konkretes Beispiel:

Sie wollen durch einen Schallplatten- oder einen Tonbandkurs Französisch sprechen lernen, weil Sie im nächsten Urlaub nach Paris fahren wollen. Überlegen Sie sich als Trainingsaufgabe: Wie sollten Sie mit diesen Schallplatten beziehungsweise mit diesen Tonbändern lernen?

Trainingsfeld «Französischkurs»

Entscheiden Sie bei jeder Möglichkeit, ob sie Ihnen richtig oder falsch erscheint. Markieren Sie das mit einem «+»- oder «–»-Zeichen.

☐ 1. Möglichkeit:
Den Kurs wiederholt anhören und versuchen, sich die Worte einzuprägen.

☐ 2. Möglichkeit:
Die Sätze des Kurses anhören, sofort und auch später aus dem Gedächtnis nachsprechen.

☐ 3. Möglichkeit:
Den Kurstext Satz für Satz abschreiben und dann mit dem schriftlichen Text weiterlernen.

Haben Sie sich entschieden? Welche Möglichkeiten sind richtig?

Sie wollen in Paris die Worte verstehen, die Sie von den Franzosen hören. Ohne das wiederholte Anhören, wie in Möglichkeit 1, kommen Sie also nicht aus.

Das allein ist aber zu wenig. Sie wollen ja Französisch nicht nur verstehen, sondern auch selbst sprechen lernen. Und außerdem: Denken Sie an die Regel *Mehrere Lernwege abwechseln.* Das heißt, Sie müssen auch wichtige Teile aus dem Gedächtnis nachsprechen. Durch Nachsprechen handelt man selbst, übt die Aussprache und kann außerdem kontrollieren, ob man etwas richtig mitbekommen hat. Die Möglichkeit 2 ist also die richtige Ergänzung zu Möglichkeit 1.

Die dritte Möglichkeit (Abschreiben und durch Lesen weiterlernen) ist nicht richtig, weil sie den angemessenen Lernweg Hören ausschließt.

Hier also die richtige Lösung:
Möglichkeit 1: +
Möglichkeit 2: +
Möglichkeit 3: –

Ratschläge für Vorträge

Nun noch ein anderes Beispiel für den Lernweg Hören:

Sie hören sich einen Vortrag über die Anwendungsmöglichkeiten der elektronischen Datenverarbeitung an. Die Regel *Wichtiges nachsprechen* ist auch hier ein guter Rat. Zwar kann man in einem Vortragssaal – mitten unter anderen – nicht laut nachsprechen, aber man kann sehr gut wichtige Kernsätze still für sich wiederholen und so die Sätze sich einprägen.

Wichtiges sollte man aber auch mitschreiben, also schriftlich festhalten, damit man es später wiederholen kann.

Allerdings ist es unnötig, den ganzen Vortrag mitzustenografieren, es heißt *Wichtiges mitschreiben.* Das bedeutet, vor allem die Struktur des Vortrages festhalten. Hier geht es ja um Lernen durch Strukturieren. Also die Gliederung mitschreiben, Oberbegriffe, Kernsätze, Regeln und einzelne Stichworte. Bei einem Vortrag können solche wichtigen Dinge natürlich auch Kurven, Schemata oder Abbildungen sein, die man mitzeichnet.

Nur beim Auswendiglernen, beim Lernen durch Verknüpfen muß man alles aufschreiben.

Ein anderer Gesichtspunkt muß auch beachtet werden: Bei den Anwendungen der elektronischen Datenverarbeitung zum Beispiel handelt es sich um anschauliche Dinge und Vorgänge, die der Vortragende mühsam in die unanschauliche Sprache übersetzen mußte. Drehen Sie diesen Weg um. Stellen Sie sich die geschilderten Dinge anschaulich vor und machen Sie sich die Vorgänge bildhaft. Wenn der Vortragende von der Anwendung der Computer bei der Verbrechensbekämpfung spricht, dann stellen Sie sich möglichst bildhaft eine Fahndung vor. In Fernsehkrimis haben Sie das ja oft genug gesehen.

Ein Hilfsmittel, Schilderungen anschaulich zu machen, ist es, geschilderte Handlungen mitzuvollziehen.

Wenn der Referent erzählt: *«Dazu rotiert eine Abdeckscheibe sehr rasch im Uhrzeigersinn, während die Lichtquelle sich seitlich verschiebt»*, dann machen Sie diese Bewegungen ruhig mit den Händen mit.

Fassen wir die Regeln für den Lernweg «Hören» zusammen:

1. Wichtiges nachsprechen,
2. Wichtiges mitschreiben,
3. Geschildertes anschaulich vorstellen.

Lernen mit dem Bastelbuch

Nun zum Lernweg Lesen. Dazu wieder ein Beispiel mit einer Trainingsaufgabe:

Aus einem Bastelbuch wollen Sie lernen, auf welche verschiedenen Arten man Holz miteinander verbinden kann. Entscheiden Sie wieder bei jeder Möglichkeit, ob Sie sie für richtig oder falsch halten.

Trainingsfeld «Bastelbuch»

☐ 1. Möglichkeit:
Den ganzen Text durchlesen und danach die einzelnen Verbindungsarten aus dem Gedächtnis rekonstruieren.

☐ 2. Möglichkeit:
Die wichtigsten Stellen im Text unterstreichen und dadurch hervorheben.

☐ 3. Möglichkeit:
Die einzelnen Verbindungsarten während des Lesens auf ein danebenliegendes Blatt schreiben.

☐ 4. Möglichkeit:
Holz und Werkzeug holen und die einzelnen Verbindungen ausprobieren.

Haben Sie Ihre Entscheidungen wieder getroffen? Was ist richtig?

Bei der 1. Möglichkeit macht man drei Fehler. Erstens versucht man, zuviel auf einmal aufzunehmen, zweitens strukturiert man den Lernstoff nicht und drittens benützt man nur den Lernweg Lesen. Diese Möglichkeit ist also nicht geeignet.

Man strukturiert bereits etwas, wenn man nur wichtige Teile laut liest. Dabei benutzt man auch noch andere Lernwege: *Handeln*, also selbst sprechen, und das Gesprochene *hören*.

Deshalb die Regel: *Wichtiges laut lesen*. Beim laut Lesen haben Sie noch einen anderen Vorteil: Die richtige Betonung strukturiert einen Text und erleichtert dadurch das Verständnis des Inhalts.

Beim Auswendiglernen, zum Beispiel von Vokabeln, ist jedes Wort wichtig. Deshalb liest man am besten alles laut.

Wenn man, wie bei der Möglichkeit 2, wichtige Stellen hervorhebt, dann gliedert man den Text und erleichtert so das Einprägen. Das ist ein gutes Hilfsmittel.

Allerdings, wenn man zuviel unterstreicht, fast jeden Satz, dann wirkt das nicht mehr als Markierung. Mit Unterstreichungen, Anstreichen am Rand, Ausrufezeichen usw. muß man also sparsam umgehen.

Noch wirksamer ist es, wenn man *Wichtiges selbst aufschreibt*, wie bei der Möglichkeit 3.

Dabei muß man selbst handeln, man muß den Text zuerst einmal genau verstanden haben, um entscheiden zu können, was wichtig ist. Solche eigenen Aufzeichnungen sind das beste Hilfsmittel, um umfangreichen Stoff zu lernen. Außerdem erleichtern Aufzeichnungen das Wiederholen erheblich.

Bei unserem Beispiel kann man nicht nur aufschreiben, man kann die einzelnen Holzverbindungen auch mit ein paar Strichen aufzeichnen.

Wenn wir die Holzverbindungen so herausgeschrieben haben, können wir sie auch nach Oberbegriffen ordnen und ein Schema bilden, zum Beispiel wie in Abbildung 18.

Der Lernstoff wird übersichtlich und einprägsam, wenn wir den *Inhalt in ein Schema umsetzen* können.

Eine weitere Regel können wir direkt vom Lernweg Hören übernehmen, denn Schrift ist ja nur festgehaltene Sprache: *Beschriebenes anschaulich vorstellen*.

Noch anschaulicher und einprägsamer ist es natürlich, wenn man die Holzverbindungen selbst ausprobiert, wie in Möglichkeit 4.

Diese Lernmöglichkeit ist zwar die beste, aber gleichzeitig auch bei weitem die aufwendigste. Ob der Lernstoff diesen Aufwand wert ist, muß man je nach Situation selbst entscheiden. Manchmal kann man sich viel Aufwand sparen, wenn man die Handlungen in Gedanken mitvollzieht und sich das *Beschriebene anschaulich vorstellt*. Auch das kann eine Menge helfen.

Fassen wir also die richtigen Lösungen zusammen:

Möglichkeit 1: −
Möglichkeit 2: +
Möglichkeit 3: +
Möglichkeit 4: +

Regeln für den Lernweg Lesen:

1. Wichtiges laut lesen,
2. Text durch Markierungen gliedern,
3. Wichtiges selbst aufschreiben,
4. Inhalt in ein Schema umsetzen,
5. Beschriebenes anschaulich vorstellen.

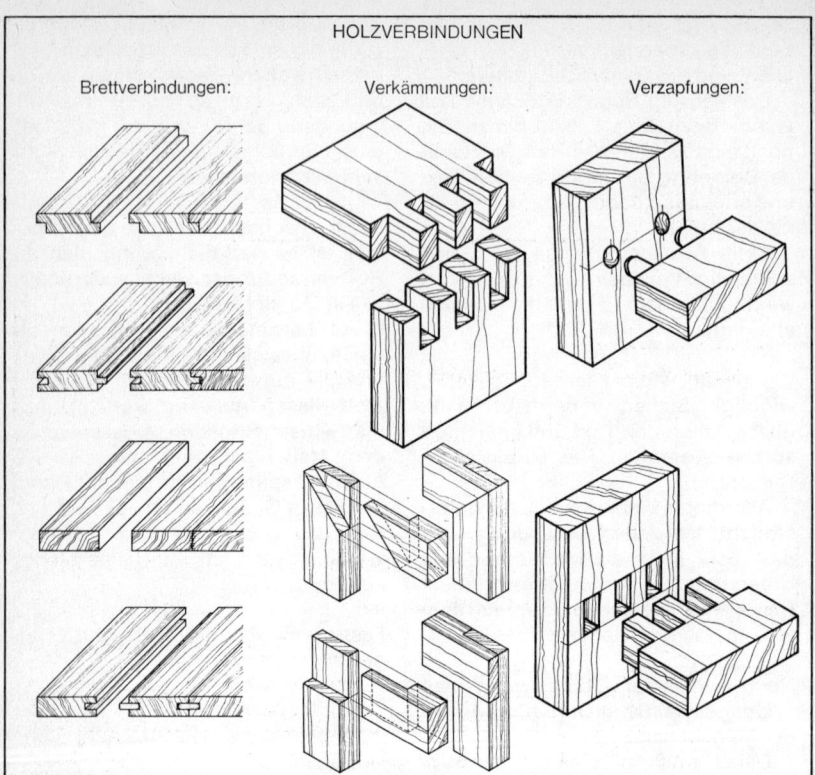

HOLZVERBINDUNGEN

Brettverbindungen: Verkämmungen: Verzapfungen:

Abb. 18

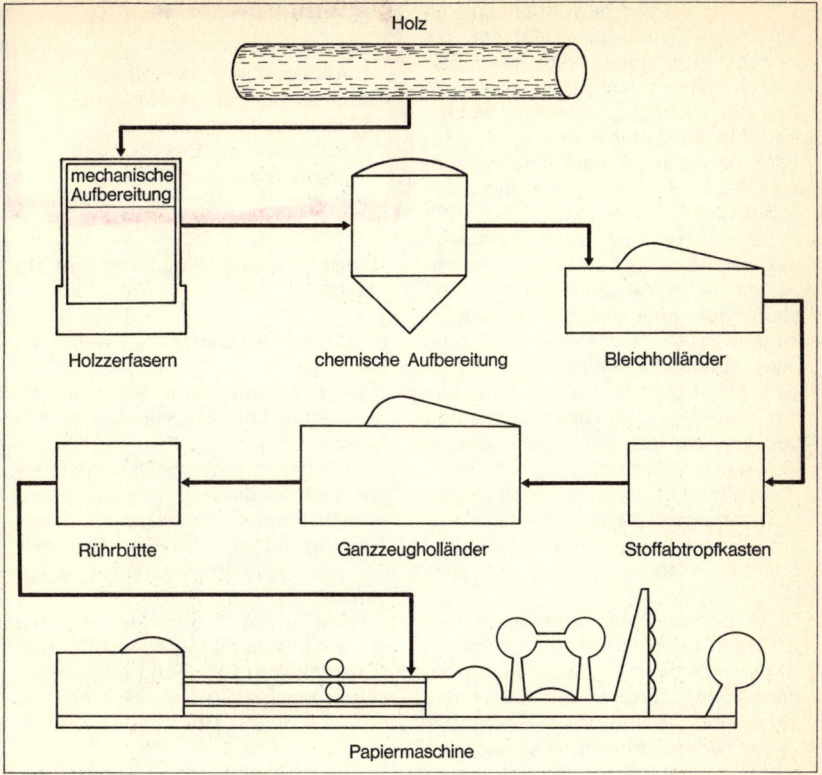

Holz

mechanische
Aufbereitung

Holzzerfasern   chemische Aufbereitung   Bleichholländer

Rührbütte   Ganzzeugholländer   Stoffabtropfkasten

Papiermaschine

Abb. 19

Wie wird Papier gewonnen?

Unser Beispiel für den Lernweg Sehen ist ein Schema der Papiergewinnung.

Wie lernt man hier am besten?

Der angemessene Lernweg ist natürlich Sehen. Er allein reicht jedoch nicht aus.

Es hilft uns weiter, wenn wir die einzelnen Teile des Schemas nicht nur sehen, sondern auch mit Begriffen oder Zeichen beschriften.

Daher die erste Regel: *Abbildungen beschriften.*

Meistens ist so ein Schema schon beschriftet, aber nur sehr knapp. Scheuen Sie sich daher nicht, selbst zusätzliche Bemerkungen und Stichworte dazuzuschreiben.

Ein kompliziertes Schema, wie unser Beispiel, können wir nicht auf einen Blick lernen, wir müssen es daher aufgliedern und strukturieren. Dazu hilft es uns, wenn wir eine feststehende *Lesereihenfolge festlegen.*

Das heißt, wir gewöhnen uns an eine feste Ordnung, in der wir das Schema durchgehen. In unserem Beispiel folgen wir dem zeitlichen Ablauf. An die Ordnung dieses Ablaufes knüpfen wir dadurch in unserem Gedächtnis die einzelnen Teile des Schemas. Es wird zugänglicher und übersichtlicher.

Es gibt natürlich auch Schemata, die keinem zeitlichen oder logischen Ablauf folgen, so zum Beispiel Darstellungen gegenseitiger Abhängigkeiten. In solchen Fällen muß man eine künstliche Reihenfolge festlegen. Meist geht man dabei von links nach rechts und von oben nach unten vor, weil wir das von unserer Schrift her so gewohnt sind.

Es gibt aber durchaus auch andere Darstellungen, die man zum Beispiel am sinnvollsten von innen nach außen oder umgekehrt liest.

Beim Lernen sollte man auch hier nicht nur passiv aufnehmen, sondern selbst aktiv handeln. So, wie man Gehörtes nachspricht und Gelesenes mitschreibt, sollte man *Gesehenes selbst nachzeichnen*. Das Abzeichnen hilft uns, das Schema genau kennenzulernen.

Wertvoll ist auch das Nachzeichnen aus dem Gedächtnis, es dient als Übung und zur Lernkontrolle. Eine Grundregel für alle Lernwege war: *Lernstoff anschaulich machen*.

Beim Sehen heißt das: *Sich das tatsächliche Aussehen vorstellen*.

Wenn man sich das Schema räumlich in den Größenverhältnissen und in seinem Aussehen genau vorstellt, wird man es erheblich leichter lernen. Anschaulicher werden Abbildungen und Schemata auch, wenn man sich die *Bewegungen vorstellt*.

Lassen Sie die Vorgänge wie in einem Film in Ihrer Fantasie ablaufen.

Regeln für den Lernweg Sehen:

1. Abbildungen beschriften,
2. Leserreihenfolge festlegen,
3. Selbst nachzeichnen,
4. Aussehen und Bewegungen vorstellen.

Mit dem Lochkartenlocher auf Du und Du

Und nun als letzter Lernweg: das Handeln.

Unser Beispiel dafür: Sie sollen lernen, einen Lochkartenlocher zu bedienen.

Der Lochkartenlocher ist ein wichtiges Gerät für die elektronische Datenverarbeitung. Sie müssen in dieser Trainingsaufgabe wieder entscheiden, welchen Lernweg man einschlagen soll.

Entscheiden Sie wieder, ob Sie die verschiedenen vorgeschlagenen Möglichkeiten für richtig oder falsch halten. Machen Sie ein « + » oder « − ».

Trainingsfeld «Lochkartenlocher»

☐ 1. Möglichkeit:
Sie üben die einzelnen Handgriffe, bis Sie sie im Schlaf beherrschen.

☐ 2. Möglichkeit:
Sie üben Handlungseinheiten wie «Einlegen der Programmwalze», «Karten doppeln».

☐ 3. Möglichkeit:
Sie lassen sich die technische Funktionsweise der Maschine genau erklären.

☐ 4. Möglichkeit:
Sie sehen einer Locherin bei der Arbeit zu.

☐ 5. Möglichkeit:
Sie nehmen sich das Bedienungshandbuch mit und lernen es zu Hause auswendig.

Sind Sie mit der Aufgabe fertig? Dann vergleichen Sie Ihre Lösungen. Was ist richtig?

Um eine Handlung zu lernen, muß man selbst die Handlung üben. Daher kann jemandem die Möglichkeit 5, das Bedienungsbuch auswendig zu lernen, nur wenig nützen. Auf jeden Fall lohnt sich der große Aufwand nicht.

Allerdings ist es auch wenig sinnvoll, die einzelnen Handgriffe, intensiv zu üben, wie in Möglichkeit 1.

Schon in der 4. Folge haben Sie gelernt, daß man sinnvolle Handlungseinheiten üben muß, um die Bildung von Blöcken zu fördern. Und nur mit solchen Blöcken, die automatisch ablaufen, können Sie schnell, sicher und ohne langes Überlegen arbeiten. Denken Sie an das Einparken des Autos.

Daher: *Sinnvolle Einheiten erkennen und üben.*

Genau das wird in Möglichkeit 2 getan: Einlegen der Programmwalze, Karten doppeln usw.

Das sind sinnvolle Handlungseinheiten. Solche *Einheiten* sollte man *benennen*, damit man Bezeichnungen hat, unter denen man sie sich im Gedächtnis einprägen kann.

Wenn Sie sich – wie in Möglichkeit 3 – die technische Funktionsweise genau erklären lassen, erfahren Sie, warum Sie was in welcher Reihenfolge tun müssen. Sie lernen also die logischen Zusammenhänge kennen. Bei komplizierten Handlungen erleichtert das oft das Lernen. Die Möglichkeit 3 ist also nützlich.

Allerdings ist sie nicht unbedingt eine notwendige Voraussetzung. Man muß also überlegen: Wie lange brauche ich, um den logischen Ablauf verstehen zu können? Lohnt sich dieser Aufwand? Wenn sie nur lernen wollen, wie man Lochkarten locht, wäre es sicher ein unnützer Aufwand, das ganze Schaltschema durchzuarbeiten.

Um beim Auto schalten zu lernen, muß man nicht unbedingt die Funktionsweise des Getriebes verstanden haben. Wichtig ist nur, daß man die Handlungen beim Lernen in ein Schema einordnen kann, zum Beispiel in das «H-Schema» der Autoschaltung. Daher als Regel: *Abläufe in ein Schema einordnen.* Bei diesem Einordnen hilft es oft, wenn man die Abläufe logisch durchdenkt.

Nutzt es uns etwas, wenn wir einer Locherin zusehen, wie bei Möglichkeit 4?

Ja. Wissenschaftliche Untersuchungen haben bestätigt: Wenn man anderen bei Handlungen aufmerksam zusieht, lernt man fast soviel wie beim eigenen Üben.

Man sollte also beim Lernen von Handlungsabläufen häufiger *anderen aufmerksam zusehen* und sich einen Handlungsablauf genau demonstrieren lassen.

Noch eine interessante Erkenntnis: Man lernt schneller, wenn man *Handlungsabläufe* auch *in der Vorstellung* durchspielt und *übt.*

Also beispielsweise in der Fantasie das Einlegen der Programmwalze üben. Diesen Vorgang kann man zum Beispiel vor dem Einschlafen oder auch in der Straßenbahn durchspielen.

Und nun wieder die Zusammenfassung der richtigen Lösungen:
Möglichkeit 1: —
Möglichkeit 2: +
Möglichkeit 3: +
Möglichkeit 4: +
Möglichkeit 5: —

Regeln für den Lernweg Handeln

---

1. Sinnvolle Einheiten erkennen und üben,
2. Die Handlungseinheiten benennen,
3. Abläufe in ein Schema einordnen (Abläufe logisch durchdenken),
4. Anderen zusehen,
5. Handlungen in der Vorstellung üben.

Damit haben wir die konkreten Regeln für alle 4 Lernwege kennengelernt.

Zusammenfassung

Zuflußkanäle

Die einzelnen Lernwege stellen die Zuflußkanäle zu unserem Gehirn dar. Ihre Güte und Leistungsfähigkeit beeinflussen die Qualität des Lernens erheblich.

Konzentration

Die Bündelung eines Kanals auf einen bestimmten Lernstoff nennt man Konzentration. Lernkanäle ermüden sehr rasch, wenn sie ohne Pause auf einen engen Bereich gebündelt werden. Es steigt dann die Anstrengung, die gebraucht wird, um sich zu konzentrieren, sehr schnell an. Daher kann man die Konzentration beim Lernen kaum durch erhöhte Willensanstrengung steigern. Durch das Abwechseln verschiedener Lernkanäle dagegen wird kein Kanal längere Zeit ununterbrochen benutzt. Die Ermüdung bleibt gering und die Konzentration erfordert weniger Aufwand.

Monotonie

Lernkanäle ermüden besonders rasch, wenn der Lernstoff sehr gleichförmig und geistig nicht besonders anspruchsvoll ist. Man spricht dann von Monotonie. Als Gegenmaßnahme sollte man die Randbedingungen des Lernens möglichst abwechslungsreich und attraktiv gestalten.

Sättigung

Lernkanäle ermüden auch dann besonders rasch, wenn lange Zeit hindurch nur ein eng begrenztes Gebiet bearbeitet wird. Man spricht in diesem Fall von Sättigung.

Abhilfe schafft hier das rechtzeitige Dazwischenschieben andersartiger Tätigkeiten.

Der Lernquader

Mit Kapitel 9 haben wir unsere Theorie des Lernens abgeschlossen.

Fassen wir noch einmal kurz zusammen, was wir in den ersten 9 Kapiteln dieses Buches kennengelernt haben.

Wir haben gezeigt, daß es zwei grundlegende Lernarten gibt.

Einmal das mechanische Lernen durch Üben und Wiederholen: *Lernart Verknüpfen*,

zum anderen das Lernen durch Gliedern, Nachdenken, Verstehen: *Lernart Strukturieren*.

Lernen unterscheidet sich aber auch durch die verschiedenen Lerngründe.

Lernmotive können von außen kommen: *materielle Lerngründe* wie Strafe, Belohnung, Erfolg oder Mißerfolg. Oder andere Menschen können der Grund für unser Lernen sein: *Soziale Lerngründe* wie Wettbewerb, Gruppennormen, Gruppengefühl.

Und schließlich kann ein *interner Lerngrund* aus unserer eigenen Person kommen: Aufforderungscharakter einer Sache, Funktionslust, Neugierde, Vollendungsdrang, geistiger Grundzustand.

Jedes Lernen hat noch eine dritte Dimension: Der Weg, auf dem wir lernen. Die vier verschiedenen Lernwege *Hören, Lesen, Sehen* und *Handeln* haben wir gerade als letztes ausführlich kennengelernt.

Was ist ein Lerntyp?

Sie sehen also an dem Quader, daß jeder Lernvorgang drei Seiten hat:
Die Lernart,
den Lerngrund,
den Lernweg.

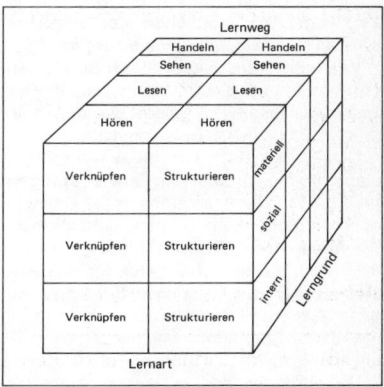

Abb. 20

Durch Kombination ergeben sich 2 × 3 × 4 = 24 verschiedene Typen von Lernvorgängen.

Jedes Kästchen dieses Quaders stellt einen Lerntyp dar.

109

Wir haben festgestellt, daß beim Lernen drei Dinge eine wesentliche Rolle spielen:
der Lerngrund,
die Lernart,
der Lernweg.

Durch diese drei Dimensionen, wie man in der Psychologie sagen würde, läßt sich jeder Lernvorgang zufriedenstellend charakterisieren.

Da wir zunächst nur drei Dimensionen haben, ist es möglich, alle denkbaren Lernvorgänge räumlich einzuordnen (da auch der Raum drei Dimensionen hat).

Das Ergebnis dieser Veranschaulichung ist unser Lernquader. Jeder Teil dieses Quaders entspricht notwendigerweise einem bestimmten Lerngrund, einer bestimmten Lernart und einem bestimmten Lernweg. Alle möglichen Lernvorgänge können so erfaßt und eingeordnet werden.

Wir haben uns bisher aber nur mit den Lernvorgängen systematisch befaßt. Der Lernstoff, also was gelernt werden soll, tauchte dabei nur in Beispielen auf.

Dieser Lernstoff wäre eine weitere Dimension, die wir unserem Quader anfügen müßten. Ein vierdimensionales Gebilde wäre aber nicht mehr zu veranschaulichen. Wir haben uns daher entschlossen, in späteren Kapiteln einfach die wichtigsten Lernstoffe, die für das Lernen von Erwachsenen bedeutsam sind, herauszugreifen und uns jeweils zu überlegen, welche Lerntechnik am ehesten zum Ziel führen wird.

Die vierte Dimension unseres Problems wird also in ihre einzelnen Abschnitte zerlegt. Jeder Abschnitt wird getrennt besprochen, das heißt zum Lernquader in Beziehung gesetzt.

Sehen wir uns das am Schulbeispiel aus dem ersten Kapitel an:
«*Wir lernen heute –*
Ruhe da hinten, Krause, schwätze nicht – alle Gase dehnen sich bei Erwärmung aus.
Sprecht mir nach: Alle Gase dehnen sich bei Erwärmung aus.
Noch einmal – Müller, schau nicht schon wieder zu deinem Nachbarn –
und wieder alle im Chor:
Alle Gase dehnen sich bei Erwärmung aus.»

Zu welchem Typ gehört diese Art von Lernen? Es wird durch mechanisches Wiederholen gelernt, die Lernart ist also: *Verknüpfen.*

Die Schüler lernen aus Angst vor dem Rohrstock: *materieller Lerngrund.*

Und schließlich wird das gelernt, was der Lehrer vorsagt: *Lernweg Hören.*

Wir müssen nur den entsprechenden Lerntyp aus unserem Quader auswählen:
Verknüpfen,
materieller Lerngrund,
Hören,
und damit finden wir auch die speziellen Lernregeln für unser Lernproblem.

Allerdings wissen wir, daß es alles andere als ideal ist, Regeln wie «Alle Gase dehnen sich bei Erwärmung aus» nur durch Verknüpfen auswendig zu lernen. Angemessen ist *Lernen durch Strukturieren.* Genauso ist die Angst vor Strafe kein idealer Lerngrund.

Es ist besser, wenn man aus Interesse an der Sache lernt: *interner Lerngrund.*

Und schließlich ist der Lernweg *Handeln* bei diesem Beispiel sicher am effektvollsten.

Die Lerntyp entspricht der modernen Art, solche physikalischen Regeln zu lernen.

Wozu ist der Lernquader gut?

Mit dem Lernquader finden wir auch hier sofort alle zugehörigen Lernregeln.

Sie sehen also: Mit Hilfe dieses Lernquaders können wir jeden beliebigen Lernvorgang einfach analysieren. Gleichzeitig finden wir damit die speziellen Regeln für diesen Typ von Lernen.

Sie haben jetzt nur noch die Aufgabe, diese Regeln auf Ihre individuellen Situationen umzusetzen.

Also zum Beispiel aus der allgemeinen Regel *Lernstoff aufteilen* den konkreten Rat abzuleiten: *Nur eine halbe Seite aus diesem Lehrbuch auf einmal durcharbeiten.*

Wie dieses Umsetzen in die individuelle Situation geschieht, wollen wir Ihnen in den Kapiteln 14–17 an konkreten Lernproblemen zeigen. Dafür haben wir 4 Lernende gesucht, deren Probleme uns typisch erscheinen.

Wir werden die Beispiele, zusammen mit Ihnen, anhand unseres Lernquaders analysieren, die entsprechenden Regeln ableiten und diese in praktische Ratschläge umsetzen.

Viele dieser Ratschläge werden Sie direkt auf Ihre Situation übertragen können.

Viel wichtiger ist aber: Sie können dadurch lernen, selbst individuelle Ratschläge für beliebige Lernprobleme abzuleiten.

Zusammenfassung

Der Lernquader
Bei Lernvorgängen kann man drei verschiedene Dimensionen unterscheiden:

1. *Lernart:* Lernen durch Verknüpfen, durch Strukturieren.

2. *Lerngrund:* materiell, sozial, intern.

3. *Lernweg:* hören, lesen, sehen, handeln.

Wir haben dieses System durch einen Quader symbolisiert. Er besteht aus $2 \times 3 \times 4 = 24$ verschiedenen Lerntypen. Wir können jeden beliebigen Lernvorgang einem dieser 24 verschiedenen Typen zuordnen.

Anwendung des Lernquaders
Wenn man festgestellt hat, zu welchem Typ ein Lernvorgang gehört, so kann man auch die Regeln heraussuchen, die den drei Dimensionen des jeweiligen Lerntyps entsprechen. So können die Lerntechniken jeder individuellen Lernsituation angepaßt werden.

11

Was Hänschen nicht lernt . . .

Ein ganz schön falsches Sprichwort

«Was Hänschen nicht lernt, lernt Hans nimmermehr»
ist ein verbreitetes Sprichwort über das Lernen. Vielleicht haben Sie es selbst schon benutzt.

Mit diesem Kapitel wollen wir beweisen, daß dieses Sprichwort falsch ist. Ganz wörtlich genommen besagt es: Nur Hänschen kann etwas lernen, Hans nicht mehr.

Erwachsene können nichts Neues mehr hinzulernen? Das ist offensichtlich falsch. Sie selbst sind hoffentlich – nachdem Sie dieses Buch durchgearbeitet haben – ein Beispiel dafür, daß Erwachsene noch manches dazulernen können.

Aber ganz so einfach wollen wir es uns nicht machen. Verstehen wir das Sprichwort sinngemäß, so wie es meist angewandt wird, dann bedeutet es doch zumindest:

Ein Kind lernt erheblich besser als ein Erwachsener. Wie stehen Sie zu dieser Behauptung?

Wir haben hier verschiedene Aussagen aufgeführt. Kreuzen Sie diejenigen Aussagen an, die Ihrer Meinung nach richtig sind.

Trainingsfeld «Lernfähigkeit»

☐ 1. Kinder lernen generell besser als Erwachsene.

☐ 2. Grundlegende Fähigkeiten kann man nur in der Jugend erwerben.

☐ 3. Erwachsene sind beim Lernen Kindern und Jugendlichen in vielen Bereichen überlegen.

☐ 4. Kinder haben ein besseres Gedächtnis als Erwachsene.

Untersuchen wir diese Aussagen nun:

Was kein Kind lernen kann

1. Aussage:
«Kinder lernen generell besser als Erwachsene», das kann nicht stimmen, denn vieles wird nur von Erwachsenen gelernt, und nicht von Kindern. Einfach weil Kinder nicht die notwendigen Voraussetzungen mitbringen und auch nicht mitbringen können. Denken Sie ans Autofahren. Hier ist sogar gesetzlich ein Mindestalter von 18 Jahren vorgeschrieben. Denken Sie ans Fliegen. Auch um fliegen lernen zu können, ist ein Mindestalter festgesetzt, weil bestimmte körperliche und geistige Voraussetzungen dafür notwendig sind.

Denn bevor man solch komplizierte Vorgänge lernen kann, muß vorher erst vieles andere gelernt sein.

Ein Chirurg kann erst komplizierte Operationstechniken lernen, nachdem er ein mindestens sechsjähriges Medizinstudium abgeschlossen hat.

Und das, was man heute Führungsverhalten nennt – also den richtigen Umgang mit Menschen, das Anleiten und Führen anderer und die Menschenkenntnis –, lernt man nicht als Kind und selten in jungen Jahren, hier spielt oft jahrzehntelange Erfahrung eine entscheidende Rolle.

Es gibt also vieles, das nur Erwachsene lernen können, da nur sie die notwendigen Erfahrungen und das erforderliche Grundwissen mitbringen.

2. Aussage:
«Grundlegende Fähigkeiten kann man nur in der Jugend richtig erwerben.»

Solche grundlegenden Fähigkeiten sind sicher Lesen und Schreiben.

In den Entwicklungsländern zeigen uns jedoch Millionen von Menschen, daß auch Erwachsene mit Erfolg lesen und schreiben lernen können, oft sogar viel schneller als Schulkinder.

Auch bei uns holen viele Erwachsene in Abendschulen das nach, was normalerweise von Schulkindern gelernt wird.

Wenn Erwachsene die Mittlere Reife oder das Abitur nachholen, lernen sie dabei keineswegs schlechter oder langsamer als Schüler. Im Gegenteil: In kurzer Zeit erreichen Abendschüler in der Regel das Abitur. Dabei ist vor allem zu beachten: Während Schüler nur die Schule besuchen, leisten Abendschüler diese Arbeit neben ihrem Beruf.

Ja, mach' nur einen Plan

3. Aussage:
«Erwachsene sind beim Lernen Kindern und Jugendlichen in vielen Bereichen überlegen.»

Diese Aussage stimmt. Untersuchen wir einmal mit Hilfe des Lernquaders, bei welchen Lerntypen Erwachsene Kindern und Jugendlichen überlegen sind.

Fangen wir dieses Mal mit den Lernwegen an.

Schon im ersten Kapitel haben Sie gesehen:

Kinder haben bei den Lernwegen kaum eine Wahl. Eltern und Lehrer schreiben ihnen vor, auf welche Weise und mit welchen Hilfsmitteln sie lernen müssen.

Meist ist das sicher auch notwendig, denn Kinder können noch nicht selbst entscheiden, welcher Weg am besten zu dem angestrebten Lernziel führt.

Allerdings kann zum Beispiel ein Lehrer kaum die individuellen Eigenheiten seiner einzelnen Schüler berücksichtigen. Er kann sich nur am Durchschnitt orientieren.

Erwachsene können hingegen bei der Wahl des Lernweges gerade auf ihre individuellen Bedürfnisse und Vorlieben eingehen. Erwachsene können selbst entscheiden, wie sie lernen wollen.

Sie können beispielsweise die Kombination von Lernwegen suchen, die ihrer individuellen Situation angemessen ist.

Auch die gesamte Lernsituation können Erwachsene viel individueller planen. Erwachsene können ihren Arbeitsplatz den eigenen Wünschen, Vorlieben und auch den persönlichen Eigenheiten anpassen.

Sie können ihre Lernzeit meist selbst bestimmen und genauso die

Lernpausen planen.

Sie können und sollen – und das ist die erste spezielle Lernregel für Erwachsene –

Lernumstände individuell planen.

Nutzen Sie Ihre Motive

Die größeren Entscheidungsmöglichkeiten der Erwachsenen sind nicht auf den Lernweg und die Lernumstände beschränkt.

Vor allem ihre Lerngründe können Erwachsene in viel stärkerem Maß beeinflussen als Kinder.

Wir wollen das an einem konkreten Beispiel zeigen: Ein elfjähriger Junge soll Englisch lernen. Aus welchen Motiven lernt er?

Wahrscheinlich aus Angst vor schlechten Noten oder weil ihn Eltern und Lehrer für gute Leistungen belohnen: materielle Lerngründe. Vielleicht ist das Motiv auch der Wettbewerb mit seinen Mitschülern, obwohl das bei einem elfjährigen Jungen meistens nur im Fach Turnen der Fall ist. Soziale Lerngründe können eine Rolle spielen.

Und vielleicht lernt er auch ein bißchen lieber Englisch, weil das Englischbuch besser illustriert ist als die anderen Schulbücher. Möglicherweise sind also am Rande auch noch interne Lerngründe mit im Spiel.

Alle Arten von Lerngründen können also beteiligt sein. Aber insgesamt sind es nur wenige verschiedene Motive, die der Schüler für sein Lernziel einsetzen kann.

Wie könnte das aussehen, wenn ein Erwachsener Englisch lernt?

An materiellen Lerngründen kommen bei ihm viele verschiedenartige in Frage:

Wenn er Englisch kann, erhält er zum Beispiel eine Gehaltserhöhung, eine qualifiziertere Stelle, mehr Kompetenzen im beruflichen Bereich, die Fähigkeit, englische Fachliteratur zu lesen, vielleicht auch die Möglichkeit, einmal im Ausland zu arbeiten. Denken Sie nur an Herrn Z. aus Kapitel 17.

Im privaten Bereich erwirbt er sich beispielsweise die Fähigkeit, sich im Ausland besser zu verständigen, sich aus englischsprachigen Zeitungen und Zeitschriften zu informieren und vieles mehr.

Auch die sozialen Lerngründe können bei Erwachsenen vielfältiger sein.

Der Konkurrenzkampf im Büro, die Gruppennorm, das Gruppengefühl, wenn man mit anderen zusammen lernt, der gegenseitige Ansporn von Ehepartnern usw.

Genausogut kann ein Erwachsener aber auch interne Lerngründe einsetzen.

Nur ein Beispiel: Er kann einen interessanten Tonbandkurs kaufen und gleich das Tonbandgerät dazu, das er sich schon lange gewünscht hat.

Zusammenfassend läßt sich sagen: Erwachsene haben zwar keine anderen Lernmotive als Kinder, ihre Motive sind vielfältiger und differenzierter.

Im wissenschaftlichen Text des Kapitels 6 sind wir bereits kurz darauf zu sprechen gekommen.

Als Beispiel eignen sich die Motive aus dem Bereich der Nahrungsaufnahme am besten:

Ein Säugling hat ein «Einheitsmotiv»: «Milchsaugen».

Ein Erwachsener jedoch hat im gleichen Bereich Hunderte von verschiedenartigen Motiven entwickelt: von Austern über Bier, Cordon Bleu, Deutsches Beefsteak, Erdbeertorte, Forelle blau, Gänseleberpastete usw. bis hin zu Zwiebelsuppe oder Zwetschgenschnaps.

Ein Erwachsener kann also vielfältigere Möglichkeiten einsetzen, um die Lernmotivation seinen persönlichen Bedingungen anzupassen und um so mit mehr Freude und größerem Erfolg zu arbeiten.

Daher die zweite spezielle Lernregel für Erwachsene:
Die Vielfalt der individuellen Motive einsetzen!
Ein Erwachsener hat dabei auch sehr viel besser die Möglichkeit, Belohnungen für sich selbst zu planen. Aber das haben wir ja im Kapitel 7 bereits ausführlich besprochen.

Nutzen Sie ihre Erfahrung

Sehen wir uns nun die beiden verschiedenen Lernarten an:
Zuerst *Lernen durch Verknüpfen.*
Wir wissen, daß es sich hier um die einfachere der beiden Arten handelt, um das Bilden von Paarbeziehungen. Das geschieht durch häufiges Wiederholen, also auf eine recht mechanische Art und Weise.

Die Geschwindigkeit des Lernens hängt dabei überwiegend von der Qualität des Gedächtnisses ab.

Das Gedächtnis ist jedoch aus physiologischen Gründen bei Kindern und Jugendlichen besser als bei Erwachsenen.

Versuchen Sie daher nicht, mit einem Vierzehnjährigen im Auswendiglernen zu konkurrieren. Sie müssen dabei zwangsläufig verlieren. Aber trösten Sie sich: Solche einfachen Gedächtnisleistungen werden bereits ab dem 15. Lebensjahr kontinuierlich schlechter.

Für das Lernen ist das jedoch nicht von übermäßiger Bedeutung. Denn bei Erwachsenen spielt das Auswendiglernen im Vergleich zu Kindern nur noch eine untergeordnete Rolle.

Dazu wieder ein Beispiel.

Der folgende Text aus einem Lehrbuch für Betriebswirtschaft soll gelernt werden:
Nach der gesetzlichen Bestimmung (Paragraph 122 HGB) können die Gesellschafter einer offenen Handelsgesellschaft angemessene Entnahmen auf die Gewinngutschrift des abgelaufenen Geschäftsjahres tätigen. Auch hier empfiehlt es sich, im Gesellschaftsvertrag die zulässigen Entnahmen genau festzulegen, damit nicht ein Gesellschafter in der Lage ist, durch Mehrentnahmen das Gesellschaftsvermögen zu schwächen.

Eine zwölfjährige Schülerin hat nur die Möglichkeit, diesen Text auswendig zu lernen und dann herunterzuleiern.

Ein Erwachsener dagegen kann sich den Text erst überlegen. Er kann logische Zusammenhänge aufspüren.

Er kann nach Regelmäßigkeiten suchen und dabei seinen bisherigen Wissensschatz anwenden, er kann Parallelen ziehen usw.

Er wird also den gleichen Text durch *Strukturieren* lernen. Und das hat zwei große Vorteile:
1. Verstandenes Wissen kann man anwenden, auswendig gelerntes kaum.
2. Verstandenes Wissen wird viel langsamer vergessen als nur auswendig gepauktes.

Das heißt also: Erwachsene können besser lernen durch Strukturieren. Sie haben mehr Erfahrungen, um selbst Regeln zu finden und um fremde Regeln damit zu unterlegen. Ihr größeres Wissen erleichtert es ihnen, Oberbegriffe zu finden. Erwachsene sollten diese Stärke ausspielen:
Lernmöglichkeiten durch Strukturieren wählen.

Das ist die dritte spezielle Lernregel für Erwachsene.

Was ist denn «Mnemotechnik»?

Es gibt eine ganze Reihe von Methoden und Tricks, wie man bei reinem Auswendiglernen eine Struktur unterlegen kann, um so die Lernart Strukturieren benützen zu können.

Erwachsene merken sich oft besonders schwer Zahlen, zum Beispiel Telefonnummern. Dazu gibt es die Methode: Jeder Ziffer von 0 bis 9 werden bestimmte Buchstaben zugeordnet. So kann man jede Zahlenabfolge, in unserem Beispiel jede Telefonnummer, in eine Buchstabenreihe umwandeln. Dadurch können Erwachsene ihren ganzen sprachlichen Erfahrungsschatz benutzen und mit Hilfe dieser Buchstabenfolgen Gedächtnisbrücken bauen.

Das ist nur eine von vielen Methoden, die man unter der Bezeichnung «Mnemotechnik» zusammenfaßt.

Diese Technik kann zwar brauchbare Hilfsmittel liefern, man muß sich aber immer, bevor man diese Technik anwendet, die Frage stellen, ob sich der Aufwand auch tatsächlich lohnt. Sicher kann man sich mit der oben beschriebenen Methode fünfzig Telefonnummern einprägen. Aber, ist es nicht viel einfacher und genauso nützlich, diese Nummern in den Taschenkalender zu schreiben?

Allgemein:

Bei vielen Dingen ist es gar nicht so wichtig, daß man sie auswendig weiß. Es genügt, wenn man weiß, wo das entsprechende Wissen nachzuschlagen ist.

Es gibt jedoch eine Regel, die allen Methoden der Mnemotechnik zugrunde liegt und die wir Ihnen an einem Modell veranschaulichen wollen:

Knüpfen Sie ein Band

Wir müssen beispielsweise die Nebenflüsse der Donau lernen. Die Namen dieser Flüsse sind hier als Kästchen dargestellt (Abb. 21). Sie sind noch ungeordnet und daher unübersichtlich.

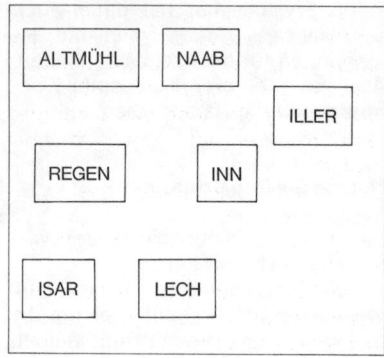

Abb. 21

Nun knüpfen wir diese Kästchen der Reihe nach an ein Band Abb. 22).

Gehen wir dem Band entlang, so kommen wir nacheinander zu den einzelnen Flüssen, die wir lernen müssen.

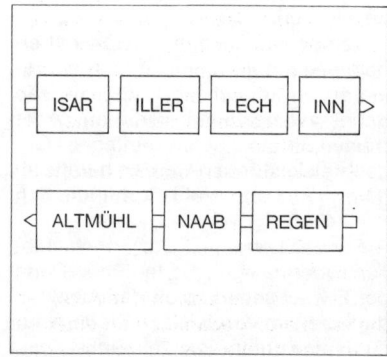

Abb. 22

Das Band ist also eine Leitlinie, die uns zu den einzelnen Elementen führt. Beispielsweise kann der Rhythmus eines Merkverses eine solche Leitlinie sein.

«Isar, Iller, Lech und Inn
führen zu der Donau hin,
Altmühl, Naab und Regen
fließen ihr entgegen.»

Wenn man neu zu lernende Dinge an eine bestehende Ordnung anknüpft, wie an das Band in unserem Modell, so erleichtert man durch die bestehende Ordnung das Einprägen und vor allem den Zugang zu dem neuen Lernstoff.

Die vierte spezielle Lernregel für Erwachsene lautet daher:
Neuen Lernstoff an bestehende Ordnungen knüpfen.

Werbefachleute benutzen diese Erkenntnis zum Beispiel, indem sie einen Reklamespruch auf die Melodie eines bekannten Schlagers singen lassen: So prägt sich der Spruch wie von selbst ein.

Ciceros Tempel

Zu dieser Regel wollen wir Ihnen noch eine konkrete Technik schildern.

Auch Ihnen ist es sicher schon einmal passiert, daß Sie etwas aus einem anderen Zimmer holen wollten, zum Beispiel ein bestimmtes Buch, und im anderen Zimmer angekommen, hatten Sie vergessen, was Sie eigentlich holen wollten.

Ein einfacher Trick hilft da oft: Sie gehen noch einmal zurück – tatsächlich oder auch nur im Geiste –, dann fällt Ihnen meist wieder ein, was Sie wollten.

Das, was Sie sich merken wollten, hat sich also gedanklich an einer bestimmten Stelle des Zimmers festgesetzt. An dieser Stelle fällt es Ihnen

deshalb auch wieder ein.

Daß sich Dinge, die man sich merken will, an bestimmten Stellen eines Weges festsetzen können, wußte schon Cicero, der berühmte römische Redner.

Er benutzte diese Erkenntnis, um seine endlosen Reden im Gedächtnis zu behalten.

Einer der vielen Tempel des alten Rom war Cicero besonders vertraut. Beim Lernen machte er im Geist einen Rundgang durch diesen Tempel und legte die einzelnen Teile seiner Rede in der Reihenfolge seines imaginären Rundganges im Tempel ab.

Er plazierte zum Beispiel ein Argument in der ersten Nische am Kopf der Venusstatue, das nächste Argument auf der rechten Schulter der Figur, am Oberarm. Auf der Hand der Statue usw. plazierte er dann die folgenden Argumente.

Beim nächsten Abschnitt der Rede ging er in Gedanken zur nächsten Nische und plazierte die einzelnen Argumente auf der folgenden Statue.

Während seiner Rede schritt er dann im Geist nur noch ein zweites Mal durch den Tempel und sammelte die abgelegten Argumente sozusagen der Reihe nach wieder ein.

Das heißt also: Er hat das Neuzulernende geschickt an eine gegebene Ordnung angeknüpft.

Wenden Sie doch auch einmal die Methode Ciceros an. Besonders wenn Sie sehr hartnäckige Dinge auswendig lernen müssen, zum Beispiel die Namen der chemischen Elemente.

Sie nehmen natürlich anstelle eines Tempels im alten Rom einen Weg, den Sie genau kennen.

Zum Beispiel den Gang durch Ihre Wohnung im Uhrzeigersinn oder Ihren täglichen Weg zur Arbeit. Pflanzen Sie Ihren Lernstoff der Reihe nach auf diesen Weg. Sie werden überrascht sein über den Erfolg.

Natürlich ist dieser mnemotechnische Trick nur dann nützlich, wenn man viele Einzelelemente auswendig lernen und nachher in einer bestimmten Reihenfolge wiedergeben muß. Diese Lernaufgabe wird aber nicht sehr häufig vorkommen.

Man sollte daher die Bedeutung solcher Tricks nicht überschätzen.

Den Lernstoff tatsächlich räumlich zu verteilen, ist ein eng damit verwandtes Hilfsmittel. Beispielsweise kann man wichtige Tabellen auf den Arbeitstisch kleben, Schemata oder Zusammenfassungen an Zimmerwände hängen usw.

Das ist besonders vorteilhaft, wenn man für eine umfangreiche Prüfung lernt, in der man in kurzen Zeitabständen Stoff aus vielen Bereichen griffbereit haben muß.

Zum Beispiel kann ein Medizinstudent vor dem «Physikum» seine Studentenbude mit Zusammenfassungen der einzelnen Prüfungsfächer tapezieren: Anatomie über dem Bett, Physik an der Schranktüre usw.

In der Prüfung kann er dann, durch einen imaginären Blick auf die entsprechende Stelle, seinem Gedächtnis in schwierigen Situationen zu Hilfe kommen.

Die geschilderten Tricks können wir unter der fünften speziellen Lernregel für Erwachsene zusammenfassen:

Räumliche Lernhilfen benutzen.

Schauspieler wenden diese Regel ganz automatisch an, indem sie den Text ihrer Rolle im Gedächtnis mit der Stelle und der Situation auf der Bühne verknüpfen. So erklärt es sich auch, wie sich Schauspieler auch stundenlange Texte in relativ kurzer Zeit einprägen können.

Zusammenfassung

Lernen und Lebensalter

Es gibt nur wenige Dinge, die nur von Kindern gelernt werden (zum Beispiel Reinlichkeitserziehung).

Erwachsene können fast alles erlernen, was normalerweise von Kindern gelernt wird (zum Beispiel Schreiben und Lesen).

Es gibt dagegen viele Dinge, die nur von Erwachsenen erlernt werden können, da nur Erwachsene über die notwendigen Erfahrungen und das erforderliche Grundwissen verfügen (zum Beispiel Pilot und Chirurg).

Lernplanung

Erwachsenen stehen vielfältigere Möglichkeiten der Lernplanung offen als Kindern. Erwachsene können Kombinationen von Lernwegen wählen, die ihrer individuellen Situation angemessen sind. Ebenso können sie Arbeitsplatz, Lernzeit und Lernpausen ihren Bedürfnissen, Vorlieben und Gewohnheiten anpassen.

Lerngründe

Vor allem können Erwachsene ihre Lernmotive besser beeinflussen, denn die Motive Erwachsener sind meist vielfältiger und differenzierter als die Motive von Kindern und Jugendlichen (zum Beispiel im Bereich der Nahrungsaufnahme).

Erwachsene können auch viel besser selbst Belohnungen planen.

Gedächtnis

Kinder und Jugendliche erbringen aus physiologischen Gründen bessere Gedächtnisleistungen als Erwachsene. Bereits ab dem 15. oder 16. Lebensjahr setzt allerdings bei einfachen Gedächtnisfunktionen bereits ein kontinuierlicher Rückgang ein. Da diese einfachen Funktionen beim Lernen durch Verknüpfen die größte Rolle spielen, sollten Erwachsene nicht versuchen, im Auswendiglernen mit Kindern zu konkurrieren.

Lernen durch Strukturieren

Erwachsene haben mehr Erfahrung, um selbst Regeln zu finden. Mit ihrer Erfahrung können sie oft auch fremde Regeln unterlegen. Ihr größeres Wissen erleichtert es ihnen auch, Oberbegriffe zu finden. Daher sind Erwachsene in der Lernart Strukturieren Kindern und Jugendlichen deutlich überlegen.

Mnemotechnik

Es gibt eine Reihe von Methoden, um zusammenhanglosen Einzelelementen eine Struktur zu unterlegen und um dadurch die Lernart Verknüpfen in die Lernart Strukturieren umzuwandeln (zum Beispiel die einzelnen Telefonnummern in Buchstaben umzusetzen und dann mit diesen Buchstabenreihen Assoziationen zu bilden).

Prinzipiell sind solche Techniken wirkungsvoll, jedoch muß immer der erhebliche Aufwand dieser Methode gegen deren Nutzen abgewogen werden. In vielen Fällen ist es zudem gar nicht notwendig, Dinge auswendig zu lernen.

Bandmodell

Wenn man neuen Lernstoff an eine bereits bestehende Ordnung – zum Beispiel an eine rhythmische Gliederung, an eine Melodie – knüpft, dann verankert man den neuen Lernstoff am Ablauf der bestehenden Ordnung. Dieses «Band» erleichtert den Zugang zu den neu an ihm befestigten Elementen.

Räumliche Lernhilfen

Auch räumliche Zusammenhänge sind bestehende Ordnungen.

Man kann daher neuen Lernstoff auch konkret an bestimmten Stellen befestigen (zum Beispiel an Schranktüren, über dem Bett, am Arbeitsplatz) oder aber im Geiste an verschiedenen Stellen eines gedachten Rundgangs auf einem bekannten Weg («Ciceros Tempel»).

Die Erinnerung an die tatsächliche oder im Geiste vorgestellte Stelle unterstützt später die Erinnerung an den entsprechenden Lerninhalt.

Die 5 Hauptregeln

Damit Sie Ihre Lernstärken besser ausspielen können, wiederholen wir hier die fünf speziellen Lernregeln für Erwachsene:

1. Lernumstände individuell planen.
2. Die Vielfalt der individuellen Motive einsetzen.
3. Lernmöglichkeiten durch Strukturieren wählen.
4. Neuen Lernstoff an bestehende Ordnungen knüpfen.
5. Räumliche Lernhilfen benutzen.

Fassen wir den Inhalt dieses Kapitels in zwei Sätzen noch einmal zusammen:

Das Sprichwort: «Was Hänschen nicht lernt, lernt Hans nimmermehr» ist falsch.

Richtig ist dagegen: Manche Dinge lernt Hänschen leichter, vieles dagegen kann Hans besser lernen.

Ein Rückblick ist fällig

Sie haben bis jetzt 11 Kapitel dieses Buches hinter sich gebracht. Daher nun ein kleiner Rückblick. Beginnen Sie bitte nicht mit dem Kapitel 12, bevor Sie dieses Trainingsfeld bearbeitet haben. Sie sollen im folgenden drei Fragen schriftlich beantworten. Zu jeder dieser Fragen haben Sie 15 Sekunden Zeit. Nehmen Sie also eine Uhr mit Sekundenzeiger und kontrollieren Sie diese Zeitbegrenzung.

Trainingsfeld «Rückblick»

1. Frage:
Wir haben in den bisherigen Kapiteln zwei verschiedene Lernarten kennengelernt. Sie heißen?
a) ....
b) ....

2. Frage:
Wir haben drei Gruppen von Lerngründen besprochen, wie heißen diese drei Gruppen?
a) ....
b) ....
c) ....

3. Frage:
Wir haben vier verschiedene Lernwege kennengelernt. Wie heißen Sie?
a) ....
b) ....
c) ....
d) ....

Können Sie die Fragen richtig beantworten? Wir nennen Ihnen jetzt die richtigen Antworten. Bitte vergleichen Sie Ihre Lösungen damit und geben Sie sich für jede richtige Antwort 1 Punkt.

Lösungen «Rückblick»

Frage 1:	Richtig?
Die zwei Lernarten waren:	
a) Verknüpfen	....
b) Strukturieren	....
Frage 2:	
Die drei Gruppen von Lerngründen waren:	
a) materielle Gründe	....
b) soziale Gründe	....
c) interne Gründe	....
Frage 3:	
Die vier Lernwege waren:	
a) Hören	....
b) Lesen	....
c) Sehen	....
d) Handeln	....
Summe:	....

Es waren 9 richtige Antworten und somit maximal 9 Punkte möglich.
Wer «alle Neune» getroffen hat, darf sich die Note 1 gutschreiben.
Für 7 oder 8 richtige Antworten gibt es die Note 2.
Für 5 oder 6 richtige die Note 3.
Für 3 oder 4 richtige die Note 4.
Für 1 oder 2 richtige die Note 5.
Und wer keinen Punkt aufweisen kann, muß mit der Note 6 vorlieb nehmen.

Vielleicht sind Sie jetzt überrascht oder möglicherweise verärgert über diesen plötzlichen Einschub.

Aber keine Angst, wir wollten Sie nicht erschrecken, sondern Sie nur realistisch mit dem Thema des folgenden Kapitels bekannt machen.

Prüfungsplanung

12

Schreckgespenst Prüfung

Ein Merkmal von Prüfungen haben Sie bereits an unserer überraschenden Zwischenprüfung kennengelernt: Kaum jemand empfindet Prüfungen als besonders angenehm.

Manche Leute sind sogar kaum wiederzuerkennen, wenn Prüfungen näher rücken: Bleich, zitternd und schwitzend erwarten sie die Stunde ihres Schicksals, als würden sie zur Hinrichtung geführt.

Darum gleich ein erster Trost:

Nur in Sagen wurden den Prüflingen, die nicht bestanden haben, der Kopf abgeschlagen. Heute können sie meist ganz gut weiterleben, auch wenn ihnen eine Prüfung mißlingen sollte.

Darum: Nehmen Sie Prüfungen nicht wichtiger als sie sind.

Kommen wir gleich zu einem zweiten Grundsatz: Vielleicht haben Sie ihn auch schon an unserer «Probeprüfung» kennengelernt:

Der Erfolg einer Prüfung hängt weitgehend davon ab, wie gut man sich vorbereitet hat.

Daß man «völlig blank» eine glatte «Eins» schafft oder ausgezeichnet vorbereitet durchfällt, ist etwa genauso selten, wie ein mittlerer Lottogewinn.

Deshalb ist die beste Vorbeugung gegen Prüfungsangst: eine gute Prüfungsvorbereitung.

Wir wollen Sie in diesem Kapitel mit einigen Tips für eine gute Prüfungsvorbereitung vertraut machen. Im nächsten Kapitel werden wir dann zusätzlich noch das Verhalten in Prüfungen behandeln.

Wählen wir zur Demonstration einer guten Prüfungsvorbereitung ein ganz praktisches und naheliegendes Beispiel:

Nehmen wir an, Sie sollten eine Prüfung über dieses Buch «Lerntechniken für Erwachsene» ablegen. Wie müßte man sich dafür vorbereiten?

Halt! Nicht gleich hinsetzen und das Buch auswendig lernen! So sollte Ihre Vorbereitung sicher nicht beginnen.

Zunächst sollten Sie einen Vorbereitungsplan aufstellen. Er muß vor allem drei Fragen klären:

Was wird geprüft?

Das weiß man doch nicht, werden Sie einwenden. Nun, einiges kann man immer erfahren. In den meisten Fällen gibt es Sammlungen von Prüfungsfragen oder Prüfungsaufgaben, die man sich besorgen kann. Manchmal ist es sogar möglich, die Dozenten selbst zu fragen, worauf sie besonderen Wert legen. Schließlich gibt es auch Leute, die die gleiche Prüfung schon vor Ihnen abgelegt haben. Auch bei denen kann man sich erkundigen. Allerdings muß man bei solchen Prüfungsvorgängern auf eine spezielle Gefahr achten: Sie pflegen die Prüfungen meist viel schlimmer darzustellen als sie wirklich waren.

Das ist ja auch verständlich – je schwerer man die Prüfung darstellt, desto größer erscheint die eigene Leistung, wenn man die Prüfung bestanden hat, desto verständlicher und entschuldbarer wird es, wenn man sie nicht bestanden hat. Lassen Sie sich deshalb nicht kopfscheu machen. Konzentrieren Sie sich auf konkrete Fragen über den verlangten Prüfungsstoff.

Außerdem sollten Sie sich natürlich auch darüber informieren, wie geprüft wird.

Wie wird geprüft?

Heutzutage sind etwa folgende Prüfungsarten üblich:

Prüfungsart	Einzel- oder Gruppenprüfung		
	mündlich	schriftlich	praktisch
Beispiele	Kurzfragen	Fachaufsatz	Fahrprüfung
	Referate	Kurzfragen oder Wahlaufgaben	Handlungsproben
	Kolloquium	mathematische Aufgaben (Konstruktionsaufgaben)	Werkstückbearbeitung

Die mündliche Prüfung ist eine altbekannte Prüfungsart.

Bei den schriftlichen Prüfungen ist der Fachaufsatz das bekannteste Beispiel. Meist kann man sich aus mehreren vorgegebenen Themen eines auswählen.

Bei vielen schriftlichen Prüfungen werden auch mehrere Fragen gestellt, die jeweils mit einem kurzen Fachaufsatz zu beantworten sind.

Daneben kommen allerdings mehr und mehr auch andere Methoden in Mode. Vor allem die als «amerikanische Methode» bezeichnete Form von Wahlaufgaben. Das Kennzeichen dieses Prüfungsverfahrens ist, daß die Antworten zu den Fragen vorgegeben sind und nur die jeweils richtigen Antworten (manchmal auch nur die falschen) gekennzeichnet werden müssen.

Schließlich gibt es noch die mathematischen Aufgaben als eine schriftliche Prüfungsform. Wir zählen dazu auch Prüfungen, in denen irgendeine Konstruktionsaufgabe zu erfüllen ist, zum Beispiel das Aufzeichnen eines Schaltkreises oder das Erstellen eines Computerprogramms.

Praktische Prüfungen, wie zum Beispiel die praktische Fahrprüfung, haben wir hier nur der Vollständigkeit halber aufgeführt. Was hierzu zu sagen ist, wird in Kapitel 14 an Hand des Fallbeispiels «Frau v. H. macht den Führerschein» ausführlich dargestellt. Wir wollen uns in diesem Kapitel auf mündliche und schriftliche Prüfungen konzentrieren.

Prüfungsart und Lernmethode

Die Art der Prüfung beeinflußt natürlich auch die Methode der Prüfungsvorbereitung:

Man wird sich sicher anders vorbereiten müssen, wenn man einzeln mündlich geprüft wird, als wenn man mit schriftlichen Wahlaufgaben zu rechnen hat.

Der Lernweg sollte der Prüfungsart angepaßt werden. Bei mündlichen Prüfungen hat es beispielsweise wenig Sinn, den Stoff nur durchzulesen. Man sollte gleich mitüben, das Gelernte laut zu formulieren.

Beispiel:

Der Prüfling geht beim Lernen im Wohnzimmer auf und ab und spricht dabei laut vor sich hin: «Das Problem der Pausen beim Lernen ist eigentlich etwas paradox, wenn ich das so sagen kann. Einesteils müssen Pausen lang sein, damit man sich wirklich erholt, andererseits kurz, damit man nicht aus dem Tritt kommt. Es werden im Kurs verschiedene Arten von Pausen empfohlen, nämlich . . .»

Er stockt, überlegt, blickt auf ein Blatt Papier vor sich, es fällt ihm wieder ein und er redet weiter:

«. . . die kurze Unterbrechung, die Minipause, die sogenannte Kaffeepause und die Erholungspause. Die kurze Unterbrechung . . .»

Wird dagegen schriftlich geprüft, so ist eine Vorbereitung durch Lesen, Schreiben oder gegebenenfalls durch Zeichnen sinnvoller.

Bei schriftlichen Prüfungen ist es auch wichtig, die Lernart der Prüfungsmethode anzupassen. Beim Kurzaufsatz und bei Konstruktions- und mathematischen Aufgaben wird es mehr auf einen klaren Überblick ankommen.

Also vor allem *Lernen durch Strukturieren.*

Bei Kurzfragen oder Wahlaufgaben werden dagegen hauptsächlich Einzelheiten verlangt.

Also vor allem *Lernen durch Verknüpfen.*

Als dritte Frage, wäre nun noch zu klären:

Wie wird die Vorbereitung geplant?

Die Zeit, die Ihnen zur Prüfungs-Vorbereitung zur Verfügung steht, sollten Sie sinnvoll und realistisch einteilen.

Grundsätzlich gilt: Sie sollten versuchen, das gesamte Prüfungsgebiet zu beherrschen. Ein Prüfling, der auf einem Teilgebiet hervorragend Bescheid weiß, aber auf anderen Gebieten völlig versagt, fällt wahrscheinlicher durch eine Prüfung als einer, der einen groben Überblick über alle Teilgebiete hat, dafür aber einige Details nicht beherrscht.

Wie sollte ein Zeitplan für die Prüfungsvorbereitung aussehen?

Die «Prüfungs-Spirale»

Bleiben wir bei unserem Beispiel: Prüfung über dieses Buch «Lerntechniken für Erwachsene».

Wir haben als Modell einen Musterzeitplan ausgearbeitet, der aus 36 Zeiteinheiten (wir kürzen das im folgenden mit ZE ab) besteht. Was eine Zeiteinheit ist, können Sie selbst bestimmen: Es kann ein Tag oder ein halber Tag oder eventuell sogar nur eine Stunde sein. Das wird sich nach der Menge des Stoffes richten, nach der Gesamtzeit, die Sie zur Verfügung haben und danach, wie intensiv Sie den Stoff beherrschen müssen. Aber das wissen Sie ja nun, nachdem Sie

Punkt 1 des Vorbereitungsplanes geklärt haben.

Sie können diesen Modellzeitplan, den wir Ihnen vorschlagen werden, für jede beliebige Prüfung abwandeln. Sie brauchen nur die Grundprinzipien beizubehalten.

Die folgende Art der Zeitplanung wollen wir einmal die «Prüfungsspirale» nennen. Denn bei dieser Art wird der Lernstoff immer mehr verdichtet, je näher wir zur Prüfung kommen.

Hier also der Plan:

1. Vorbereitung

1.1. Erstellen des Vorbereitungsplanes: 1 ZE.

Das ist also das, was wir im Augenblick tun. Auch das kostet Zeit, die einkalkuliert werden muß.

1.2. Allgemeine Vorbereitungen: 2 ZE.

Diese beiden Zeiteinheiten verbringen wir noch relativ gemütlich. Man sollte sich dabei zum Beispiel das notwendige Arbeitsmaterial besorgen: Papier, Schreibwerkzeuge, Bücher usw. In unserem Fall wäre es beispielsweise günstig, wenn wir uns neben dem Buch noch einige Zusatzliteratur besorgen würden.

Außerdem bereiten wir in diesem Abschnitt unsere Umgebung darauf vor, daß wir in nächster Zeit nicht gestört werden wollen; wir sagen zum Beispiel Verpflichtungen ab, die wir schon eingegangen sind. Sie wollen ja – so hoffen wir wenigstens – sich intensiv auf die Prüfung konzentrieren.

1.3. Nun planen wir noch einen «Ruhetag» ein: 1 ZE. Wir gönnen uns nun noch Ruhe, in der wir uns noch einmal etwas Gutes gönnen sollten, bevor die härteren Zeiten beginnen.

Was macht man an einem solchen Ruhetag? Spazieren gehen, seine Hobbys betreiben und bald schlafen gehen.

Den zweiten Abschnitt unseres Vorbereitungsplanes nennen wir:

2. Informationsaufbereitung

Da wir wissen, wie günstig es ist, den Lernstoff aufzuteilen, wollen wir das auch bei der Informationsaufbereitung tun.

So könnten wir zum Beispiel das Thema «Lerntechniken für Erwachsene» unterteilen in:

Lernarten, Lerngründe und Lernwege.

2.1. Informationsaufbereitung Lernarten: 4 ZE.

In diesen 4 ZE beschäftigen wir uns mit den Lernarten. Wir arbeiten das Buch durch, unsere Notizen und die Zusatzliteratur. Aus allem schreiben wir die Informationen heraus, die wir später greifbar haben wollen. Dabei ist es günstig, die Informationen gleich zu strukturieren und gleich auch nach Regeln zu suchen. Denken wir an die Regeln zum Lernweg Lesen, die wir in Kapitel 9 eingeführt haben.

In den Phasen der Informationsaufbereitung lernt man absichtlich noch nichts auswendig, sondern schreibt nur auf, was man später lernen will.

Sie wissen natürlich, daß man dabei trotzdem schon lernt, man beschäftigt sich ja mit dem Stoff und das allein hat ja schon einen erheblichen Lerneffekt.

Wahrscheinlich werden Sie das Ganze bald sehr anregend finden: Sie stoßen auf eine Menge höchst interessanter Fakten und wollen gerne noch etwas nachlesen oder sich noch zusätzliche Literatur besorgen.

Aber Vorsicht!

Sie beginnen, sich in Nebensächlichkeiten zu verlieren! So schwer es auch fallen mag: Spüren Sie nicht jeder Einzelheit bis auf den Grund nach. Haben Sie den «Mut zur Lücke».

Denken sie daran, nach 4 ZE müssen Sie alles, was zur Dimension Lernart gehört, durchgearbeitet haben: Lernkurven, Vergessenskurven, Pausen, Hemmungen, Blockbildung, Suche von Oberbegriffen, Regeln finden usw.

Apropos Pausen: An dieser Stelle haben Sie sich eine verdient, selbst wenn Sie noch nicht ganz fertig sind: Deshalb

2.2. Pause: 1 ZE.

Sie haben ja schon im Kapitel 3 erfahren, wie wichtig Pausen im Lernprozeß sind. Sie sind kein Luxus, sondern Notwendigkeit für ein effektives Lernen. Nehmen Sie sich in den Pausen etwas Besonderes vor, das Sie gerne haben: ein gutes Essen, eine Wanderung, einen Besuch bei Freunden. Schaffen Sie sich eine Belohnung für Ihre bisherige Arbeit. Erinnern Sie sich an die Regel:

Selbst Belohnungen planen.

2.3. Informationssammlung Lerngründe: 4 ZE.

Wie gehabt: Bücher wälzen, herausschreiben, strukturieren, nachschlagen usw.

Wenn Sie bis zu diesem Punkt gekommen sind, ist sicher irgend etwas geschehen, das Sie in Ihrem Zeitplan zurückgeworfen hat: Ein Zahn hat Sie gequält und sie mußten 3 Stunden beim Zahnarzt verbringen; plötzlich kam höchst wichtiger Besuch, dem man sich mindestens einen Nachmittag lang widmen mußte; oder Sie konnten der Versuchung doch nicht widerstehen, sich das Fußball-Länderspiel am Fernsehschirm mitanzusehen.

Hier planen wir jetzt eine Reserve-Zeiteinheit ein, in der wir all das Versäumte nachholen können.

2.4. Reserve-Zeiteinheit: 1 ZE.

2.5. Pause: 1 ZE.

2.6. Jetzt fehlt noch die Informationsaufbereitung Lernwege: 4 ZE.

Dann ist der gesamte Stoff, den Sie zu lernen beabsichtigen, zusammengetragen und strukturiert. Daher zur Belohnung:

2. 7. Pause: 1 ZE.

Von den geplanten 36 ZE sind bisher 21 verbraucht. Erst jetzt beginnt das eigentliche Lernen. Dafür benötigt man nur noch relativ kurze Zeit, da ja alle Vorarbeiten abgeschlossen sind.

3. Einprägen

Hier sollten Sie versuchen, sich den Lernstoff, den Sie herausgeschrieben haben, einzuprägen. Sie gehen also die Notizen und Schemata Abschnitt für Abschnitt durch und versuchen, jeden Abschnitt im Geiste zwei- bis dreimal zu wiederholen.

Dies geschieht in der Vorstellung, oder auf dem Papier, oder laut vor sich hinsprechend, oder kombiniert – je nach Prüfungsart.

Also zum Beispiel so:

«Ja also . . . Lerngründe gibt es materielle, soziale und interne.

(Denkpause)

Beispiele für soziale Lerngründe sind . . . ist . . . ja also zum Beispiel ein Wettbewerb. Man wird angestachelt zu lernen, wenn man im Wettbewerb zu anderen steht, die das gleiche lernen wollen.

Beispiele für materielle Lerngründe . . .»

Sicher werden Sie in dieser Lernphase noch auf ein paar neue Beispiele und Ideen kommen, die Ihnen wichtig erscheinen. Gehen Sie Ihnen aber nur in Ausnahmefällen weiter nach. Ihre Zeit ist zu kostbar.

Wie sieht diese Lernphase im Zeitplan aus?

3.1. Einprägen der Lernarten: 2 ZE.

3.2. Pause: 1 ZE.

3.3. Einprägen der Lerngründe: 2 ZE.

3.4. Pause: 1 ZE.
3.5. Einprägen der Lernwege: 2 ZE.
3.6. Pause: 1 ZE.

Wie Sie sehen, sind die Zeitabschnitte jetzt kürzer geworden, die einzelnen Themen rücken also zeitlich etwas näher zusammen.

In der Prüfung wollen Sie den gesamten Lernstoff gleichzeitig parat haben. Die Pausen sind hier besonders wichtig, nicht nur weil sich der Lernstoff setzen muß – denken Sie an die Hemmungen –, sondern auch, weil dieser Abschnitt der mühsamste und unangenehmste der gesamten Prüfungsvorbereitung ist.

Zur Sicherheit planen Sie jetzt noch 1 Reserve-Zeiteinheit ein:

3.7. Reserve-Zeiteinheit: 1 ZE. Wir sind sicher, Sie werden sie brauchen.

Und dann hinein in den Endspurt:

4. Wiederholung

4.1. Lernarten: 1 ZE.
4.2. Lerngründe: 1 ZE.
4.3. Lernwege: 1 ZE.
4.4. Reserve: 1 ZE.
4.5. Pause: 1 ZE.

Damit sind Sie so richtig «heißgelaufen» – Sie haben alles im Kopf und sind nun hoffentlich richtig begierig, Ihr Wissen loszuwerden.

«Wohlan, die Prüfung kann beginnen!»

Zusammenfassung

Prüfungen

Man sollte Prüfungen nicht wichtiger nehmen, als sie tatsächlich sind. Der Erfolg von Prüfungen hängt vor allem davon ab, wie gut man vorbereitet ist.

Der Vorbereitungsplan

1. Was wird geprüft?
   Der Stoff der Prüfung sollte genau erkundet werden.
2. Wie wird geprüft?
   Die Methode der Prüfung bestimmt die Art der Vorbereitung und die dabei bevorzugten Lernwege.
3. Wie wird die Vorbereitung geplant?
   Die Vorbereitung sollte Wissen auf allen Teilgebieten des Prüfungsstoffes vermitteln. Dabei können jedoch Detailkenntnisse zurücktreten («Mut zur Lücke»).

Die Prüfungs-Spirale

So nennen wir die von uns vorgeschlagene Methode der Zeitplanung. Dabei wird der Prüfungsstoff in immer kürzer werdenden Zeitabständen wiederholt und verdichtet, so daß alles Wissen im Augenblick der Prüfung gleichzeitig greifbar ist.

Grundlage der Zeitplanung ist die Zeiteinheit (ZE), die je nach den Anforderungen unterschiedlich lang sein kann.

Die Prüfungs-Spirale ist nach folgendem Modell aufgebaut:

1. Vorbereitung

1.1. Erstellung des Vorbereitungsplanes	1 ZE
1.2. Allgemeine Vorbereitungen	2 ZE
1.3. Ruhepause	1 ZE

2. Informationsaufbereitung

2.1. Informationsaufbereitung Gebiet A	4 ZE
2.2. Pause	1 ZE
2.3. Informationsaufbereitung Gebiet B	4 ZE
2.4. Pause	1 ZE
2.5. Informationsaufbereitung Gebiet C	4 ZE
2.6. Zeitreserve	1 ZE
2.7. Pause	1 ZE
usw.	

3. Einprägen

3.1. Einprägen Gebiet A	2 ZE
3.2. Pause	1 ZE
3.3. Einprägen Gebiet B	2 ZE
3.4. Pause	1 ZE
3.5. Einprägen Gebiet C	2 ZE
3.6. Pause	1 ZE
3.7. Zeitreserve	1 ZE
usw.	

4. Wiederholung

4.1. Wiederholen Gebiet A	1 ZE
4.2. Wiederholen Gebiet B	1 ZE
4.3. Wiederholen Gebiet C	1 ZE
usw.	
4.4. Zeitreserve	1 ZE
4.5. Abschlußpause	1 ZE

5. Prüfung

Trainingsvorschlag

Nehmen Sie bitte den Fragebogen
«Prüfungserfahrungen» von Seite 22
zur Hand. Dort haben Sie beschrieben, wie Sie sich bisher auf Prüfungen
vorbereitet haben.

Wie würden Sie sich heute auf diese
Prüfung vorbereiten?

13

In der Prüfung

Wir sind nun also gut vorbereitet für die Prüfung. In diesem Kapitel wollen wir uns mit dem richtigen Verhalten in der Prüfung selbst beschäftigen:

Erinnern Sie sich noch an unser Schema der einzelnen Prüfungsarten auf Seite 124?

Interview mit einem Prüfer

Beschäftigen wir uns zunächst mit dem richtigen Verhalten in mündlichen Prüfungen.

Wir haben dazu einen Prüfer an einem psychologischen Universitätsinstitut interviewt, Herrn Dr. G.

I.: Herr Dr. G., Sie müssen auch Prüfungen abnehmen?
Prüfer: Ja, natürlich.
I.: Mündliche oder schriftliche?
Prüfer: Beides, in der Hauptsache aber mündliche.
I.: Herr Dr. G., macht Ihnen diese Tätigkeit eigentlich Spaß?
Prüfer: Nun ja, ... Spaß, ... Prüfungen müssen wohl sein, aber um ehrlich zu sein, angenehm ist das Ganze nicht, weder für den Prüfling noch für den Prüfer.
I.: Für den Prüfer also auch nicht?
Prüfer: Nein, stellen Sie sich vor, 4 bis 5 Stunden hintereinander Prüfungen, jede halbe oder viertel Stunde ein neuer Prüfling oder eine neue Gruppe, alle aufgeregt und schwitzend. Ist ja auch verständlich. Für die Prüflinge geht es ja um viel. Für einen Prüfer dagegen wird die Sache wirklich nach
einiger Zeit ziemlich langweilig.
Verstehen Sie, der Prüfungsstoff ist ja meist begrenzt, so fragt man also immer wieder die gleichen Sachen, mal so herum, mal anders, bekommt mal bessere Antworten, mal schlechtere – wenn überhaupt.
Manchmal muß man sogar mit allen möglichen Tricks versuchen, aus einem Prüfling noch etwas Produktives herauszuquetschen.
Und dann diese Noten: Man will ja wirklich niemandem weh tun, andererseits sollte man ja auch gerecht sein ... Also ein Vergnügen ist das nicht.
I.: Herr Dr. G., was regt Sie denn am meisten auf am Verhalten der Prüflinge? Was ist Ihnen denn am unangenehmsten?
Prüfer: Ja, vielleicht zwei Dinge. Also das erste ist, ... ich muß mich immer beherrschen, wenn die Prüflinge nicht auf meine Fragen antworten, sondern grundsätzlich das herunterbeten, was sie aus dem Lehrbuch auswendig gelernt haben, ob es nun zur Frage paßt oder nicht.
Dabei formuliere ich die Fragen gerne so, daß man auch etwas denken kann, daß man auch seine eigene Meinung einarbeiten kann – aber meist vergeblich ... Stur nach Lehrbuch ...
I.: Und zweitens?
Prüfer: Ja, zweitens wird natürlich jeder Prüfer sauer, wenn ein Prüfling mit billigen Ausreden kommt: «Vor 10 Minuten habe ich es noch gewußt ...» –

oder «mir liegt's auf der Zunge» –
oder, wenn man ihm eine Sache
dann aus Mitleid endlich erklärt hat:
«Ja, genau das wollte ich im Augenblick auch sagen.»
I.: Herr Dr. G., sagen Sie uns doch,
wie wäre denn der ideale Prüfling?
Prüfer: Ja, das ist gar nicht leicht zu
beantworten.
Auf alle Fälle brauchte er nicht alles
bis ins letzte Detail auswendig zu wissen, das verlange ich gar nicht. Ich
schätze Prüflinge, die mitdenken –
auch kritisch mitdenken –, die auch
eigene Vorschläge haben. Prüflinge,
bei denen man aus dem Gespräch
sieht, daß sie den Stoff bereit haben,
ohne daß man sie direkt danach gefragt hat –, ja, vielleicht kann man das
am besten so ausdrücken:
Wenn die Prüfung ein Gespräch ist
– und kein Frage- und Antwortspiel.

Wie behandle ich meinen Prüfer?

Das war also die Meinung eines Prüfers. Sicher werden nicht alle Prüfer
diese Ansichten von Herrn Dr. G. teilen. Vielleicht kennen Sie sogar Prüfer, die genau das Gegenteil von ihren
Prüflingen verlangen, also zum Beispiel das Herunterbeten von auswendig gelerntem Stoff und auf keinen
Fall selbständige Gedanken.
Das macht die Situation des Prüflings natürlich ziemlich schwierig.
Kraß ausgedrückt: Er ist einem Prüfer
eigentlich ausgeliefert und muß sich
dessen Art jeweils anpassen. Darum
ist es so schwierig, verbindliche Ratschläge für das Verhalten in mündlichen Prüfungen zu geben.
Aber dennoch – einiges, glauben
wir, kann man doch aus diesem Interview ableiten, das für die Mehrzahl aller Prüfer gilt:
Zum Beispiel die Erkenntnis, daß

für den Prüfer solche mündlichen
Prüfungen eigentlich eine recht langweilige Angelegenheit sind. Deshalb:
*Machen Sie es für den Prüfer etwas
interessanter.* Bieten Sie ihm nicht nur
auswendig gelernte Passagen. Deuten Sie auch an, was Sie sich bei der
Beantwortung der Frage gedacht haben. Stellen Sie Ihre Argumente und
Gegenargumente dar. Vielleicht machen Sie sogar eine kleine Skizze. Etwas überspitzt ausgedrückt:
Unterhalten Sie Ihren Prüfer!

Natürlich hat jede Sache zwei Seiten,
so auch dieser Rat. Sie müssen aber
andererseits auch genau auf die Fragen eingehen, die Ihnen gestellt
werden.
Als zweite Regel daher: *Die gestellten Fragen beantworten.*
Dazu wieder zwei Prüfungsbeispiele:

*Prüfer: Wir wollen uns jetzt über
«Lerntechniken für Erwachsene» unterhalten. Sagen Sie, welche Lernwege würden Sie bei einem Kurs über . . .
sagen wir . . . Transistortechnik empfehlen?*
*Prüfling: (Beginnt sofort loszureden.) Lernwege für Transistortechnik,
also da gibt es verschiedene Lernwege, die man einschlagen kann. Es ist ja
sicher wichtig, über Transistortechnik
Bescheid zu wissen, und alle Lernwege gehorchen ja den gleichen Gesetzen, so zum Beispiel dem Gesetz der
Lernkurve, wobei das Prinzip gilt, daß
man am Anfang viel lernt und am Ende
wenig. Am besten sieht man das,
wenn man zum Beispiel kyrillische
Buchstaben lernt. Wenn man das aufzeichnet, gibt das so (zeigt es in der
Luft) eine Kurve, wobei hier die Zahl
der Buchstaben steht und hier . . . ja
hier . . . was stand hier . . . ?» (Stockt,
wird rot.)*

Nun die Reaktion eines anderen Prüflings auf die gleiche Frage:

Prüfling: (Überlegt zunächst etwas.) Wir haben insgesamt vier verschiedene Lernwege kennengelernt: das Hören, das Sehen, das Lesen und das Handeln.

Es ist nun zu prüfen, welche Lernwege speziell für den Kurs in Transistortechnik geeignet sind.

Da dies wahrscheinlich ein Gebiet ist, in dem die konkrete Anschauung eine große Rolle spielt, würde ich zunächst die Lernwege Sehen und Handeln als die wichtigsten ansehen.

Beide haben das höchste Maß an Anschaulichkeit zu bieten.

Man müßte also dem Lernenden einerseits Zeichnungen zeigen, ihm aber auch echte Transistoren in die Hand geben und ihn damit Schaltungen selbst herstellen lassen.

Außerdem müßte er natürlich über die theoretischen Grundlagen etwas Bescheid wissen. Das müßte vorwiegend über den Lernweg Lesen geschehen, denn beim Lesen . . .»

In unseren beiden Beispielen, die natürlich überzeichnet sind, hat nur der eine Prüfling unsere Hinweise beachtet. Im ersten Beispiel hatte der Prüfling nichts Dringenderes zu tun, als möglichst schnell sein Wissen über die Lernkurve anzubringen. Der Prüfer war darüber sicher nicht sonderlich begeistert.

Erst denken, dann reden

Wir können aus den Beispielen aber noch eine weitere Regel für das richtige Prüfungsverhalten ableiten:

Es ist günstig, zunächst auf solch allgemeine Fragen eine Grobgliederung der Antwort zu geben und dann erst auf die Details einzugehen. Der Prüfer sieht dann, daß man den Überblick über den Stoff hat. Ein später fehlendes Detail fällt nicht mehr so ins Gewicht.

Geht man dagegen sofort auf die Details ein, das heißt in alle schwierigen Verästelungen einer Frage, so wird man durch ein fehlendes Detail totsicher sofort aus der Bahn geworfen. Als Regel formuliert heißt das: *Vom Allgemeinen zum Besonderen.*

Daß wir schließlich auf peinlich penetrante Bemerkungen verzichten wollen, in der Art: «Vor 10 Minuten habe ich's sicher noch gewußt», ist fast eine Selbstverständlichkeit. Also: *Keine Prüfungsausreden.*

Unsere Hinweise gelten natürlich für Einzel- wie für Gruppenprüfungen. Bei einer Gruppenprüfung ist jedoch zusätzlich noch eine andere wichtige Regel zu beachten: *Mitdenken, auch wenn andere gefragt werden.*

Leider besteht nämlich bei Gruppenprüfungen leicht die Tendenz abzuschalten, wenn die anderen gefragt werden. Das ist verständlich, die Prüfung ist ja anstrengend genug. Trotzdem ist das ein großer Fehler. Bei Gruppenprüfungen weiß man nämlich nie, wann man drankommt. Peinlich, wenn man dann nicht einmal weiß, um welches Thema es sich gerade handelt. Daher sollten Sie immer mit einer Antwort «auf dem Sprung sein», auch wenn gerade ein anderer gefragt wird.

Verzichten Sie auf «Feinheiten»

Über das Verhalten in mündlichen Prüfungen gibt es natürlich noch viel zu erzählen, zum Beispiel wie man Prüfer dazu bringt, genau das zu fragen, was man weiß, oder wie man aus

133

dem Verhalten und den Reaktionen der Prüfer Rückschlüsse auf sein weiteres Prüfungsverhalten ziehen kann, oder inwieweit ein wenig Schauspielerei in Prüfungen notwendig ist.

Nur, das sind dann schon Themen für «Berufs-Prüflinge» oder «Prüfungs-Profis» und wo gibt's die schon?

Vielleicht ab und zu bei Studenten in ihren Abschlußprüfungen. Diese konnten im Laufe des Studiums schon in Dutzenden anderer Prüfungen Routine sammeln.

Erwachsene haben es nach Abschluß ihrer Ausbildung nur noch selten mit Prüfungen zu tun, sie sollten daher besser auf solche «Feinheiten» verzichten, bevor sie große Fehler damit begehen.

Und nun zu den schriftlichen Prüfungen:

I. Der Fachaufsatz

Herr Dr. G., den Sie ja schon kennen, hat im Anschluß an unser Interview noch eine nette Geschichte erzählt, die von schriftlichen Prüfungen handelt.

Herr Dr. G., der, wie schon erwähnt, Prüflinge in Psychologie zu prüfen hat, berichtet, daß jedem Prüfling drei Themen zur Auswahl gestellt werden. Ein Thema muß schriftlich bearbeitet werden. Herr Dr. G. behauptet jedoch, im Prinzip sei es ganz gleich, wie die Themen lauten, am Schluß läse sich jede Arbeit so, als wäre das Thema gestellt worden: «Was ich alles über die Psychologie weiß».

Man tendiert also dazu, in einem Aufsatz alles zu schreiben, was man gelernt hat. Man kommt dann vom Hundertsten ins Tausendste und – plötzlich ist das Thema weg: Themaverfehlung.

Prüfen Sie daher in regelmäßigen Abständen: Hat das, was ich gerade schreibe, auch noch etwas mit dem Thema zu tun?

Oder als Regel: *Themafrage beantworten.*

Eine vorbeugende Maßnahme gegen die Themaverfehlung ist eine gute Gliederung: Denn eine gute Gliederung ist der halbe Aufsatz. Was man darunter versteht, wissen wir eigentlich schon. Erinnern Sie sich an das Kapitel 4?

Lernen durch Strukturieren.
Wenn wir in unserer Vorbereitung auf diese Lernart besonderen Wert gelegt haben (weil wir uns ja informiert haben, welche Prüfungsart vorliegt), fällt uns eine gute Gliederung leicht.

Man weiß dann, wie man die Informationsfülle eines meist sehr umfassenden Themas strukturiert, das heißt ordnet und in einen Zusammenhang bringt.

Wir wollen das zur Wiederholung an einem Beispiel üben.

Stellen wir uns ein Thema aus unserem Kurs: «Wie kann man die Lernmotivation verbessern?»

Trainingsvorschlag
Bevor Sie unseren Gliederungsvorschlag lesen, können Sie auch ein leeres Blatt Papier zur Hand nehmen und dort einen eigenen Gliederungsvorschlag konzipieren.

Musterlösung «Aufsatzgliederung»

1.   Motivation – eine Grundbedingung für den Lernprozeß
2.   Verschiedene Lernmotive und ihre Förderung
2.1.   Interne Lernmotive
2.1.1. Kurze Darstellung und Erklärung der Internen Lernmotive
2.1.2. Förderung der Internen Lernmotive
       – äußere Gestaltung des Lernmaterials
       – äußere Gestaltung des Arbeitsplatzes
       – Förderung der Funktionslust
       – Förderung der Neugierde
2.2.   Materielle Lernmotive
2.2.1. Kurze Darstellung und Erklärung der materiellen Lernmotive
2.2.2. Förderung der materiellen Lernmotive
       – realistische Erwartungen
       – kurzfristige Zwischenziele mit Lernerfolgskontrolle
       – Belohnungen und Erfolgserlebnisse
       – sofortige Anwendung des Gelernten
       – Vermeidung von Versuchungssituationen
2.3.   Soziale Lernmotive
2.3.1. Kurze Darstellung und Erklärung der sozialen Lernmotive
2.3.2. Förderung der sozialen Lernmotive
       – Vergleichspartner
       – Wettbewerbssituation
       – Gruppenlernen
2.4.   Möglichkeiten der Motivbündelung
3.   Allgemeine Schwierigkeiten bei der Förderung der Lernmotivation

Geben Sie Ihre Gliederung zusammen mit Ihrer Prüfungsarbeit ab. Sie verschafft dem Korrektor nicht nur eine Übersicht, sie kann sogar «lebensrettend» sein, wenn Sie sich in Ihrer Zeitplanung verkalkuliert haben.

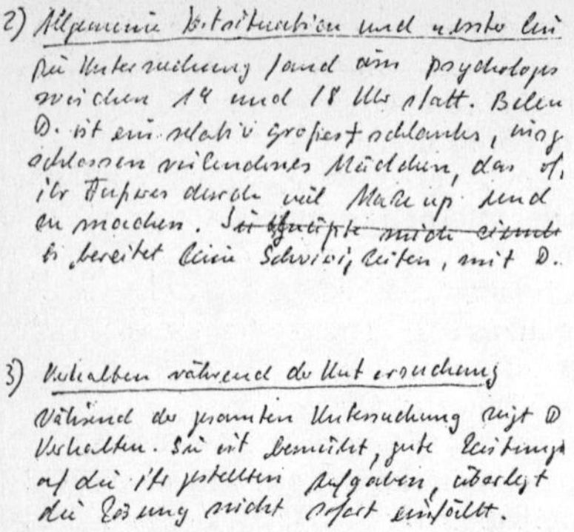

Abb. 23: Erste Seite einer Prüfungsarbeit (Ausschnitt)

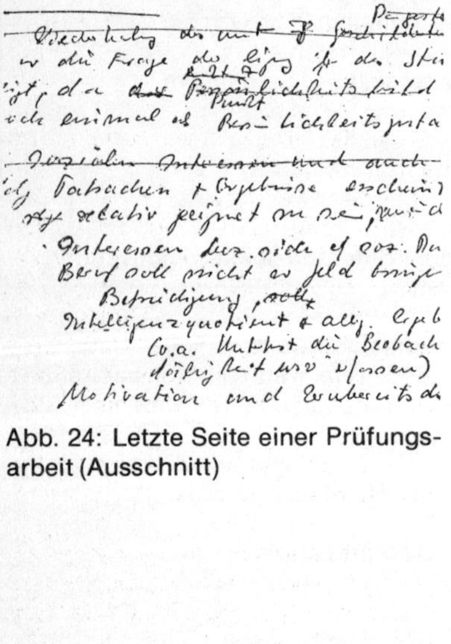

Abb. 24: Letzte Seite einer Prüfungsarbeit (Ausschnitt)

Überhaupt die Zeitplanung in der Prüfung:

«Viel zu wenig Zeit!» ist eine der häufigsten Klagen bei Aufsätzen. Eine alte Erfahrung dagegen besagt: Die Zeit kann so lang sein wie sie will, sie ist immer noch zu kurz.

Haben Sie schon einmal Prüfungsaufsätze gesehen? Sehen Sie sich die beiden Abbildungen links an. Vergleichen wir nur einmal die Schrift auf der ersten mit der auf der letzten Seite. Sie wird immer schlechter, denn unsere Zeit wird gegen Ende immer knapper werden. Es ist gut, wenn wir das am Anfang schon mit einkalkulieren.

Meist ist es besser, statt des «Aufsetzens von Aufsätzen» (vorläufiges Konzept, das man nochmals ins Reine schreibt), die Gliederung stärker auszuarbeiten und danach frei zu formulieren.

Nun zur zweiten schriftlichen Prüfungsmethode:

II. Kurzfragen oder Wahlaufgaben

Wir wollen uns hier auf die Prüfungsmethode der Wahlaufgaben konzentrieren, weil diese Prüfungsmethode heute immer häufiger verwendet wird. Die Mehrzahl der folgenden Hinweise kann man auch auf die Methode der Kurzfragen übertragen.

Wie könnten wir dieses Thema besser behandeln, als mit Wahlaufgaben selbst?

Nehmen Sie also das Trainingsfeld «Wahlaufgaben» vor und kreuzen Sie dort die Ihrer Meinung nach richtigen Antworten an.

Trainingsfeld «Wahlaufgaben»

1. Bei Wahlaufgaben sollte man
   a) mit den schwersten Fragen
      beginnen ☐
   b) mit den leichtesten Fragen
      beginnen, ☐
   c) die Fragen in der angegebe-
      nen Reihenfolge bearbeiten,
      ☐
   d) die Fragen in beliebiger Rei-
      henfolge bearbeiten. ☐

2. Bei Wahlaufgaben sollte man
   a) Fragen, die man nicht gleich
      beantworten kann, auslassen
      und zur nächsten Frage über-
      gehen, ☐
   b) sich lieber mit einer Frage in-
      tensiv beschäftigen und die
      anderen bleiben lassen, ☐
   c) alle Fragen gleich lang bear-
      beiten. ☐

3. Bei Wahlfragen, die man nicht
   beantworten kann, sollte man
   a) alle Alternativen anstreichen,
      ☐
   b) nichts anstreichen, ☐
   c) irgendeine Lösung anstrei-
      chen. ☐

Haben Sie sich mit einem Kreuz auf dem Trainingsblatt entschieden? Lesen Sie erst danach weiter.

Bei der ersten Frage ist die Alternative *b)* die richtige Lösung: *Fangen Sie mit den leichtesten Fragen an.* So ist ein Erfolgserlebnis am wahrscheinlichsten, und das ist immer ein guter Auftakt.

Nun zur zweiten Frage.

Haben Sie sich entschieden?

Hier ist natürlich die Lösung *a)* richtig: *Sich nicht zu lange bei einer Frage aufhalten.* Schwierige Fragen lieber auslassen und zur nächsten übergehen. So geht am wenigsten von der kostbaren Prüfungszeit verloren.

Und nun noch zur dritten Frage.

Wie haben Sie sich dieses Mal entschieden?

Hier ist im allgemeinen *c)* die richtige Taktik: *Im Notfall eine beliebige Lösung ankreuzen*, da man -- je nach Zahl der Alternativen -- einen gewissen Prozentsatz der Fragen damit rein zufällig richtig löst. Allerdings sollte man sich vorher vergewissern, ob falsche Lösungen nicht als Minuspunkte gerechnet werden.

(Erinnern Sie sich noch an unseren Prüfungsplan? Frage 2 hieß: «Wie wird geprüft?»)

Und nun noch zur dritten Form von schriftlichen Prüfungen:

III. Mathematische Aufgaben

Hier gilt vieles, was wir schon bei den anderen Prüfungsarten erwähnt haben, zum Beispiel:

- *mit den leichtesten Aufgaben beginnen,*
- *sich nicht zu lange in eine Aufgabe
  verbeißen,*
- *bei Zeitnot wenigstens den Lösungsweg andeuten (wie beim Aufsatz die Gliederung).*

Die schlimmste Situation bei Prüfungen dieser Art ist es, wenn man sich so total «verrannt» hat, daß man weder vor noch zurück kann.

Hier hilft uns möglicherweise eine kleine «Checkliste» weiter, die wir allerdings je nach Stoffgebiet selbst erstellen müssen.

Was ist das, eine Checkliste?

Das ist eine Liste, die man systematisch abfragt und die alle oder zumindest die häufigsten Fehlerquellen enthält.

Jeder Pilot geht vor Beginn eines Fluges eine Checkliste durch, um zu kontrollieren, ob alle Aggregate des Flugzeuges in der gewünschten Weise funktionieren.

In ähnlicher Weise sollten wir bei einer verworrenen Prüfungssituation Fehlermöglichkeiten abfragen.

Eine Checkliste für Berechnungen könnte beispielsweise so beginnen:
– Sind die Angaben richtig abgeschrieben?
– Sind die Werte von Gleichung zu Gleichung richtig übertragen?
– Stimmen die Benennungen noch?
– Ist das bisherige Ergebnis überschlagmäßig plausibel? usw.

Wenn alles nichts hilft, dann geht man am besten zur nächsten Aufgabe über. Wenn am Schluß noch Zeit bleibt, kann man sich ja wieder der ersten Aufgabe widmen. Vielleicht geht es dann schneller und problemloser als am Anfang.

IV. Schriftliche Fremdsprachenprüfungen

Bei Übersetzungen von der Fremdsprache in die Muttersprache ist es das falscheste, was man tun kann, sofort mit ihr Wort für Wort zu beginnen.

Deshalb: erst den Text ganz durchlesen, versuchen, den groben Sinn zu erfassen, sich darüber klar werden,

worum es überhaupt geht, kurz: *Strukturieren.*

Dieser Rat gilt aber nicht nur für den Gesamttext, sondern auch für jeden einzelnen Satz: Jeder Satz hat eine vorgegebene grammatikalische Struktur, zumindest also Subjekt (Satzgegenstand), und Prädikat (Satzaussage). Wenn man sie erkannt hat, fällt das «Auffüllen» mit den sonstigen Satzteilen schon viel leichter.

Verzweifeln Sie nicht, wenn Ihnen ein Wort unbekannt sein sollte. In jeder Sprache kann man ein fehlendes Wort meist relativ gut erraten, wenn der Gesamtsinn bekannt ist.

Bei Übersetzungen von der Muttersprache in die Fremdsprache, sowie bei Nacherzählungen und Aufsätzen in einer fremden Sprache ist es ebenfalls günstig, sich zunächst einen Gesamtüberblick zu verschaffen und gegebenenfalls eine kurze (!) Gliederung zu erstellen. Die Formulierungen sollten immer relativ einfach sein. Wenden Sie komplizierte Satzformen oder «Idioms» (= Redewendungen) nur dann an, wenn Sie sich vollständig über die Anwendung und Bedeutung im Klaren sind. Allgemein wiederholen wir jedoch:

Lieber vereinfachen als komplizieren!

Beim Diktat schließlich ist es nützlich, nicht nur Wort für Wort einfach niederzuschreiben, sondern sich auch über den Sinn Gedanken zu machen. Im Englischen z. B. gibt es einige Worte, die gleich ausgesprochen, aber verschieden geschrieben werden, z. B. right (richtig, Recht) und write (schreiben) oder auch night (Nacht) und knight (Ritter).

Wenn Ihnen im Diktat ein Wort unbekannt vorkommen sollte, so empfiehlt es sich, in einer Art von privater «Lautschrift» zu notieren. Sicher haben Sie nach dem Diktat noch einige Minuten Zeit, um entweder aus dem Sinn das richtige Wort herauszufinden, oder sich an einige Regeln zu erinnern, die es auch bei der Schreibweise verschiedener Lautfolgen in jeder Sprache gibt.

Ein kleiner Tip noch zum Schluß:

Haben Sie schon einmal erlebt, wie ein taubstummer Mensch zuweilen sehr gut fähig ist, seinem Gesprächspartner die Worte «von den Lippen zu lesen»?

Erinnern Sie sich daran beim Diktat! Schauen Sie dem Vortragenden auf den Mund!

Wie oft könnte man z. B. die Buchstaben «m» und «n» verwechseln, wenn man sie in fremden Worten hört.

Kann man dem Sprecher auf die Lippen sehen, ist diese Verwechslungsmöglichkeit nicht mehr gegeben.

Probieren Sie es mal vor dem Spiegel aus!

Das Verhalten in praktischen Prüfungen wird wesentlich davon bestimmt sein, wie schnell es gelingt, von der äußeren Prüfungssituation abzusehen und in die routinierten, automatisierten Abläufe zu gelangen. Versuchen Sie deshalb so gut es möglich ist und so weit es die Prüfungsbedingungen gestatten, in Ihr eigenes, altes Fahrwasser zu gelangen.

Eine kleine Hilfe hat man dabei, wenn man die äußeren Umstände so einrichten kann, wie man es gewohnt ist.

Verwenden Sie also, wenn es gestattet ist, Ihr übliches, gewohntes Werkzeug oder Arbeitsmaterial, tragen Sie nicht unbedingt an diesem Tage einen neuen, ungewohnten Anzug, und nehmen Sie meinetwegen auch Ihren kleinen Talisman mit in die Prüfung.

Zusammenfassung

Mündliche Prüfungen

Aus der Sicht des Prüfers sind mündliche Prüfungen meist ziemlich langweilig und wenig angenehm. Man schafft bessere Voraussetzungen, wenn man versucht, mit dem Prüfer eine interessante Unterhaltung zu führen.

Prüfungstricks und Prüfungsausreden sind nicht zu empfehlen, da der Prüfer sehr viel mehr Prüfungsroutine hat als der Prüfling. Auch bei mündlichen Antworten sollte man nicht darauf losreden, sondern in Gedanken gliedern und vorher planen.

Schriftliche Prüfungen

Fachaufsatz:

Wichtig ist vor allem die ständige Kontrolle, ob das, was man gerade schreibt, noch etwas mit dem gestellten Thema zu tun hat.

Eine gute Gliederung des Themas fällt leicht, wenn man bei der Vorbereitung die Lernart *Strukturieren* voll eingesetzt hat.

Kurzfragen oder Wahlaufgaben:

Die angemessene Lernart dafür ist meist *Verknüpfen*, da hier vor allem Detailkenntnisse abgefragt werden.

Bei der Beantwortung sollte man sich nicht zu lange mit den Einzelfragen beschäftigen.

Mathematische Aufgaben:

Man sollte vor der Prüfung eine möglichst detaillierte Checkliste aufstellen, nach der man im Notfall systematisch Fehlersuche betreiben kann.

Insgesamt sollte man sich jedoch nicht zu lange bei einzelnen Aufgaben aufhalten, um nicht unnötig Zeit zu verschwenden.

Praktische Prüfungen

In praktischen Prüfungen tritt der sogenannte «Tausendfüßler-Effekt» auf, der im 2. Fallbeispiel auf Seite 154 näher beschrieben wird. Aus Unsicherheit beginnt der Prüfling über bereits automatisierte Handlungen nachzudenken und stört so die Abläufe beträchtlich.

Zur Vorbeugung sollten die Handlungen über das erste Beherrschen hinaus weitergeübt werden, um Automatisierungsreserven zu schaffen.

Prüfungsregeln

Und nun wieder die Regeln für das Verhalten in den verschiedenen Prüfungen:

Mündliche Prüfungen:
1. Die Prüfung interessant gestalten.
2. Die gestellten Fragen beantworten.
3. Vom Allgemeinen zum Besonderen.
4. Keine Prüfungsausreden.
5. Bei Gruppenprüfungen: Mitdenken, auch wenn andere gefragt werden.

Schriftliche Prüfungen:
Fachaufsatz:
1. Themenfrage beantworten.
2. Am Anfang eine ausführliche Gliederung.
3. Auch die Gliederung abliefern.
4. Auf das Aufsetzen verzichten.
Kurzfragen oder Wahlaufgaben:
1. Mit den leichtesten Fragen beginnen.
2. Sich nicht zu lange bei einer Frage aufhalten.
3. Im Notfall eine beliebige Lösung ankreuzen.
Mathematische Aufgaben:

1. Mit der leichtesten Aufgabe beginnen.
2. Sich nicht in *eine* Aufgabe verbeißen.
3. Im Notfall nur den Lösungsweg angeben.
4. Sich selbst anhand einer Checkliste überprüfen.

Übersetzungen aus der Fremdsprache:
1. Zuerst versuchen, den Sinn zu erfassen.
2. Das Satzskelett suchen.
3. Fehlendes aus dem Zusammenhang erraten.

Übersetzungen in die Fremdsprache:
1. Gesamtüberblick verschaffen.
2. Lieber vereinfachen als komplizieren.

Diktat:
1. Auf den Sinn achten.
2. Unbekanntes in «privater Lautschrift» notieren.
3. Den Vortragenden ansehen.

Und nun bleibt uns nur noch, Ihnen viel Erfolg zu wünschen für alle Prüfungen, die Ihnen bevorstehen.

Trainingsvorschlag

Mit diesem Kapitel ist der Theoretische Teil des Buches abgeschlossen.

Es ist eine gute Gelegenheit, sich nochmals mit den Lerntechniken zu beschäftigen, die Sie vor diesem Kurs angewendet haben.

Schlagen Sie dazu den «Fragebogen bisheriges Lernen» auf den Seiten 17 bis 21 auf und legen Sie jeweils ein Blatt Papier daneben.

Schreiben Sie dort auf, wie Sie *nun* beim Lernen vorgehen würden, welche Techniken Sie nach den Ratschlägen dieses Buches anwenden würden.

Fallbeispiel: Elektronische Datenverarbeitung 14

Vom Lernen im Medienverbund und vom richtigen Umgang mit Lehrbüchern

In diesem Kapitel stellen wir Ihnen das erste Fallbeispiel vor. Wir haben für die Fallbeispiele Personen gesucht, deren Lernziele typisch sind für das Lernen Erwachsener. Die Auswahl der Personen erfolgte per Zufall, das heißt, wir wußten zuvor nicht, wie, mit welchen Methoden und unter welchen Umständen die Ausgesuchten tatsächlich lernen.

Unsere Fallbeispiele sind also ein Stück Realität, wir werden in ihnen Beispiele für sehr sinnvoll angewandte Techniken finden, manchmal so gar erstaunlich raffinierte Tricks, aber genauso werden wir auch auf ungeeignete Methoden stoßen und natürlich auch ab und zu auf ausgesprochene Lernfehler. Aus den falschen wie auch aus den richtigen Lerntechniken werden wir jedoch eine Menge lernen können.

Warum lernt Frau K.?

Frau K. aus Nürnberg ist 25 Jahre alt und seit einem Jahr verheiratet. Als Sekretärin des kaufmännischen Leiters arbeitet sie in einem Bauunternehmen, und ihr Mann arbeitet als Organisator in einem Unternehmen der mittleren Datentechnik.

Frau K. nimmt am Fernsehkurs im Medienverbund «Einführung in die Elektronische Datenverarbeitung»

teil, bisher erfolgreich, denn sie hat die zwei ersten Zwischenprüfungen bestanden.

In einem längeren Interview haben wir von Frau K. folgende Einzelheiten über ihre Lerntechniken und Lerngewohnheiten erfahren:

Zuerst fragten wir sie nach den Gründen, aus denen sie an diesem Kurs teilnimmt.

Der Anstoß kam von der Firma. Die Firma zahlt auch die Kosten für Begleitmaterial und Prüfungen von rund DM 80,–. Der Betrieb wird bald in größerem Umfang die Elektronische Datenverarbeitung einführen und ist daher daran interessiert, daß möglichst viele Mitarbeiter Grundkenntnisse in der Datenverarbeitung erwerben.

In der Firma haben rund 25 Personen mit dem Kurs angefangen, allerdings sind inzwischen schon wieder einige abgesprungen.

Frau K. selbst nimmt weniger aus beruflichen Gründen am Kurs teil. Sie verspricht sich keinen direkten Nutzen im Betrieb, da sie, wie sie glaubt, sicher auch in Zukunft nur am Rande mit EDV zu tun haben wird. Aber sie möchte trotzdem einige Grundkenntnisse besitzen, um zu verstehen, was vor sich geht.

Frau K. lernt auch aus privaten Gründen. Im Verlauf des Interviews erzählt sie, daß ihr Mann, der ja beruflich mit EDV zu tun hat, oft Fachausdrücke verwendet, die sie nicht versteht. Und, wie ihr Mann hinzufügt, ist sie manchmal etwas «eingeschnappt», wenn andere über Dinge reden, die sie selbst

143

nicht versteht. Daher beschloß Frau K., sich auch EDV-Kenntnisse anzueignen, um mitreden zu können.

Für Frau K. ist der Kurs «Einführung in die Elektronische Datenverarbeitung» nicht der erste Weiterbildungskurs, den sie mitmacht. Vor drei Jahren hat sie mit einem Abendkurs für die Sekretärinnenausbildung begonnen. Dieser Kurs dauerte ein dreiviertel Jahr. Sie hat ihn mit einem Diplom abgeschlossen. Diesen Kurs hatte sie ursprünglich eigentlich nur aus Interesse besucht, so wie jetzt den EDV-Kurs. Kurz danach wechselte sie aber die Stelle und konnte nun dank des Diploms von der Stenokontoristin zur Sekretärin aufsteigen.

Vor zwei Jahren besuchte sie einen Rhetorikkurs der Volkshochschule und im vergangenen Jahr einen Anfänger-Kurs in Englisch, ebenfalls in der Volkshochschule. Auch diese Kurse hat sie erfolgreich beendet.

Außerdem hat sie noch einen Steno-Eilschrift-Kurs, drei Yoga-Kurse und einen Gymnastik-Kurs in der Volkshochschule besucht.

In den letzten drei Jahren nahm sie stets an einem Kurs teil.

Auch nach dem EDV-Kurs will sie wahrscheinlich weitermachen, vielleicht einen Fortgeschrittenen-Kurs in Englisch, und zwar wieder an der Volkshochschule.

Der Kursverlauf

Wie ist der Kurs «EDV» bisher verlaufen?

Frau K. erzählt, daß sie im Betrieb in einer Gruppe zusammenarbeiten, vor allem vor den Zwischenprüfungen. Sie ziehen dann einen EDV-Spezialisten aus der Firma hinzu, der ihnen bei schwierigen Fragen hilft und auch die Lösungen kontrolliert. Während sonst viele aus dem Unternehmen schon abgesprungen sind, ist diese Gruppe noch vollständig. Diese Gruppe, so berichtet Frau K., ist die einzige, in der mehrere Kursteilnehmer zusammenarbeiten. Sie treffen sich meist in der Mittagspause.

Am Anfang hat der Kurs Frau K. noch mehr Spaß gemacht. Das erste Buch ist einfacher gewesen. Jetzt, so meint sie, wird es immer schwieriger, außerdem ist der Stoff im Augenblick sehr trocken, weil es um das Gebiet «Programmierung» geht.

Das Begleitmaterial wird von Lektion zu Lektion umfangreicher. Es ist unheimlich groß im Vergleich zum Fernsehkurs.

Zu vielen Dingen braucht man auch technisches Verständnis und das ist, wie Frau K. glaubt, eben doch eher Männersache.

Vielleicht gibt sie den Kurs bald auf, erzählt sie, denn sie wollte ja nur Grundkenntnisse erwerben, und die hat sie nach den ersten zwei Teilen bereits. Außerdem, so ergänzt sie, weil in der Firma schon so viele aufgegeben haben, glaube man dort auch, daß es nicht mehr so wichtig sei.

Frau K.'s Lerntechniken

Frau K. erzählt: Ihre Lerntechnik sei eigentlich seit Anfang des Kurses, vor 5 Monaten, ziemlich gleich geblieben. Zuerst habe sie sich die jeweilige Folge am Fernsehschirm angesehen, meistens schon am Montag bei der ersten Ausstrahlung, selten am Samstag bei der Wiederholung. Nur zu Beginn habe sie sich die Sendung manchmal zweimal angesehen, aber das habe ihr nichts eingebracht. Nach der Sendung habe sie dann immer den entsprechenden Abschnitt im Begleitbuch durchgelesen. In letzter Zeit habe sich der Schwerpunkt ihres Lernens immer mehr nur auf das Begleitmaterial konzentriert. Sie kritisiert, daß die Sendung zu kurz sei und nur ein kleiner Teil des eigentlichen Stoffes gezeigt würde. Außerdem würde viel Zeit damit verbraucht, überflüssige Dinge zu zeigen, die mit dem eigentlichen Lernen nichts zu tun hätten. Außerdem finde sie die Fernsehteile nicht sehr interessant. Bei technischen Sachen, die sie ohnehin nicht so interessierten, sei sie sogar manchmal eingeschlafen.

Seit etwa 3 bis 4 Wochen sehe sie sich den Fernsehteil gar nicht mehr an und arbeite nur noch im Begleitbuch. Als wir sie danach fragen, berichtet Frau K., daß es allerdings keine familiären Schwierigkeiten um das Fernsehgerät gegeben habe. Manchmal habe ihr Mann auch die Sendungen angesehen. Es liege also nicht daran, daß sie andere, interessantere Fernsehsendungen in dieser Zeit sehen wollte, sondern sie hatte einfach das Gefühl, daß das Fernsehen zum Lernerfolg nicht viel beitrage.

Frau K. schilderte uns, wie sie mit dem Begleitbuch arbeitet. Eine Lektion umfaßt rund 25 Seiten. Dieser Stoff muß in einer Woche durchgearbeitet werden. Der Text im Buch ist nach Meinung von Frau K. sehr konzentriert.

Sie nimmt sich immer 3 bis 4 Seiten auf einmal vor und liest sie dann ein erstes Mal durch. Dabei versucht sie, so viel wie möglich zu verstehen. Sie brauche eigentlich jemanden, so meint sie, der ihr den Text aus dem Buch noch einmal erkläre. Mit dem Buch lernt sie fast immer alleine, und mit ihren Kollegen arbeitet sie fast nur vor den Zwischenprüfungen zusammen.

Meistens liest sie eine halbe Stunde lang, manchmal in der Mittagspause im Betrieb, selten, wenn einmal eine Pause in der Arbeitszeit entsteht. Vor allem aber lernt sie abends im Bett.

Meistens liest sie an einem anderen Tag diesen Abschnitt noch ein zweites Mal durch.

Frau K. erzählt, sie habe immer nur an der Folge gearbeitet, die gerade im Fernsehen gesendet wurde. Abgeschlossene Folgen habe sie später nicht mehr wiederholt. Zum Schluß erzählt sie noch, wenn sie jemandem zuhören könne, dann verstehe sie es zehnmal besser, als wenn sie selbständig etwas lernen müsse.

Unsere Analyse: Der Lerntyp

Ordnen wir zuerst einmal das geschilderte Lernbeispiel anhand des Lernquaders ein. Das sollte bei jedem Lernproblem der erste Schritt sein:

Lernproblem am Lernquader analysieren.

Beginnen wir mit der Lernart: Frau K. lernt vor allem durch Verstehen. Sie liest das Begleitbuch, meist zweimal oder noch öfter, bis sie die Zusammenhänge verstanden hat.

Die *Lernart* ist also in diesem Fall *Strukturieren.* Diese Lernart ist durchaus dem Stoff angemessen, denn die Grundlagen der EDV muß man vor allem verstehen und nicht nur auswendig lernen.

Die Lernart *Verknüpfen* allerdings – also Wiederholen, Üben, Einprägen – fehlt fast völlig. Wir werden sehen, daß auch das zu den Schwierigkeiten führt.

Die *Lerngründe* sind, das wird im Interview ziemlich deutlich, vor allem sozial bedingt. Der Ehrgeiz spielt eine bedeutende Rolle, der Wunsch, anderen die eigenen Fähigkeiten zu beweisen, in Konkurrenz zu treten mit Kollegen und Bekannten. Besonders der

Wettbewerb mit ihrem Ehemann spielt bei Frau K. eine wahrscheinlich größere Rolle, als ihr selbst bewußt ist.

Daß andere Personen beim Lernen von Frau K. eine bedeutende Rolle spielen, zeigen auch ihre vorhergehenden Kurse: Immer waren es Volkshochschulkurse mit direktem Kontakt zum Lehrer und zu den Mitlernenden. Diese Art des Lernens, das sagt ja Frau K. auch deutlich, liegt ihr besonders.

Nun der *Lernweg:* Vor allem lernt sie aus dem Begleitmaterial und auch dort fast ausschließlich durch Lesen.

Wir kommen also bei unserem ersten Fallbeispiel zum dominierenden Lerntyp:

Strukturieren,
soziale Gründe
Lesen.

Die entsprechenden Lernregeln

Mit Hilfe der Übersicht im Anschluß an Kapitel 20 können wir nun die Lernregeln, die zu diesem Lerntyp gehören, zusammenstellen:

Lernart Strukturieren:
1. Sinnvolle Blöcke trainieren.
2. Selbst nach Oberbegriffen und Regeln suchen.
3. Nicht gleich sichtbaren Lernerfolg erwarten.
4. Vorgegebene Regeln mit eigenen Erfahrungen unterlegen.
5. Regeln kritisch prüfen.

Lerngrund allgemein:
1. Möglichst viele Motive für das Lernziel.
2. Jeder Lernschritt muß angenehme Folgen haben.
3. Die eigenen Motive bewußt machen.

Sozial:
1. Lernpartner suchen.
2. Realistische Partner für den Wettbewerb.

Lernweg allgemein:
1. Lernstoff anschaulich machen.
2. Mehrere Lernwege abwechseln.

Lesen:
1. Wichtiges laut lesen.
2. Text durch Markierungen gliedern.
3. Wichtiges selbst aufschreiben.
4. Den Inhalt in ein Schema umsetzen.
5. Beschriebenes anschaulich vorstellen.

Der zweite Schritt bei unserer Analyse lautet also:

Zugehörige Lernregeln zusammenstellen.

Zusätzliche Lerntypen

Natürlich spielen auch noch andere Lernarten, Lerngründe und Lernwege eine Rolle, in unserem Beispiel allerdings nur am Rande, zu sehr am Rande, wie wir bald im einzelnen sehen werden. Das ist schon wieder ein genereller Rat. Fast immer benutzt man nur einen oder einige wenige Lerntypen. Man sollte jedoch in jedem Fall nach weiteren geeigneten Lerntypen suchen. So schafft man eine breitere Basis für die immer recht vielfältigen Probleme eines Lernvorganges.

Als dritter Schritt also:

Zusätzliche geeignete Lerntypen suchen.

Das vernachlässigte Training

Beginnen wir bei der Suche nach zusätzlichen geeigneten Lerntypen wieder – wie gewohnt – bei der Lernart. Wir haben bereits erwähnt, daß die Lernart Verknüpfen von Frau K. nicht benutzt wird. Das ist mit ein Grund für ihre augenblicklichen Schwierigkeiten.

Frau K. hat den Lernstoff sicher verstanden, das ist auch die Hauptsache.

Die Nebensache jedoch, das Beherrschen der Details, der vielen Fachausdrücke, Formeln und Kurzbezeichnungen, machen ihr Schwierigkeiten.

Das Trainieren dieser Kenntnisse wurde vernachlässigt. Ohne dauernde Wiederholungen werden solche Dinge jedoch in immer stärkerem Maße vergessen. So entstehen allmählich die Lücken in den Grundlagen, die Frau K. in letzter Zeit das Verständnis und damit den Lernerfolg erschweren und zwangsläufig auch den Spaß am Kurs vermindern. Für Frau K. wäre also die Zeit gekommen, neben der laufenden Lernarbeit die Anfänge des Kurses zu wiederholen, und zwar regelmäßig und in größeren Abständen, wie wir es ja in Kapitel 2 gelernt haben.

Zum Beispiel könnte Frau K. jede Woche eine Lektion der ersten beiden Teile nochmals durchlesen. Wir wissen ja, etwas früher Gelerntes zu wiederholen, ist kein großer Aufwand mehr.

Viele Bücher bieten allerdings nur wenige Hilfen für das Wiederholen. Bei diesem Kurs haben Sie es leichter. Die knappen Zusammenfassungen am Ende jedes Kapitels eignen sich besonders für das Wiederholen.

Wir haben gesehen: Nach dem Suchen weiterer geeigneter Lerntypen werden wieder die entsprechenden Regeln zusammengestellt. In unserem Fall war das zum Beispiel die Regel:

Nicht zu früh wiederholen, die einschließt, daß man überhaupt wiederholen muß.

Und schließlich folgt bei der Analyse als vierter Schritt:

Die allgemeine Regel wird in einen konkreten Rat für die spezielle Situation umgesetzt.

Hier sind vier Schritte nochmals zusammengefaßt:

---

1. Schritt: Lernproblem am Lernquader analysieren.
2. Schritt: Zugehörige Lernregeln zusammenstellen.
3. Schritt: Zusätzliche geeignete Lerntypen suchen.
4. Schritt: Regeln in konkrete Ratschläge umsetzen.

Frau K.'s Motivreserven

Suchen wir weiter nach zusätzlichen geeigneten Lerntypen.

Wie sieht es bei den *Lerngründen* aus?

Ein *materieller Lerngrund* spielt bei Frau K. eine Rolle: Das Streben nach beruflichem Aufstieg, nach Erfolg. Zwar gibt sie das auch sich selbst noch nicht ganz zu, aber der Sekretärinnenlehrgang, den sie ja auch angeblich ohne direktes berufliches Ziel besuchte, führte bald zum beruflichen Aufstieg. Wir können dieses Motiv also auch beim EDV-Kurs vermuten, allerdings noch verdeckt, vielleicht sogar für Frau K. selbst.

Würde sie dieses Lernziel «Beruflicher Aufstieg» in stärkerem Maß akzeptieren, so könnte sie damit wahrscheinlich zusätzliche Kräfte für ihr Lernziel aktivieren. Denken Sie an die Regel: *Die eigenen Motive bewußt machen*.

Noch einen anderen Lerngrund könnte Frau K. verstärken: Die Erfolgserlebnisse. Dafür müßte sie allerdings ihren Lernerfolg häufiger und unmittelbarer kontrollieren; auch das ist ja eine Regel. Zum Beispiel könnte sie jede Lektion einmal mit ihrem Mann durchsprechen oder auch mit den Kollegen in der Lerngruppe.

Damit sind wir gleichzeitig wieder bei den *sozialen Lerngründen*. Der Wettkampf mit ihrem Mann spielt für Frau K. doch eine bedeutende Rolle. Allerdings scheut sie sich noch, ihn tatsächlich auch zu fragen. Wahrscheinlich würde es ihr helfen, einmal ihr erworbenes Wissen an den Kenntnissen ihres Mannes zu messen.

Mit ihren Kollegen und Kolleginnen, die auch am Kurs teilnehmen, vergleicht sich Frau K. bereits. Zusätzlich sollte sie das Gruppengefühl noch stärker einsetzen und die Lerngruppe zu häufigerer Zusammenarbeit veranlassen, auch außerhalb der Vorbereitungen auf die Zwischenprüfungen.

Es bleibt noch eine Gruppe von Lerngründen: *Die internen Lerngründe*.

Bei der elektronischen Datenverarbeitung könnte das zum Beispiel das Herumspielen am Computer sein, das Ausprobieren seiner Funktionsweise. Aufforderungscharakter und Funktionslust sind die Triebkräfte dazu. Solche Spielereien am Computer sind ja weit verbreitet bei allen Personen, die mit EDV zu tun haben.

Und da solches Herumspielen, wie wir wissen, den Lernerfolg deutlich unterstützt, sollte man so etwas ruhig fördern; allerdings nur solange, daß auch noch für sinnvolle Tätigkeiten am Computer genügend Zeit bleibt.

Vielleicht hätte auch Frau K. Gelegenheit, am bereits vorhandenen Kleincomputer der Firma dessen Funktionsweise auszuprobieren.

Zusätzlich zu den vorhandenen Hauptmotiven – die in unserem Fall ja bereits recht stark sind – kann man noch eine große Zahl kleinerer Rand-

motive in den Dienst des Lernziels stellen und durch diese Bündelung einen größeren Lernerfolg erreichen.

Der Umgang mit Büchern

Schließlich kommen wir noch zum *Lernweg*. Dieser Bereich ist bei unserem ersten Fallbeispiel bei weitem der wichtigste.

Frau K. benutzt fast ausschließlich den *Lernweg Lesen*, mit dem sie aber bisher nur wenig Erfahrung hatte. Daher zeigt sie sich auch nicht sonderlich geschickt im Umgang mit dem Begleitmaterial.

Ihr gewohnter Lernweg ist das *Hören* im Direktkurs und das *Handeln* im persönlichen Gespräch mit den Dozenten.

Fragen wir uns daher, wie Frau K. effektvoller mit dem Begleitmaterial lernen kann. Sehen wir uns die Regeln für den Lernweg Lesen noch einmal an:

1. Wichtiges laut lesen.
2. Text durch Markierungen gliedern.
3. Wichtiges selbst aufschreiben.
4. Inhalt in ein Schema umsetzen.
5. Beschriebenes anschaulich vorstellen.

Frau K. sollte also beim Lernen laut lesen. Dabei hat man auch noch den Vorteil, daß man durch die Betonung beim Lesen Zusammenhänge leichter erkennen und dadurch das Verstehen fördern kann.

Auch das Unterstreichen wichtiger Worte oder wichtiger Kernsätze erleichtert das Strukturieren und damit auch das Verstehen. Außerdem erkennt man auf diese Art beim späteren Wiederholen schneller das Wesentliche des Textes. Denken Sie aber bitte daran, daß Unterstreichungen und Hervorhebungen lediglich das Verständnis des Textes fördern sollen und nicht zu einer eigenen Wissenschaft unter Verwendung von 23 verschiedenfarbigen Stiften ausarten sollten.

Frau K. sollte auch nicht nur passiv den Text lesen. So werden nämlich, wie sie auch berichtet, viele Wiederholungen nötig.

Besser wäre es, nach einem ersten Informationsdurchgang, in dem man wichtige Stellen unterstreicht, in einem zweiten Bearbeitungsdurchgang die wesentlichen Teile aus dem Text selbst herauszuschreiben.

So entsteht durch eine eigene aktive Auseinandersetzung mit dem Text eine individuelle Zusammenfassung, die auch später das Wiederholen sehr erleichtert.

Was ist mit dem Medienverbund?

Um sich das Beschriebene anschaulich vorstellen zu können, hätte Frau K. ein Hilfsmittel zur Verfügung, dessen spezielle Stärken sie leider nur wenig nutzt: die Fernsehsendungen. Frau K. erwartet von ihnen eine Art von technisch perfektem Direktunterricht, so wie sie es von der Volkshochschule her gewohnt ist.

Diese Erwartungen kann das Fernsehen nicht erfüllen, da ihm ja gerade der Kern des Direktunterrichts fehlt, der persönliche Kontakt mit dem Dozenten. Frau K. ist also vom Fernseh-teil enttäuscht und gibt ihn logischerweise auch auf.

Diese Entwicklung ist sicher nur zum Teil Frau K. oder den Fernsehzuschauern insgesamt anzulasten, den größeren Anteil an diesem sehr verbreiteten Mißverständnis hat sicher das Fernsehen selbst, das nur zu oft versucht, Direktunterricht nachzuahmen in der Form von abgefilmten, technisch perfektionierten Vorlesungen.

Die Stärke des Fernsehens dagegen ist das Anschaulichmachen von Wissensstoff, das Zeigen konkreter Beispiele, bildhafter Vergleiche und praktischer Anwendungen.

Daher sollte Frau K. einmal versuchen, zuerst die entsprechende Lektion im Begleitmaterial durchzuarbeiten und erst dann die Fernsehfolge als Hilfe zur Veranschaulichungshilfe einzusetzen und nicht als eigentliches Lernmittel.

Das ist im Grunde auch der Zweck des Medienverbundes: Nicht das gleiche Ziel auf zwei verschiedenen Wegen nebeneinander anzusteuern, sondern jedem Medium entsprechend seiner Stärke eine besondere Funktion zuzuweisen.

In unserem Falle dient das Begleitbuch als Vermittler des umfangreichen Wissensstoffes. Die Fernsehfolgen dienen als anschauliche Illustration des Inhalts und erhöhen dadurch auch den Spaß am Lernen.

Zusammenfassung

Fassen wir also nochmals die Hauptratschläge zu diesem ersten Fallbeispiel zusammen, die gleichzeitig auf das Lernen im Medienverbund und auf den Umgang mit Lehrbüchern verallgemeinert werden können:

Frau K. hat keine Schwierigkeiten mit der *Lernart Strukturieren*, also mit dem Verstehen des Stoffes. Allerdings hat sie die genauso notwendige *Lernart Verknüpfen*, also das Wiederholen der Grundlagen, bisher vernachlässigt. Das macht sich nun durch schnell größer werdende Lücken bemerkbar.

Bei Frau K. spielen *soziale Lerngründe* eine starke Rolle.

Durch Bewußtmachen der zum Teil noch verdeckten Motive und durch zusätzlichen Einsatz weiterer Lerngründe, vor allem durch stärkeren Einsatz des Lernens in der Gruppe, könnten diese Hauptlerngründe unterstützt und verstärkt werden.

Bedingt durch ihre bisher ausschließlichen Lernerfahrungen mit Direktunterricht sind die Lerntechniken von Frau K. im Umgang mit Büchern nicht optimal. Eigene Aufzeichnungen würden durch eine eigene aktive Auseinandersetzung mit dem Stoff den Lernerfolg deutlich verbessern. Zudem würden sie die notwendigen Wiederholungen erleichtern.

Schließlich sollte Frau K. die Fernsehsendungen nicht mehr zum ersten Kennenlernen des Stoffes benutzen, sondern erst nach dem Durcharbeiten der entsprechenden Lektion im Begleitbuch als Veranschaulichung und Illustration des bereits Gelernten einsetzen.

Fallbeispiel: Führerschein

Über das Lernen von Verhaltensweisen, die Bündelung von Lernmotiven und die Koordination von praktischem und theoretischem Lernen.

In diesem zweiten Fallbeispiel geht es vor allem um das praktische Lernen und um ein Lernziel, das in jedem Jahr Hunderttausende anstreben: den Führerschein.

Dazu wählten wir Frau v. H. aus, von Beruf Krankenschwester, derzeit Hausfrau, verheiratet, drei Kinder.

Warum braucht Frau v. H. den Führerschein?

Zuerst wieder das Interview im Wortlaut.

I.: Frau v. H., Sie sind stolze Besitzerin eines Führerscheins. Können Sie uns kurz schildern, warum Sie die Fahrerlaubnis benötigen?

Frau v. H.: Ja. Ich war eigentlich immer etwas ängstlich und habe mich darum gedrückt, den Führerschein zu machen. Letzten Endes waren Vernunftsgründe ausschlaggebend.

I.: Vielleicht können Sie einige konkrete Gründe aufzählen?

Frau v. H.: Ich habe, wie Sie wissen, drei Kinder. Das eine geht in die Volksschule, eines besucht den Kindergarten und der Jüngste ist noch zu Hause. Wenn ich Besorgungen oder Besuche machen will, so ist das für mich recht umständlich, da ich auf die öffentlichen Verkehrsmittel angewiesen bin. Man ist mit drei Kindern einfach be-

weglicher, wenn man Autofahren kann. Der Wagen ist ja ohnehin vorhanden.

I.: Ihr Mann besitzt ja offensichtlich auch den Führerschein. Überläßt er Ihnen den Wagen?

Frau v. H.: Mein Mann hat mich sogar gedrängt, den Führerschein zu machen. Es ist bei längeren Urlaubsfahrten oder auch bei Wochenendfahrten eine Entlastung für ihn, wenn ich auch mal ans Steuer kann. Das war ein weiterer Grund für mich, Fahrstunden zu nehmen.

Ein dritter Grund könnte dann eintreten, wenn ich teilzeitweise in meinen Beruf zurückkehren würde. Ich würde dann als Krankenschwester vor allem im Nachtdienst arbeiten.

Frau v. H.'s Motive

Wir wollen noch einmal die Motive zusammenfassen, die dem Erwerb des Führerscheins bei Frau v. H. zugrunde lagen:

1. Die größere Beweglichkeit im Hinblick auf die Kinder.

Das ist dann eine Belohnung für Frau v. H., ein *materieller Lerngrund*.

2. Eventuelle Fahrten zur Arbeitsstelle.

Wieder handelt es sich um einen *materiellen Lerngrund*.

3. Entlastung des Mannes bei längeren Fahrten:

Ein *sozialer Lerngrund*.

4. Schließlich als weiterer *sozialer Lerngrund* der Wunsch ihres Mannes.

Frau v. H. hat also eine Reihe verschiedenartiger Motive, die ihren Führerscheinerwerb erstrebenswert erscheinen lassen. Wir wissen: Je mehr verschiedenartige Motive jemand für ein Lernziel findet, desto eher gelingt es ihm, auftretende Schwierigkeiten zu überwinden.

Denken wir an die Regel: *Möglichst viele Motive für das Lernziel.*

Die Schwierigkeiten

(Fortsetzung des Interviews)

I.: Frau v. H., verlief Ihre Fahrschule einschließlich der Fahrprüfung glatt oder hatten Sie irgendwelche Schwierigkeiten?

Frau v. H.: Ich hatte, kurz zusammengefaßt, folgende Schwierigkeiten:

Etwa in der 13. und 14. Fahrstunde konnte ich plötzlich keine Fortschritte mehr feststellen. Ich beherrschte plötzlich Dinge nicht mehr, die ich schon gekonnt hatte. Ich glaubte damals, daß ich das Autofahren nie lernen würde. Nach einiger Zeit ging es aber wieder aufwärts. Ich habe jetzt allerdings manchmal noch Schwierigkeiten, mir die Straßenbreite richtig einzuteilen, wenn ich zum Beispiel nach links abbiegen soll. Meine Hauptschwierigkeiten sind jedoch nicht beim Fahrunterricht, sondern in der Fahrprüfung aufgetreten. Ich habe einmal in der Prüfung versagt, wegen allzu großer Nervosität. Erst beim zweitenmal habe ich die Prüfung bestanden. Allerdings hatte ich den Prüfungstermin geheim gehalten, so daß ich meinen Mann mit der bestandenen Prüfung überraschen konnte.

Geheimnisse als Lerntrick

Bei Frau v. H. reichte offenbar die Motivation aus, daß sie selbst nach dem Prüfungsversagen nicht aufgab. Bevor sie sich jedoch ein zweites Mal einer Prüfung unterziehen konnte, brauchte sie noch ein Zusatzmotiv: Den Ehemann mit dem Bestehen der Prüfung zu überraschen.

Frau v. H. verhielt sich also recht erfolgreich nach der Regel: *Selbst Belohnungen setzen.*

Ein typisches Lernplateau

Nun noch einige Worte zu den Schwierigkeiten, die im Verlaufe des Lernvorganges und der Abschlußprüfung auftraten:

Frau v. H. berichtete, daß in der 13. und 14. Fahrstunde plötzlich Schwierigkeiten auftraten. Sie konnte keinen Lernfortschritt mehr feststellen. Sie hatte eher den Eindruck, daß es abwärts geht. Erinnern Sie sich noch, welchen Fachausdruck wir in Kapitel 4 dafür eingeführt haben?

Die Frage ist nun, ob dieses *Lernplateau*, wie wir eine solche Phase der Stagnation nennen, nur Zufall ist oder ob man an dieser Stelle allgemein einen solchen momentanen Leistungsstillstand erwarten kann?

Dazu sollten wir uns die Vorgänge beim Erlernen des Autofahrens noch etwas ausführlicher, als das in Kapitel 4 bereits geschehen ist, betrachten.

Stellen Sie sich dazu einen Anfänger in der ersten Fahrstunde vor oder denken Sie zurück an Ihre eigene erste Fahrstunde.

Als Beispiel wählen wir das Anfahren. Wie instruiert der Fahrlehrer das?

«Zündschlüssel nach rechts drehen, bis die Lampe wieder erlischt und der Motor läuft.»

«Kupplung links unten treten.»

«Ganghebel aus dem Ruhestand nach links vorne in den ersten Gang drücken.»

«In den Außenspiegel sehen, ob andere Fahrzeuge vorbeifahren wollen.»

«Das Gaspedal unten rechts leicht treten und die Kupplung dabei langsam loslassen . . .»

In der ersten Fahrstunde werden die einzelnen Tätigkeiten vom Fahrlehrer in kleinste Schritte zerlegt und einzeln instruiert.

In der dritten Fahrstunde sagt der Fahrlehrer nur noch:

«Zündung ein», «Gang einlegen», «in den Spiegel schauen und losfahren».

Und in der zehnten Stunde muß der Fahrlehrer dem nun schon fortgeschrittenen Fahrschüler nur noch die eine Anweisung geben: «Anfahren!»

Die «unfertige» Automatisierung

Der Lernfortschritt besteht beim Autofahren zunächst in der Zusammenfassung von Einzeltätigkeiten. Wir haben es also mit der Lernart *Strukturieren* zu tun.

Diese Tätigkeiten sind dem Lernenden am Anfang einzeln bewußt, das heißt, er könnte auch aufsagen, was beim Anfahren zu tun ist.

Im Laufe der Zeit geht ihm dieser Handlungsablauf aber in Fleisch und Blut über. Er wird automatisiert und unbewußt.

Im gleichen Maße wie die Bewegungsfolge automatisiert wird, benötigt man natürlich das Wissen um die Abfolge der Einzeltätigkeiten nicht mehr. Man vergißt zumindest zum Teil die Reihenfolge der Vorrichtungen. Man könnte sie also auch nach einiger Zeit nicht mehr so gut aufsagen.

Nun gibt es aber bei der Automatisierung von Tätigkeiten einen Punkt, an dem die Automatik noch nicht reibungslos funktioniert, aber die Abfolge der Tätigkeiten nur mehr zu einem geringen Teil vom Bewußtsein gesteuert wird. Setzt nun die Automatik aus, so kann es vorkommen, daß man plötzlich nicht mehr weiß, was zu tun ist. Man stellt sich nun auf einmal dümmer an als zu Beginn des Lernens. Dies kann beim Autofahren vor allem dann eintreten, wenn von den

Schema: Blockbildung beim Autofahren (Beispiel „Anfahren")

Instruktionen des Fahrlehrers:

1. Stunde

| Zündschlüssel nach rechts drehen | bis Lampe erlischt | und Motor läuft | Kupplung links unten | treten | Ganghebel aus Ruhestand | nach links vorne in 1. Gang drücken | in den Außenspiegel sehen | Autos vorbeilassen | Gaspedal unten rechts | treten | Kupplung gleichzeitig loslassen |

3. Stunde

| Motor anlassen | Gang einlegen | in den Spiegel sehen | losfahren |

10. Stunde

| Anfahren |

Einzelvorrichtungen auf größere Blöcke übergegangen wird oder auch dann, wenn der Fahrlehrer die einzelnen Blöcke gar nicht mehr benennt, sondern zum Beispiel nur noch die Fahrtrichtung angibt.

Im Falle der Frau v. H. dürfte das Zweite eingetreten sein. Frau v. H. befand sich mehrere Fahrstunden lang auf einem Lernplateau, nämlich solange, bis es ihr gelang, die Lücken in ihrem automatisierten Programm zu ergänzen.

Frau v. H. gibt weiter an, daß sie auch jetzt noch Schwierigkeiten hat, Distanzen richtig abzuschätzen. Das gilt vor allem für die Einteilung der Straßenbreite beim Abbiegen nach links sowie für die Schätzung der Entfernung von Autos im Rückspiegel, zum Beispiel beim Überholen.

Diese Schwierigkeiten beruhen offenbar auf einer noch nicht abgeschlossenen Automatisierung in diesem Bereich. Die Prozesse laufen noch zu einem großen Teil über das Bewußtsein ab. Beim Abbiegen nach links und beim Überholen wird noch zu viel nachgedacht.

Diese bewußten Vorgänge des Nachdenkens beeinflussen das Fahrverhalten negativ, das heißt es kann zum vorher beschriebenen Aussetzen der Automatik kommen: Man nimmt plötzlich den falschen Gang, man beachtet den Gegenverkehr zu wenig, weil man beispielsweise zu intensiv mit der Aufteilung der Straße beschäftigt ist.

Diese Schwierigkeiten können nur dadurch behoben werden, wie auch die Analyse zeigt, daß der Vorgang der Automatisierung zu Ende geführt wird. Und dies wiederum geschieht durch Übung, das heißt durch häufiges Aufsuchen der Situationen, die noch unvollkommen beherrscht werden.

Man lernt nicht Überholen, indem man an Pferdefuhrwerken auf sonst leeren Straßen vorbeifährt, sondern indem man – möglichst in erfahrener Begleitung – wirkliche Überholvorgänge durchführt.

Denken Sie dabei an unsere Lernregel:
Sinnvolle Blöcke trainieren.

Problem Prüfungsangst

Noch mit einem dritten Problem hatte Frau v. H. beim Erlernen des Autofahrens zu kämpfen: mit der Prüfungsangst.

I.: Frau v. H., können Sie uns kurz schildern, wie sich bei Ihnen die Prüfungsangst äußerte?
Frau v. H.: Bei der ersten Prüfung war ich so nervös, daß ich alles durcheinander gebracht habe. Der Prüfer hat deshalb die Prüfung nach kurzer Zeit abgebrochen.

Der «Tausendfüßler-Effekt»

Wie kann man sich erklären, daß jemand, der inzwischen genug Fahrpraxis hat, so daß er vom Fahrlehrer zur Prüfung zugelassen wird, plötzlich alles vergißt, was anscheinend in Fleisch und Blut übergegangen war und daß er plötzlich die einfachsten Handgriffe nicht mehr beherrscht?

Die Erklärung lautet hier:
Automatisierte Vorgänge sind vom Bewußtsein her störbar.

Es gibt die Fabel von einem Tausendfüßler, der einer Tages gefragt

154

wurde, wie er es denn nur fertigbringe, beim Laufen mit seinen vielen Beinen nicht zu stolpern. Daraufhin betrachtete der Tausendfüßler zum erstenmal beim Laufen seine eigenen Beine und – brachte sie völlig durcheinander.

Etwas wissenschaftlicher ausgedrückt:

Wenn jemand versucht, über einen bereits automatisierten Verhaltensablauf nachzudenken, dann stört er dadurch bereits den Verhaltensablauf. Nennen wir dieses Phänomen einmal den «Tausendfüßler-Effekt».

Noch zwei Beispiele dazu: Ein Hochspringer, der sich beim Absprung überlegt, was er genau mit dem rechten Arm tun muß, wird sicher die Latte herunterreißen.

Ein Pianist, der sich bei schwierigen Passagen eines Konzertes den Fingersatz überlegt, wird sich sicher verspielen.

Gerade wenn man etwas neu gelernt hat, mißtraut man den automatischen Abläufen und versucht, möglichst über das Bewußtsein seine Handlungen zu kontrollieren, um ja nichts falsch zu machen. Wie wir wissen, bedeutet aber gerade dies einen Rückschritt, einen Schritt weg von der automatisierten Bewegung zur halbautomatischen. Die Fehleranfälligkeit wird plötzlich massiv erhöht.

Eine Möglichkeit, die Störbarkeit automatischer Abläufe in Prüfungssituationen herabzusetzen, ist:

Während der Prüfung seine Gedanken vom Ablauf der eigentlichen Handlung abzulenken.

Das gelingt allerdings nur dann, wenn die Verrichtungen tatsächlich automatisiert sind. Die Fahrprüfung sollte also nicht dann erfolgen, wenn man zum erstenmal keine Fehler mehr macht, sondern erst dann, wenn man über einige Stunden hinweg keine Fehler mehr gemacht hat.

Hier ist also die Regel *Nicht Überlernen*, die wir bei der Lernart Trainieren gelernt haben, falsch am Platz.

Die Automatisierung von Blöcken ist erst nach einem gewissen Überschuß an Übung nicht mehr anfällig gegen Störungen.

Sie sehen an diesem kleinen Beispiel, daß es keine Universalregeln für alle Lernprozesse geben kann. Was bei der einen Lernart falsch ist – das Überlernen –, ist bei der anderen Lernart notwendig.

Lernen von Bewegungsabfolgen

Zusammenfassend läßt sich sagen:

Das Erlernen des Autofahrens ist gleichzusetzen mit dem Erlernen von Bewegungsabfolgen, die mit der Zeit automatisch, also nicht mehr bewußt, ablaufen.

Was nach einiger Übung noch bewußt ist, sind Blöcke wie Einparken, Anfahren usw. Der zugehörige Bewegungsablauf geschieht vollautomatisch.

Solange diese Bewegungsautomatik noch nicht vollendet abläuft, können die verschiedensten Störungen auftreten, wie wir am geschilderten Fall gesehen haben.

Der Stillstand des Lernfortschritts nach einer Anlaufphase von 8–12 Fahrstunden ist ein allgemein auftretendes Phänomen. Die Automatik funktioniert noch nicht einwandfrei, die bewußte Kontrolle ist jedoch bereits vermindert, so daß sie nicht schnell genug in die Lücken der Automatik einspringen kann.

Allgemein gilt auch, daß automatisierte Bewegungen, vor allem wenn noch nicht genügend Übung vorliegt, durch eine eigentlich bereits überflüssige, bewußte Kontrolle leicht störbar sind. In Prüfungssituationen ist dieser Tausendfüßler-Effekt, wie wir ihn genannt haben, oft zu beobachten.

Die theoretische Prüfung

Die Fahrprüfung besteht neben der praktischen auch aus einer theoretischen Prüfung. Manche Personen haben auch mit diesem Teil der Prüfung Schwierigkeiten.

Ratschläge für Prüfungen in der Art der theoretischen Fahrprüfung finden Sie ausführlich in den Kapiteln 18 und 19. Dort ist dem Prüfungstyp der «Wahlaufgaben» ein eigener Abschnitt gewidmet.

Man sollte Schwierigkeiten mit dem theoretischen Wissen jedoch bereits vor den letzten Fahrstunden überwunden haben. Denn die Kenntnis der Verkehrsregeln ist ja Voraussetzung für einen reibungslosen Ablauf der Automatisierung:

Man kann nicht flüssig Auto fahren, wenn man noch bei jedem zweiten Verkehrszeichen über dessen Bedeutung nachdenken muß.

Daher sollte man sich vornehmen, sein eigenes Wissen über die Verkehrsregeln ständig zu kontrollieren. Die Mustervordrucke der Prüfungsfragen sind für ein solches ständiges Abfragen des Wissens sehr gut geeignet.

Dabei befolgen wir die Lernregel: *Häufige Erfolgskontrollen.*

Bei diesen Mustervordrucken der Prüfungsfragen sollte man während des Lernens bereits, das heißt nach jeder einzelnen Aufgabe, die Richtigkeit der Lösungen kontrollieren und nicht erst nachdem man einen ganzen Bogen fertig hat.

Denn eine solche, unmittelbare Kontrolle erlaubt eine sofortige Korrektur von eventuellen Fehlern. Fal-

sches kann sich also gar nicht erst festsetzen und richtige Lösungen werden durch das sofortige Erfolgserlebnis besonders gefestigt.

Dieses Wissen sollte man aber nicht nur theoretisch lernen und abprüfen, sondern gleichzeitig auch in der Praxis anwenden. Das muß keineswegs auf die Fahrstunden beschränkt werden. Achten Sie zum Beispiel als Beifahrer besonders auf die Verkehrszeichen. Oder beobachten Sie als Fußgänger kritisch andere Autofahrer und überlegen Sie, welche Vorschriften diese einhalten und welche sie übersehen.

Das wird nicht nur für Ihr theoretisches Wissen von Nutzen sein, sondern genauso auch für Ihr praktisches Fahrverhalten. Die entsprechende Lernregel lautet:

Anderen zusehen. Beim Autofahren geht es ja um den *Lernweg Handeln.*

Eine andere Lernregel aus diesem Bereich ist auch gut anwendbar: Fahren Sie zum Beispiel eine bestimmte Strecke im Geist ab und überlegen Sie sich genau, was Sie dabei im einzelnen an Verkehrsregeln beachten müssen.

Versetzen Sie sich in Ihrer Phantasie in schwierige Situationen und denken Sie nach, was Sie in diesem Fall genau tun müßten. Denn Sie erinnern sich sicher noch an unsere Lernregel:

Handlungen in der Vorstellung üben.

Zusammenfassung

Und zum Schluß wieder die Zusammenfassung des Fallbeispiels:
Frau v. H. strebt aus verschiedenen Motiven den Führerschein an.
Es überwiegen dabei materielle Lerngründe. Nach einem erfolglosen Prüfungsversuch brachte Frau v. H. durch die Geheimhaltung ihres zweiten Prüfungsversuches geschickt weitere Motive mit ins Spiel.

Die Schwierigkeiten in der 13. und 14. Fahrstunde hätten Frau v. H. sicher weniger belastet, wenn sie gewußt hätte, daß solche Lernplateaus beim *Lernen durch Strukturieren* normale Vorgänge sind, die im Laufe des weiteren Lernens von selbst wieder verschwinden.

Die noch bestehenden Schwierigkeiten lassen sich sicher durch ein gezieltes Üben der Blöcke, die anscheinend noch nicht völlig automatisiert sind (zum Beispiel Überholen), beheben.

Das Prüfungsversagen war auf eine zu geringe «Automatisierungs-Reserve» zurückzuführen. Eine gewisse «Überroutine» verringert die Störbarkeit der automatisierten Handlungen durch das Bewußtsein und schützt die vorhandenen Fähigkeiten vor der Prüfungsnervosität.

Fallbeispiel: Wirtschaftsenglisch

Über Sprachlerntechniken, Lernzeitgestaltung und Lerngründe von außen.

In unserem dritten Fallbeispiel beschäftigen wir uns mit einem der verbreitetsten Lernziele Erwachsener: dem Lernen einer Fremdsprache.

Allerdings haben wir keinen Anfänger gewählt, sondern einen Mann, der schon vorhandene Englischkenntnisse auf einem Spezialgebiet perfektioniert.

Herr Z. besucht einen «Lehrgang für Wirtschaftskorrespondenten in Englisch» an der Volkshochschule Nürnberg. Er ist nun im zweiten Semester. Nach weiteren zwei Semestern will er den Kurs mit einem Diplom der Industrie- und Handelskammer abschließen.

Wie Herr Z. zum Lernen kam

Da das Interview in diesem Fall sehr umfangreich war, haben wir die wichtigsten Informationen zusammengefaßt.

Zuerst befragten wir Herrn Z., wie er dazu kam, den Lehrgang zu besuchen.

Er berichtet uns, daß er für sein berufliches Weiterkommen Kenntnisse in Wirtschaftsenglisch benötigt.

Er hatte drei Jahre lang Englisch auf dem Gymnasium gelernt. Aus wirtschaftlichen Gründen mußte er mit der Mittleren Reife abgehen und er begann eine kaufmännische Lehre. Danach hatte er zwölf Jahre lang eigentlich nichts mehr mit Englisch zu tun gehabt.

Vor vier Jahren hatte er dann mit seinem ersten Englischkurs an der Volkshochschule wieder angefangen. Er war damals in seiner jetzigen Firma – einem Großunternehmen der Metallverarbeitung – Sachbearbeiter im Verkauf. Kurz vorher hatte er die Verbindungsstelle zur Exportabteilung übernommen und war damit gezwungen, Englisch zu benutzen, da ein Teil der Korrespondenz in Englisch geführt wurde.

Er hatte allerdings damals noch eine Mitarbeiterin, die gut Englisch konnte. Er wußte jedoch, daß diese Mitarbeiterin bald weggehen würde, da sie nur ihr Studium unterbrochen hatte, um zu arbeiten. Er war also gezwungen, bald mit seinen Englisch-Kenntnissen auf eigenen Beinen zu stehen. Er hat dann sechs Semester lang an einem Englischkurs teilgenommen und ihn mit dem «VHS-Zertifikat» im vorigen Jahr erfolgreich abgeschlossen. Dieser Kurs hat ihm Spaß gemacht, wie er erzählt. Daher hat er beschlossen, auch noch den Lehrgang «Wirtschaftsenglisch» zu besuchen. Inzwischen hat er eine andere Mitarbeiterin bekommen, die auch Englisch von der Mittelschule her kann, allerdings nicht so gut wie die erste.

Er kann jetzt deutlich besser Englisch als die Mitarbeiterin; wenn schwierige Dinge zu schreiben sind, macht er das jetzt selbst.

Das abgeschlossene Zertifikat hat keine direkten Auswirkungen auf seine berufliche Karriere, meint Herr Z. Die Firma weiß offiziell gar nichts davon. Allerdings gibt er zu, daß seine guten Englischkenntnisse schon etwas zu seinem Aufstieg im Unternehmen beigetragen haben. Er ist inzwischen Leiter einer Verkaufsabteilung mit Handlungsvollmacht geworden und hat den Status eines leitenden Angestellten erreicht.

Auch der jetzige Wirtschaftskorrespondenten-Kurs kann zu seinem weiteren Aufstieg beitragen, meinte er.

Herr Z. faßt zusammen:

Zuerst hat er aus Interesse gelernt, um sich irgendwie im Beruf weiterzubilden. Inzwischen lernt er gezielt im Hinblick auf seinen Aufstieg im Unternehmen. Er bemerkt scherzhaft, je mehr Englisch er lernt, um so mehr braucht er es auch im Beruf.

Unsere Analyse

Soweit also, was Herr Z. über seine Lerngründe berichtet.

Er sieht es folgendermaßen:

Sein ursprüngliches Motiv war ein allgemeines Interesse an Weiterbildung, inzwischen ist jedoch der Lerngrund der erhoffte weitere Aufstieg im Unternehmen.

Das Motiv *allgemeines Interesse* scheint noch zu diffus und nichtssagend.

Wenn wir aufgrund der Angaben die Anfangssituation genauer betrachten, sehen wir konkretere Gründe:

Zum Beispiel der Zwang nach dem damaligen Stellenwechsel, englische Korrespondenz zu führen, da er ja die Verbindungsstelle zur Exportabteilung übernommen hatte.

Die Mitarbeiterin als Ansporn

In diesem Zusammenhang spielt auch die damalige Mitarbeiterin, die mit ihren Englischkenntnissen Herrn Z. weit überlegen war, eine wichtige Rolle. Für ihn war das sicher ein Ansporn, auch bei den Englischkenntnissen mit ihr konkurrieren zu können und nicht mehr von ihr abhängig zu sein.

Dieses Ziel hat er ja inzwischen offensichtlich erreicht, allerdings in Beziehung auf seine jetzige Mitarbeiterin.

Es stand also auch ein starker *sozialer Lerngrund*, der *Wettbewerb*, am Beginn des Lernens. Wahrscheinlich war dieses Motiv Herrn Z. gar nicht bewußt.

Ebenso können wir vermuten, daß er schon von Anfang an mit dem Ziel des konkreten beruflichen Aufstieges lernte. Vielleicht aus Unsicherheit über den Erfolg seiner Bemühungen gestand er sich dieses Motiv zu Beginn nicht richtig ein.

Inzwischen, da sein beruflicher Aufstieg offenkundig ist und der Erfolg sein Selbstbewußtsein in dieser Richtung gestärkt hat, gibt Herr Z. sich selbst und auch anderen gegenüber zu, daß ihn konkrete Aufstiegswünsche zum weiteren Lernen veranlassen.

Als weiterer *materieller Lerngrund* kommt der Erfolg des vorhergehenden Kurses hinzu. Das bestandene «VHS-Zertifikat» veranlaßte ihn, unmittelbar anschließend den nächsten Englischkurs bei der Volkshochschule zu beginnen. Hier ist deutlich die Wirkung des Erfolgserlebnisses zu erkennen, die wir Ihnen in Kapitel 7 vorgestellt haben.

Insgesamt sehen wir: Mehrere starke Motive stehen bei Herrn Z. im Dienst des Lernziels. Das erklärt einen großen Teil des Erfolges. Es entspricht ja auch der allgemeinen Regel: *Möglichst viele Motive für das Lernziel.*

Ebenso hat die unmittelbare Anwendung des Gelernten in der täglichen Berufspraxis einen wesentlichen Anteil. So erfüllt Herr Z. eine weitere Regel:

Jeder Lernschritt muß angenehme Folgen haben.

Wann lernt Herr Z.?

Im Lauf des Interviews berichtete Herr Z. auch ausführlich über seine Lernzeiten.

Zweimal in der Woche findet der Lehrgang statt, dienstags von 18.00 bis 21.15 Uhr und freitags von 18.00 Uhr bis 20.30 Uhr.

Im Betrieb ist eigentlich um 16.00 Uhr Büroschluß, es wird aber meist 17.00 Uhr, bevor er aus dem Büro kommt. Dann bleibt ihm an den Lehrgangstagen noch eine kurze Pause, bevor er zur Volkshochschule fährt.

Neben den Kursbesuchen müssen noch Hausaufgaben erledigt werden, zum Beispiel Übersetzungen oder das Formulieren englischer Briefe. Im Durchschnitt muß er mit einer weiteren Stunde Lernzeit täglich rechnen, in der Woche also ungefähr mit fünf Stunden. Dafür hat Herr Z. allerdings keinen festen Plan oder gleichbleibende Zeiteinteilung.

Er hat häufig dienstlich auswärts zu tun. Ungefähr einmal in vierzehn Tagen muß er für zwei bis drei Tage verreisen. Da ihm der Lehrgang gefällt, legt er die Reise immer auf die Tage zwischen den Kursen, so daß bisher keine Stunde ausfallen mußte. Normalerweise ist Herr Z., wie gesagt, gegen 17.00 Uhr mit der Büroarbeit fertig. An Tagen ohne Lehrgang kommt er ungefähr gegen 18.00 Uhr nach Hause, da er rund 20 km von seinem Arbeitsplatz entfernt wohnt. Im Berufsverkehr benötigt er mit dem Auto fast eine Stunde für den Heimweg.

Zu Hause hat seine Frau dann das Abendessen schon vorbereitet. Herr Z. ist seit neun Jahren verheiratet und hat zwei Töchter im Alter von sieben und fünf Jahren. Da die kleine Tochter seit kurzem ganztägig im Kindergarten ist, arbeitet seine Frau wieder halbtags, und zwar im gleichen Unternehmen wie er.

Nach dem Abendessen nimmt sich Herr Z. Zeit für seine Familie, und meistens lernt er danach noch 2 bis 3 Stunden, je nachdem, wieviel Arbeit anfällt. Manchmal, wenn besonders viel zu tun ist für den Lehrgang, muß er auch noch am Samstagnachmittag arbeiten, da er in letzter Zeit meist am Samstagvormittag noch Vorgänge in der Firma aufarbeiten mußte. Ungefähr einmal im Monat, so schätzt Herr Z., muß er auch am Samstag für seinen Lehrgang lernen.

Ohne groß zu analysieren, sehen wir, daß Herr Z. eine große zeitliche Belastung für sein Lernziel auf sich nimmt. Ohne seine außerordentlich starken und gebündelten Lernmotive wäre das sicher nicht möglich.

Wir wollen uns fragen, ob die von ihm gewählte Einteilung der Arbeitszeit optimal ist oder ob man eventuell daran etwas verbessern könnte.

Fassen wir noch einmal die Lernzeiten von Herrn Z. zusammen:

Einmal die beiden Kursabende. Weder ihre Dauer noch ihre Termine kann Herr Z. beeinflussen. Es bleiben also die fünf Stunden, die er ungefähr jede Woche für die Hausaufgaben aufwendet.

Die beiden Kurstage fallen ja für die Hausarbeiten aus, da Herr Z. nach acht Stunden Arbeit und rund drei Stunden Kurs sicher zum Weiterlernen keine Lust mehr hat.

Solche Gewaltleistungen sind auch nicht sinnvoll.

Es bleiben also der Montag-, Mittwoch- und Donnerstagabend, der Samstagnachmittag und Samstagabend sowie der ganze Sonntag.

Auch das Nicht-Lernen ist wichtig

Sicher ist es nicht optimal, die fünf Stunden in je eine Stunde an jedem dieser Tage aufzuteilen, denn so bleibt kein Tag in der Woche mehr, an dem Herr Z. nicht Englisch lernt und das ist doch bei aller Begeisterung zu viel verlangt. Also muß die Lernzeit auf einige Tage konzentriert werden.

Dabei wäre es sinnvoll, wenn diese Lernzeitaufteilung schon im voraus geplant würde. Herr Z. kann zwar wegen seiner Reisen keinen gleichbleibenden Lerntag, zum Beispiel Montag oder Donnerstag festlegen, trotzdem sollte er, zum Beispiel mit Hilfe des Terminkalenders, eine Woche im voraus planen.

Dabei ist es wahrscheinlich günstig, die fünf Stunden auf zwei Tage zu verteilen. So ergeben sich Lernabschnitte von zwei bis drei Stunden Dauer.

Einmal ist das, wie wir noch aus Kapitel 3 wissen, eine günstige Länge, zum anderen ist Herr Z. ja solche Zeitabschnitte von den Kurstagen gewohnt.

Es bleibt noch die Frage: Auf welche Tageszeit sollten diese drei Stunden gelegt werden?

Da Herr Z. gegen 18.00 Uhr von der Arbeit nach Hause kommt, sollte er nicht gleich mit dem Lernen beginnen. Außerdem sind er und seine Familie (das sollte man auch beachten) gewohnt, um diese Zeit zu essen.

Er wird also günstigerweise – wie er es auch tut – eine Erholungspause einlegen. Allerdings wissen wir, daß sie nicht länger sein sollte als zweieinhalb Stunden, da man sonst schon zu sehr auf Freizeit umgestellt hat und sich nur noch schwer auf das Lernen einstellen kann.

Von 20.00 Uhr bis 23.00 Uhr zu lernen, ist also im Fall von Herrn Z. eine relativ günstige Zeit. Plant er im voraus zwei solche Lernabende pro Woche, so kann er die restlichen Abende und das Wochenende ungestörter als bisher seiner Familie widmen. Wenn einmal weniger zu tun ist, sollte er versuchen, die Arbeiten auf einen Abend zu konzentrieren, um so einen weiteren lernfreien Tag zu gewinnen.

Die Früchte der Planung

Eine Lernzeitplanung dieser Art erfüllt zwei unserer Lernregeln: *Selbstbelohnungen planen* und *kurzfristige Zwischenziele ableiten*.

Wenn das Lernen so auf einige Abende beschränkt bleibt, so bleibt für die restlichen Tage mehr Zeit, um konkurrierende Motive zu erfüllen, zum Beispiel sich ausführlicher mit den Kindern zu beschäftigen, in Ruhe fernzusehen, Besuch zu haben, ein Buch zu lesen usw.

Für die eigentliche Lernzeit sind diese Motive dann ausgeschaltet und eine weitere Regel ist erfüllt: *Konkurrierende Motive ausschalten*.

Eine solche Planung, die vielleicht eine Viertelstunde Zeit pro Woche in Anspruch nimmt, spart nicht nur diese

Zeit beim eigentlichen Lernen wieder ein, sie macht auch das Lernen für alle Beteiligten angenehmer.

Herrn Z.'s Lerntechniken

Zu fünfundneunzig Prozent lernt er alleine. Gelegentlich fragt ihn seine Frau ab, vor allem, wenn neue Vokabeln zu lernen sind. Seine Frau hat von der Handelsschule her einige Englischkenntnisse, jedoch ist, nach Meinung von Herrn Z., der Abstand der Kenntnisse zu groß, um mit ihr zusammen richtig lernen zu können.

Zwei Kollegen aus seiner Firma besuchen diesen Lehrgang auch noch. Wenn einer etwas nicht weiß, versucht er zuerst, das mit einem der Kollegen am Telefon schnell zu klären. Richtig zusammen zu lernen, haben sie allerdings noch nie versucht.

Die Hauptarbeit nehmen bei Herrn Z. die Hausaufgaben des Lehrgangs und das Bearbeiten des laufenden Stoffes in Anspruch. Daneben wiederholt er von Zeit zu Zeit den Lernstoff des Zertifikat-Kurses. Als Unterlagen benutzt er vor allem das Material, das ihnen der Dozent von Stunde zu Stunde vervielfältigt mitbringt. Daneben verwendet er noch mehrere Fachbücher, vor allem zum Nachschlagen bei den Hausaufgaben, zum Beispiel ein Grammatikbuch, verschiedene Wörterbücher und das Lehrbuch des Zertifikat-Kurses, weil er sich da am besten auskennt.

Im ersten Kurs hat er sich kaum eigene Notizen gemacht, da damals vor allem aus Büchern gelernt wurde. Jetzt werden Briefe diktiert, die dann ins Englische übersetzt werden müssen.

Außerdem müssen fünfzig englische Briefe auswendig gelernt werden, damit sich die Phrasen der Geschäftssprache richtig einschleifen.

Von Zeit zu Zeit, so erwähnte er noch, versucht er, englischsprachige Tageszeitungen oder Fachzeitschriften zu lesen.

In England oder den USA ist Herr Z. noch nicht gewesen. Er hat in den letzten Jahren keine Gelegenheit gehabt, im Urlaub zu verreisen, da gerade sein Haus gebaut wurde.

Warum denn alleine?

Herr Z. lernt praktisch alleine, obwohl er drei Lernpartner in seiner Firma hätte. Er arbeitet mit ihnen nur sporadisch zusammen, so daß sich die Vorteile der Gruppe kaum entwickeln können.

Sicher wäre es nicht schwer, die Zusammenarbeit mit den Kollegen in seiner Firma nicht nur auf gelegentliche Auskünfte am Telefon zu beschränken.

Wie wäre es mit einer regelmäßigen Zusammenkunft, vielleicht nach Arbeitsschluß oder einmal wöchentlich in der Mittagspause?

Dort könnte man Aufgaben gemeinsam durchsprechen, Diktate üben, schwierige Briefe gemeinsam übersetzen usw.

Diese Lerngruppe würde keine zusätzliche Zeit kosten, im Gegenteil, sie könnte unter den gegebenen Umständen jedem Beteiligten sogar häusliche Arbeitszeit ersparen.

Sprachen mit anderen lernen

Es ist ein verbreiteter Irrtum, daß man Sprachen vor allem alleine lernen muß. Gerade eine Sprache, die ja als Verständigungsmittel zwischen Menschen entstanden ist, sollte auch überwiegend zusammen mit anderen

Menschen gelernt werden.

Hier hat das Lernen in der Gruppe folgende Vorteile:

1. Lernmöglichkeiten:

Manches kann man viel besser zu zweit oder dritt machen: Vokabeln abfragen, Diktate üben usw.

2. Unmittelbare Kontrolle:

Durch gemeinsames Arbeiten in der Gruppe hat man eine unmittelbare Kontrolle, zum Beispiel fällt beim gemeinsamen Übersetzen ein Fehler meistens sofort einem der anderen auf, während man alleine erst Tage später, nach der Korrektur, auf den Fehler stößt.

3. Kurzweiligere Arbeit:

Drei Stunden alleine im stillen Kämmerlein sind eine sehr lange Zeit. Drei Stunden in der Lerngruppe durch angeregtes Diskutieren und gute Zusammenarbeit zu lernen, erscheint viel kürzer.

4. Automatische Wiederholungen:

Das Arbeiten in der Gruppe verringert die Lücken des eigenen Wissens, denn Dinge, die man selbst nicht weiß, weiß häufig ein anderer. Der vergessene Stoff wird so automatisch wiederholt und gefestigt.

Keine Angst vor Anlaufschwierigkeiten

Herr Z. hat die Möglichkeit, zumindest zum Teil in einer Gruppe zu lernen. Er sollte diese Möglichkeit nutzen. Natürlich werden sich die positiven Effekte der Lerngruppe ganz allgemein nicht sofort einstellen. Im Gegenteil, Herr Z. muß in den ersten Wochen mit Mißerfolgen und einem höheren Zeitaufwand rechnen.

Wenn man bisher nur gewohnt war, alleine zu arbeiten, muß man sich erst an die Arbeit in der Gruppe gewöhnen.

Das gilt auch für einen weiteren möglichen Lernpartner: seine Ehefrau.

Sicher hat sie im Augenblick nicht den gleichen Stand in ihren Englischkenntnissen. Aber dieser Abstand der Kenntnisse wäre sicher gar nicht entstanden, wenn sie häufig miteinander gelernt hätten. Außerdem: Es ist nicht notwendig, daß man gleich gut Englisch kann, um miteinander zu lernen. Frau Z. kann zweifellos noch mehr als nur Vokabeln abfragen, zum Beispiel ein Diktat vorlesen, die Musterbriefe abfragen usw.

Herr Z. könnte auch seiner Frau manches beibringen, was er bereits kann. Für ihn ist das die beste Art der Wiederholung.

Neben den lerntechnischen Vorteilen käme noch ein anderer, wichtiger Teil hinzu: Wenn Herr Z. öfters gemeinsam mit seiner Frau lernt, so gewinnt sie einen besseren Einblick in seine Situation, lernt seine Probleme verstehen und wird mehr Verständnis für die Arbeitsbelastung ihres Mannes aufbringen können. Das ist ein genereller Rat: Überlegen Sie doch, ob Sie nicht mit Ihrem Ehepartner oder auch mit Ihren Kindern zusammen lernen können.

Das setzt zwar oft voraus, daß man einige Vorurteile über Bord wirft (die uns meist gar nicht bewußt sind) und daß man zu Beginn einige Mühe auf sich nimmt, um diese Zusammenarbeit zu üben. Es bringt aber schließlich nicht nur Vorteile für das Lernen, sondern auch für das Familienleben. Und das ist nicht zu unterschätzen.

Übrigens hätte es im speziellen Fall von Herrn Z. noch einen weiteren Vorteil: Sollte er einmal eine Auslandsstelle erhalten, muß ja auch seine Frau Englisch beherrschen, um sich dort verständigen zu können.

Nicht nur aus dem Lehrbuch lernen

Die Wahl der Lernwege fällt hier nicht schwer. Bei Wirtschaftskorrespondenz handelt es sich fast ausschließlich um das Schreiben und Lesen von Briefen. Also wird der Hauptlernweg *Lesen* sein, wie ihn ja auch Herr Z. verwendet. Auch hier gibt es außer den Lehrbüchern und den Übungsaufgaben noch weiteres Material, mit dem das Lernen unterstützt werden kann.

Von Zeit zu Zeit liest Herr Z. englischsprachige Zeitungen und Fachliteratur. Man könnte sich zum Beispiel überlegen, eine englische Zeitung zu abonnieren. Kommt sie regelmäßig ins Haus, ist der Anforderungscharakter groß, einmal hineinzusehen. Man könnte sich auch englische Kriminalromane kaufen oder sonst etwas, das man gerne liest.

Ebenso kann man den Lernweg *Hören* einsetzen. Man kann beispielsweise im Radio englischsprachige Sender suchen, man kann im Urlaub nach England fahren oder sich in Italien mit englischen Urlaubern anfreunden. Kurz, man kann Dinge, die einem Spaß machen, mit dem Lernen der Fremdsprache verbinden und so ohne zusätzliche Mühe etwas dazu lernen.

Richtig wiederholen

Nun zu einem Bereich, der besonders beim Sprachenlernen wichtig ist und bei dem wir von Herrn Z. als «Sprachlernroutinier» einiges lernen können: das Wiederholen.

Es ist vor allem wichtig, daß man mit einer gewissen Regelmäßigkeit wiederholt, vor allem die Grundlagen, um Lücken erst gar nicht entstehen zu lassen.

Beim Wiederholen hilft es sehr, wenn man Unterlagen benutzt, in denen man sich gut auskennt. So muß man sich nicht erst einlesen. Diese Unterlagen können eigene Aufzeichnungen sein, aber auch, wie im Fall von Herrn Z., ein Lehrbuch, das man früher einmal intensiv durchgearbeitet hat und das durch eigene Bemerkungen und Markierungen übersichtlich und individuell strukturiert wurde.

Zusammenfassung

Kennzeichnend für diesen Lernprozeß ist die enorme Energie, mit der Herr Z. sein Lernziel verfolgt. Dies ist zurückzuführen auf die Bündelung von drei starken Hauptmotiven:

Die berufliche Notwendigkeit, das Erfolgserlebnis beim bisherigen Lernen und das Streben nach weiterem Aufstieg.

Diese Motivation wird durch die tägliche Anwendung des Gelernten in der Berufspraxis aufrecht erhalten.

Gegenüber diesen starken Lerngründen tritt die Lerntechnik bei Herrn Z. etwas in den Hintergrund. Diesem Bereich sollte Herr Z. mehr Aufmerksamkeit schenken.

So könnte wahrscheinlich die durchdachte Planung der Lernzeit und die Konzentration auf ein bis zwei Lernabende je Woche Mühe sparen und die subjektive Belastung verringern.

Vor allem könnte durch intensiveres Lernen in der Gruppe Zeit gespart und die Lernanstrengung gesenkt werden.

Herr Z. sollte sich auch nochmals überlegen, ob er nicht intensiver mit seiner Frau zusammen lernen könnte.

Außerdem könnte eine Beschäftigung mit der englischen Sprache außerhalb des Kurses den Lerneffekt langfristig ohne Mehraufwand unterstützen: Verstärktes Lesen von englischen Zeitungen, von Fachliteratur und Büchern, englische Radiosendung anhören, Englisch sprechen im Urlaub usw.

Die Techniken, die Herr Z. beim Wiederholen anwendet, zeigen seine große Lernroutine und sie sind Voraussetzungen seiner bisherigen Lernerfolge.

Fallbeispiel: Angewandte Technik

Über das Lernen angewandter Technik und die Entstehung von Lernmotiven.

In unserem vierten und letzten Fallbeispiel wird konkretes technisches Wissen gelernt. Wir behandeln dabei eine weitere Lernmethode: den Fernunterricht.

Herr S., aus Köln, lernt gerade mit Hilfe eines Fernkurses «Industrielle Elektronik». Herr S. betreibt selbständig eine kleine Druckerei. In dieser Druckerei wohnt er auch in einem Zimmer. Er ist Junggeselle.

Dort haben wir ihn besucht und folgendes Interview geführt:

Mit Neugierde fing es an

I.: Herr S., wie sind Sie dazugekommen, an diesem Fernkurs «Industrielle Elektronik» teilzunehmen?

Herr S.: Das hat eigentlich vor vier Jahren angefangen. Damals hatte ich einen Kunden, der machte elektronische Sachen. Für den mußte ich einmal Platten ätzen für «gedruckte» Schaltungen. Da fallen dann so viele Fachausdrücke und man hat keine Ahnung, was das ist. Zuerst wollte ich mir selbst Bücher kaufen, um zu erfahren, was das alles eigentlich ist. Ich habe Interesse an der Sache gefunden. Aber man findet ja keine Anleitung, welche Bücher man kaufen soll. Und dann habe ich Anzeigen von Fernkursen durchgelesen.

Warum Fernkurs?

I.: Warum haben Sie gerade einen Fernkurs gewählt?

Herr S.: Da ist kein Zwang dahinter. Das mag ich nämlich nicht. Sonst hätte ich schon längst aufgehört. So kann ich soviel lernen, wie ich will und wann ich will.

Das Institut, bei dem ich jetzt lerne, hatte damals sehr angenehme Bedingungen. Man mußte sich zu nichts verpflichten und hat die Lektionen einzeln kaufen können.

Heute verlangen sie – glaube ich – bei Abbruch 90 Mark. Aber das ist ja auch nicht viel.

Nach rund drei Wochen habe ich dann mit dem ersten Grundlagenkurs angefangen: «Radio-Stereotechnik». Das war 50 Lektionen lang. In einem knappen Jahr habe ich ihn fertig gemacht.

I.: Wann war das bitte?

Herr S.: Moment, da muß ich mal nachsehen. (Dabei holt Herr S. eine Mappe hervor und schlägt sie auf.)

I.: Da liegt – wie ich sehe – das Abschlußdiplom, das Sie mit Erfolg 1969 abgelegt haben. Sie haben hier aber auch noch eine Reihe weiterer Diplome, wann erhielten Sie denn diese?

Herr S.: Gleich anschließend habe ich einen Kurs über Transistortechnik gemacht, er hatte nur 25 Lektionen.

1971 kam dann der Kurs «Fernsehtechnik» mit 40 Lektionen.

Und in diesem Jahr habe ich mit dem Kurs «Industrielle Elektronik» angefangen. Im Augenblick bin ich ungefähr bei Lektion 25. Der ganze Kurs soll wahrscheinlich 50 Lektionen lang werden. So genau steht das aber noch nicht fest, denn der Kurs erscheint gerade. Ich warte jeden Tag auf eine neue Lektion.

I.: Wie ist das, Herr S., in welchen zeitlichen Abständen bekommt man die einzelnen Lektionen?

Herr S.: Man kann sie nehmen, wann man will. Man kauft jede Lektion einzeln – eine kostet 23 Mark. Wenn man drei auf einmal kauft, spart man etwas. Bei einer Bestellung von fünf Lektionen spart man noch mehr.

Das Institut empfiehlt, ungefähr eine Lektion im Monat zu bearbeiten, ich mache aber rund vier bis fünf im Monat.

I.: Wie umfangreich ist eine solche Lektion?

Herr S.: (Er nimmt einen Ordner vom Regal und schlägt ihn auf.)

Hier sehen Sie eine, die hat zum Beispiel 28 Seiten. Dazu kommen dann noch ein Heft Theorie und nach jeder zweiten Lektion rund 20 bis 30 Seiten Serviceanleitungen.

Bei mir kommt im Monat ungefähr ein Ordner voll Material zusammen.

Faszination durch Handeln

I.: Ich sehe hier in Ihrer Wohnung einige Dutzend solcher Ordner, da haben Sie ja schon allerhand durchgearbeitet.

Wieviel Zeit wenden Sie denn für diesen Kurs auf?

Herr S.: Es ist schon eine ganze Menge. Es ist eben mein Hobby. Wissen Sie, ich bin Junggeselle, eine Frau würde sich da bedanken, wenn man manchmal die ganze Nacht durcharbeitet.

An manchen Tagen arbeite ich fünf Stunden daran, dann wieder an einigen Tagen überhaupt nicht. In der einen Woche arbeite ich an drei Tagen am Kurs, dann in der nächsten wieder täglich. Eine Planung, was ich wann tue, habe ich eigentlich nicht. Das entscheidet sich so von Fall zu Fall, wie ich eben Lust habe.

Wissen Sie, wenn eine Lektion mit der Post ankommt, stürze ich mich zuerst auf die Praxis. Das ist alles superanschaulich gemacht. Jeder, der lesen kann, kommt da mit.

Da ist dann auch alles Material mit dabei, bis zur letzten Schraube. Was man machen soll, jeden Handgriff liest man in der Anleitung.

I.: In diesen Kursen wird also zuerst einmal konkret etwas zusammengebaut?

Herr S.: Genau. Das Faszinierende an dem Kurs sind ja die vielen Geräte, die man selbst baut und die man dann alle behalten kann. Und bis auf das Gehäuse ist alles schon im Kurspreis mit dabei.

I.: Hier in Ihrem Zimmer sieht es ja auch schon fast wie in einer elektronischen Werkstatt aus.

Herr S.: Ja, da drüben steht ein Radiogerät, das ist vom Kurs «Radio-Stereotechnik», da hier das Meßgerät, ein elektronischer Schalter, und dieser Oszillograph hier . . .

Lernen durch eigene Ideen

I.: Haben Sie auch schon Geräte gebaut, die nicht im Kurs beschrieben waren?

Herr S.: Ja, inzwischen schon. Am Ende des Radiokurses habe ich damit angefangen, ich machte aus zwei alten Radios ein neues.

Hier zum Beispiel ein Universal-Netzgerät. Das habe ich selbst durchgerechnet und entwickelt.

Und hier sehen Sie ja, ist gerade

eine Lichtschranke für Wechsellicht fertig geworden.

Im Sommer mache ich nämlich gern die Ladentüre auf. Bei dem Lärm, den die Druckmaschine macht, höre ich aber nicht, wenn jemand zur Tür hereinkommt. Und diese Lichtschranke löst die Klingel aus, wenn jemand durchgeht.

I.: Wie lange haben Sie daran gebaut?

Herr S.: Ungefähr vier Wochen.

I.: Und was basteln Sie als nächstes?

Herr S.: Da bin ich mit einem Freund zusammen schon bei einer anderen Sache. Seit 14 Jahren bin ich jetzt schon begeisterter Taucher. Dabei filmen wir auch. Aber mit dem Licht haben wir immer Schwierigkeiten gehabt. Eine 500-Watt-Halogenlampe braucht nämlich riesige Batterien.

Daher haben wir jetzt ein elektronisch gesteuertes Blitzgerät konstruiert, das bei jedem Bild des Films einmal aufleuchtet. Das ist genau so hell, aber man braucht dazu nur eine kleine Motorradbatterie.

Die Sache funktioniert schon, sie ist nur noch nicht wasserdicht. Wenn alles fertig ist, wollen wir das vielleicht als Bausatz verkaufen. Da verdienen wir sogar noch was dran.

I.: Aus Ihrem Hobby wird also langsam Ihr Beruf?

Herr S.: Eigentlich nicht, das habe ich nicht vor.

Ich wollte mal mit einem Freund ein Elektrogeschäft mit Werkstatt aufmachen, aber es gibt schon zuviele davon. Die Elektronik ist mein Hobby. Aber hin und wieder verdiene ich mir schon etwas dazu. Oft haben mir schon gelernte Fernsehtechniker Apparate gebracht, bei denen für sie eine Reparatur uninteressant war. Die haben ja auch nicht die ganzen Meßgeräte, die ich inzwischen hier habe.

Man verdient dabei auch mal einen Zwanziger, mal 50 Mark. Das Geld, das die Kurse gekostet haben, ist schon wieder raus.

I.: Wie bekommen Sie denn solche Aufträge?

Herr S.: Ja, das hat sich inzwischen herumgesprochen. Man redet ja auch so mit den Kunden in der Druckerei. Ich bin Spezialist für Altgeräte. Das macht ja sonst keiner mehr.

Belohnungen kommen von selbst

I.: Herr S., ist dieser Kurs für «Industrielle Elektronik» Ihr letzter Kurs, oder was haben Sie danach vor?

Herr S.: Das hängt davon ab, ob noch weitere Kurse kommen. Wenn das Institut einen neuen Kurs macht, nehme ich ihn gleich.

Eigentlich hätte ich Lust auf einen Ingenieur-Kurs oder etwas Ähnliches. Aber nur mit Volksschulbildung ist das schon schwierig.

Außerdem: Seit einiger Zeit habe ich noch ein anderes Hobby: das Fliegen.

Ich fange bald mit dem Pilotenschein an. In ein bis zwei Jahren ist das dann so weit, und dann kaufe ich mir wahrscheinlich ein kleines, gebrauchtes Flugzeug. Die gibt es schon ab 6000 DM.

Die Arbeitstechniken

Im Laufe des langen Gesprächs erzählte uns Herr S. auch noch einiges über seine Arbeitstechnik. Er liest zu Beginn jeder neuen Lektion den Text der praktischen Bauanleitungen erst einmal durch.

Dann baut er die Geräte und die Schaltung auf.

Wenn einmal etwas nicht klappt, geht er nochmals von vorne das Gemachte durch. Bisher hat Herr S., wie er berichtet, immer ohne Hilfe die Geräte fertig bekommen.

Ganz am Anfang hat er vor dem Löten eine «Heidenangst» gehabt, da er das noch nie gemacht hatte. Aber es war alles so gut beschrieben, daß es ihm keine Schwierigkeiten gemacht hat.

Den theoretischen Teil des Fernkurses liest er, wenn er mit der praktischen Arbeit Schluß gemacht hat, zum Beispiel noch eine halbe Stunde im Bett.

Auf einmal liest er ungefähr das halbe Heft Theorie durch, also rund 10–15 Seiten. Die Theorie liest er rund zwei- bis dreimal durch und beantwortet dann die Fragen, die am Ende gestellt werden.

In der nächsten Lektion sind dann die richtigen Lösungen zu finden. Wenn er Fehler macht, liest Herr S. die entsprechenden Abschnitte zur Wiederholung nochmals durch. Und versteht er trotzdem manche theoretischen Dinge nicht, so geht er zum Fernlehrinstitut. Er hat sich ein in Köln ansässiges Institut ausgesucht, um auch einmal hingehen zu können. Das Büro des Institutes liegt zufällig sogar in seiner Nähe. Jeden Tag, wenn er zum Mittagessen geht, kommt er daran vorbei.

Inzwischen kennt er den Sachbearbeiter gut, manchmal bleibt er sogar zwei Stunden dort sitzen und bespricht mit ihm elektronische Probleme.

Radio Eriwan um 4 Uhr früh

Zum Schluß fragten wir Herrn S. noch nach seiner Arbeitszeit.

Das sei ganz unterschiedlich, meinte er. Meistens arbeitet er am Abend. Er fängt dann nach Geschäftsschluß, so gegen sechs Uhr, an und arbeitet bis sieben oder acht Uhr. Manchmal fängt er aber auch erst um zehn Uhr an. Sonntags arbeitet er, wenn er gerade Lust hat, auch tagsüber.

Er hat auch schon ganze Nächte durchgearbeitet.

Herr S.: «Man will eben dann mit einer Sache noch unbedingt fertig werden und sehen, ob sie auch funktioniert. Ich erinnere mich noch an den Moment, an dem ich meinen ersten Radioempfänger fertig hatte. Das war um vier Uhr früh. Ich war begeistert, als ich dann um diese Zeit noch einen Sender fand. Es war Radio Eriwan. Das ist kein Witz, den Sender gibt es tatsächlich.»

Ungewöhnlich, aber lehrreich

Ohne Zweifel, wir haben es hier mit einem etwas ungewöhnlichen Lernprozeß und auch mit einer etwas ungewöhnlichen Person zu tun. Jedoch können wir aus diesem, nicht alltäglichen Fall einiges lernen.

Vor allem ist hier fast lehrbuchmäßig zu sehen, unter welchen Bedingungen starke Lernmotive entstehen.

Es begann mit einem Anstoß von außen: Der Kunde, der so viele Fachausdrücke benutzte, weckte bei Herrn S. die Neugierde: also ein *interner Lerngrund.* Wahrscheinlich ohne sich dessen bewußt zu sein, wählte Herr S. die Lernmethode, die der Lernmotivation und vor allem seiner speziellen Situation am angemessensten ist: einen Fernkurs.

Bei einem starken inneren Lerngrund kann man ja auf äußeren Zwang sowie auf detaillierte Planung und einen festgelegten Rahmen verzichten. Und bei Herrn S., der ja feste Verpflichtungen und Zwänge absolut nicht mag, ist nur eine Lernmethode, die ihm alle Freiheiten läßt, erfolgreich anzuwenden. Daß Herr S. und diese Art von Fernkursen ein «ideales Gespann» sind, zeigt der Erfolg. Begonnen hat er also aus Neugierde. Schon bald kamen aber weitere *interne Lerngründe* hinzu:

Die Motivflut

Der Aufforderungscharakter der mitgelieferten Einzelteile bringt ihn immer wieder dazu, gleich anzufangen. Als er auch mit dem Löten nicht die gefürchteten Schwierigkeiten hat, bricht bei ihm bald die *Funktionslust* durch. Herr S. hat schnell Freude am Basteln mit elektrischen und elektronischen Bauteilen gefunden.

Schließlich sorgt der *Vollendungsdrang* dafür, daß er oft bis zum Morgen am Arbeitstisch sitzt und an seinen Geräten bastelt. Und funktioniert dann alles, dann steigert dieses Erfolgserlebnis seinen Lerneifer noch weiter.

Damit sind wir bei den *materiellen Lerngründen*: Die Erfolgserlebnisse setzen sich fort: die richtig gelösten theoretischen Aufgaben der einzelnen Lektionen, die Diplome der erfolgreich abgeschlossenen Kurse, dann der Stolz auf die selbst entwickelten Geräte.

Auch direkte materielle Belohnungen stellen sich schließlich ein: die Einnahmen aus den Reparaturaufträgen, die von Zeit zu Zeit kommen und die unerwarteterweise sogar die Kurskosten wieder einbringen. Das «Unterwasser-Film-Blitz-Gerät» könnte sogar noch finanziellen Gewinn erbringen.

Schließlich haben diese Arbeiten noch eine andere Seite:

Herr S. kommt in Kontakt mit anderen Personen, er erntet Anerkennung, vielleicht Bewunderung, wenn er Geräte repariert, bei denen gelernte Fernsehtechniker nicht mehr weiter wissen. *Soziale Lerngründe* sind also auch noch hinzugekommen.

Wir haben hier noch nicht einmal alle Motive aufgezählt, die im Interview erscheinen.

Aber diese Beispiele genügen sicher, um Ihnen zu zeigen, wie zum ursprünglichen Lerngrund der Neugierde im Laufe der Zeit immer mehr Motive hinzukamen, die die bestehenden Motive verstärkten.

So entstand bei Herrn S. — sicher ohne daß er es irgendwie geplant hatte — eine ideale Lernmotivation. Das können wir an den Ergebnissen ja deutlich ablesen. Er bearbeitet die Kurse in einem Viertel der Zeit, und er lernt schneller als das Institut neue Kurslektionen entwickeln kann.

Wir sind sicher, wenn das Fernlehrinstitut nach dem von Herrn S. schon ins Auge gefaßten Ingenieurkurs noch einen Kurs anbieten würde, der zum «Professor für Elektronik» führt, Herr S. würde ihn bestellen — und ihn auch erfolgreich abschließen.

Aber im Ernst: Wir hätten kein besseres Beispiel finden können als Herrn S., um die Wirksamkeit der allgemeinen Regeln *Möglichst viele Motive für das Lernziel* und vor allem *Jeder Lernschritt muß angenehme Folgen haben* unter Beweis zu stellen.

«Ohne Methode kein Preis»

Es wäre grundfalsch, anzunehmen, dieses Motivbündel wäre Herrn S. ohne eigenes Zutun in den Schoß gefallen, oder sein Lernen wäre zufällig so erfolgreich verlaufen.

Grundbedingung war die Wahl der

Methode «Fernlehrkurs», die den Eigenheiten und Bedürfnissen von Herrn S. am besten entsprach.

Die bewährten und pädagogisch geschickt aufgebauten Kurse haben natürlich auch einen deutlichen Anteil am Erfolg.

Aber auch die Lernmethoden von Herrn S. trugen wesentlich zum Erfolg bei.

Zuerst stürzt er sich auf den praktischen Teil, der ihm am meisten Spaß macht.

Um einen Gesamtüberblick zu bekommen, liest er ganz zu Anfang die Lektion einmal kurz durch. Dann erst beginnt er mit dem schrittweisen Bau. Hier, wie auch beim Durcharbeiten der Theorie, geht Herr S. mit jener «pingeligen» Beharrlichkeit vor, die zu einem großen Teil seinen Erfolg ausmacht.

Bevor er nicht jeden Schritt erfolgreich bearbeitet hat, sei es eine Lötverbindung oder ein theoretisches Gesetz, geht Herr S. nicht weiter. Und tauchen doch einmal Fehler auf, so geht er ihnen gleich auf den Grund. Er prüft jeden Schritt nochmals von Anfang an nach, bis alles perfekt klappt. Wenn er theoretisch etwas nicht richtig verstanden hat und folglich eine Kontrollfrage falsch beantwortet, liest er sofort die entsprechenden Teile nochmals nach.

Er hat sich vorsorglich ein Fernlehrinstitut ausgesucht, das in seiner Nähe liegt. Wenn etwas einmal überhaupt nicht klappen will, geht er eben in der Mittagspause zu dem zuständigen Sachbearbeiter des Instituts.

Inzwischen kennt er diesen Mann recht gut, und aus dieser persönlichen Bekanntschaft entsteht noch ein weiterer sozialer Lerngrund.

So verhindert Herr S., daß an irgendeiner Stelle Lücken entstehen können, die später einmal seine Erfolge und seine Freude beeinträchtigen könnten.

Die Regel *Lernstoff aufteilen* beachtet er auch, indem er auf einmal nur rund zehn Seiten Theorie bearbeitet.

Lernen ohne festen Plan

Für den Lernerfolg ist es besonders wichtig, daß Herr S. zuerst die Praxis bearbeitet und danach erst die zugehörige Theorie. So kann er sich durch sein eigenes, aktives Handeln den zugehörigen theoretischen *Lernstoff anschaulich machen*.

Herr S. kennt keine festgelegten Lernzeiten und keinerlei Planung. Das ist auch nicht nötig, wenn man vor allem durch Lerngründe von innen lernt. Im Gegenteil, jede Planung könnte bei einem Unabhängigkeitsfanatiker wie Herrn S. nur die Lust am Lernen vermindern.

Wieder sehen wir:

Was für den einen Lernenden der Grund seines Erfolges ist, kann unter Umständen bei anderen Personen sogar schädlich für das Lernen sein.

Daher ist es so wichtig, nach einer individuellen Analyse spezielle Regeln abzuleiten, so wie es der Lernquader möglich macht.

Zusammenfassung

Herr S. wird von einem sehr starken Motivbündel direkt zum Lernerfolg geschoben. In den letzten vier Jahren hat er ein enormes Lernpensum bewältigt.

An der optimalen Entstehung des Motivbündels sind mehrere Umstände beteiligt:

○ Die Wahl des Fernkurses als ideale Lernmethode für den nach Unabhängigkeit strebenden Herrn S.

○ Die bewährten und pädagogisch geschickt aufgebauten Kurse, mit denen Herr S. lernt.

○ Seine große Beharrlichkeit, mit der er den Lernstoff praktisch und theoretisch durcharbeitet, die keine Lücken entstehen läßt und so den künftigen Lernerfolg sichert.

○ Die Bearbeitung der Theorie erst nach der zugehörigen Praxis, die den Lernstoff sehr viel anschaulicher macht.

○ Zudem schafft sich Herr S. durch die dauernde Anwendung des Erlernten weitere Erfolge auf den verschiedensten Gebieten (zum Beispiel Reparaturen: Nebenverdienst; Filmblitzanlage: etwas Brauchbares basteln für sein Hobby, das Tauchen, und schließlich Kontakt zu anderen Menschen schaffen).

Was Sie aus unseren Fallbeispielen gelernt haben sollten

Mit Herrn S., der Elektronik lernt, haben wir die Reihe unserer vier Lernbeispiele abgeschlossen.

Wir haben in ihnen nicht nur Erklärungen und Ratschläge für typische Lernprobleme gefunden, sondern auch gesehen, wie man beliebige Lernprobleme analysiert, Schwächen aufdeckt und Ratschläge ableitet.

Wir hoffen, daß Sie nun in der Lage sind, beliebige andere Lernprobleme in derselben Weise zu analysieren und zu lösen.

Das fünfte Fallbeispiel: Sie selbst!

Nehmen Sie als erstes Beispiel dafür das Lernproblem, das Sie selbst am Anfang dieses Buches (Seite 21) auf dem Fragebogen «Bisheriges Lernen» aufgeschrieben haben.

Überlegen Sie nach der Analyse, was Sie nun anders und besser machen würden.

Eine weitere Aufgabe:

Suchen Sie einen Bekannten, Kollegen oder Verwandten, der gerade etwas lernt oder gelernt hat. Interviewen Sie ihn über sein Lernen, so wie wir es bei unseren Fallbeispielen getan haben. Analysieren Sie dann diesen Lernprozeß. Vielleicht können Sie ihm danach einige nützliche Tips geben.

Wenn Sie diese beiden Aufgaben erfolgreich abgeschlossen haben, können Sie sicher sein: Wenn Sie das nächste Mal lernen wollen, können Sie den Lernprozeß vorher analysieren und so exakt Ihre Lernmethoden planen.

Trainingsvorschlag

Am Ende dieses Kurses sollten Sie eigentlich alles über Lerntechniken wissen, was Sie gerne wissen wollten. Kontrollieren Sie noch einmal, ob das auch stimmt. Schlagen Sie die Fragen an dieses Buch auf Seite 23 auf und versuchen Sie nun, Ihre eigenen Fragen zu beantworten, die Sie zu Beginn des Kurses hatten.

Sollten dabei doch noch Fragen übrig bleiben, auf die Sie in diesem Kurs keine Antwort finden konnten, und sollte Ihnen eine Antwort auf diese Frage wichtig sein, dann schicken Sie doch «Ihre Fragen zu diesem Buch» an:

Rowohlt Taschenbuch Verlag GmbH
Sachbuchredaktion
Hamburger Straße 17
2057 Reinbek

Wir werden es zur Beantwortung an den Autor weiterleiten.

Lernart

Verknüpfen:
1. Lernstoff aufteilen
2. Nicht überlernen
3. Nicht zu früh wiederholen
4. Ähnliches nicht hintereinander lernen
5. Häufig kurze Lernpausen machen

Strukturieren:
1. Sinnvolle Blöcke trainieren
2. Selbst nach Oberbegriffen und Regeln suchen
3. Nicht gleich einen sichtbaren Lernerfolg erwarten
4. Vorgegebene Regeln mit eigenen Erfahrungen unterlegen
5. Regeln kritisch prüfen

Lerngrund

allgemein
1. Möglichst viele Motive für das Lernziel
2. Jeder Lernschritt muß angenehme Folgen haben
3. Die eigenen Motive bewußt machen

materiell:
1. Häufige Erfolgskontrollen
2. Selbst Belohnungen planen
3. Kurzfristige Zwischenziele ableiten
4. Konkurrierende Motive ausschalten

sozial:
1. Lernpartner suchen
2. Realistische Partner für den Wettbewerb
3. Möglichst eine Lerngruppe bilden

intern:
1. Immer wieder Fragen stellen
2. Die Lernumgebung attraktiv machen
3. Lerngewohnheiten schaffen
4. Geistig und seelisch entspannt sein

Lernweg

allgemein:
1. Lernstoff anschaulich machen
2. Mehrere Lernwege abwechseln

Hören:
1. Wichtiges nachsprechen
2. Wichtiges mitschreiben oder mitzeichnen
3. Geschildertes anschaulich vorstellen

Lesen:
1. Wichtiges laut lesen
2. Text durch Markierungen gliedern
3. Wichtiges selbst aufschreiben
4. Inhalt in ein Schema umsetzen
5. Beschriebenes anschaulich vorstellen

Sehen:
1. Abbildungen beschriften
2. Lesereihenfolge festlegen
3. Selbst nachzeichnen
4. Aussehen und Bewegungen vorstellen

Handeln:
1. Handlungseinheiten erkennen und üben
2. Handlungseinheiten benennen
3. Abläufe in ein Schema einordnen (Abläufe logisch durchdenken)
4. Anderen zusehen
5. Handlungen in der Vorstellung üben

Die Lernregeln

Fünf spezielle Lernregeln für Erwachsene:

1. Lernumstände individuell planen
2. Die Vielfalt der individuellen Motive einsetzen
3. Lernmöglichkeiten durch Strukturieren wählen
4. Neuen Lernstoff an bestehende Ordnungen knüpfen
5. Räumliche Lernhilfen benützen

Die vier Schritte bei der Analyse eines Lernproblems:

1. Lernproblem am Lernquader analysieren
2. Zugehörige Lernregeln zusammenstellen
3. Zusätzliche geeignete Lerntypen suchen
4. Regeln in konkrete Ratschläge umsetzen

Nachwort

Dieses Buch ist nicht so entstanden, wie üblicherweise Lehrbücher entstehen: Ein gescheiter Mensch liest fünf alte Lehrbücher über ein Gebiet, faßt das seiner Meinung nach Beste davon zusammen und fügt einige eigene Gedanken hinzu.

Der Kurs «Lerntechniken für Erwachsene» im Medienverbund, und daher auch dieses Buch, entstanden anders, es begann sozusagen am Punkte Null. Ein neues Konzept wurde entwickelt, neue didaktische Formen wurden angewandt. Hunderte von Beispielen wurden gesucht, Modelle entworfen und wieder verworfen.

Ein Einzelner wäre dabei natürlich überfordert gewesen. Viele Personen haben in Teamarbeit ihren Beitrag dazu geleistet. es ist nur fair, sie alle am Schluß dieses Buches zu erwähnen.

Zuerst meine Kollegen und Mitautoren: Dr. Bernd Gasch, Dipl.-Psych. Ulrike Franck, Dr. Peter Hübner. In gemeinsamen Diskussionen entstanden die grundlegenden Konzepte, gemeinsam wurde geprüft, ob die einzelnen Formulierungen wissenschaftlich vertretbar sind. Wesentliche Abschnitte des Buches stammen von ihnen.

Dr. Ernst Klinnert vom Westdeutschen Rundfunk war mehr als der zuständige Fernsehredakteur. In oft zähen Diskussionen sorgte er für eine bessere Verständlichkeit und für notwendige Vereinfachungen.

Als Regisseur trug ebenso Rainer Fickelscherer dazu bei, daß manches anschaulicher und einsichtiger wurde.

Im Sekretariat des WDR behielt Christa Schülpke als «Mädchen für Alles» erstaunlicherweise die Übersicht über die oft ziemlich verworrenen Fäden der Organisation.

Ohne die unermüdliche Arbeit von Inga Stoltz an der Schreibmaschine wären weder das Buch noch die Fernsehfolgen rechtzeitig fertig geworden.

Schließlich noch meine Frau, die es fertigbrachte, bei fast einem Dutzend Personen gleichzeitig darauf zu achten, daß sie die immer zu knappen Termine einhielten.

Auch die 60 Versuchspersonen der wissenschaftlichen Begleituntersuchung hatten ihren Teil dazu beigetragen, diesen Kurs an die Bedürfnisse der Lernenden anzupassen.

Ein Mitarbeiter an diesem Buch fehlt noch:

Sie, lieber Leser.

Wir sind auf Ihre Hilfe angewiesen, um diesen Kurs weiter zu verbessern. Wenn Sie daher Kritik, Anregungen, Vorschläge haben, lassen Sie es uns wissen. Vielen Dank!

Literatur

Hier finden sie einige Hinweise für weiterführende Literatur. Wir haben nur solche Bücher ausgewählt, die

○ ohne große Schwierigkeiten (möglichst preiswert) zu erhalten sind,

○ in deutschen Ausgaben vorliegen,

○ auch für einen Laien ohne abgeschlossenes Hochschulstudium lesbar sind

○ und schließlich dem heutigen Stand der Forschung entsprechen.

Diese Auswahl ist natürlich keinesfalls vollständig.

ARNOLD, Wilhelm; EYSENCK, Hans Jürgen & MEILI, Richard (Hrsg.): Lexikon der Psychologie Freiburg (Herderbücherei Bd. 581 bis 586) 1976

Gerade noch erschwingliche Taschenbuchausgabe des dreibändigen deutschsprachigen Standardlexikons. Sehr ausführlich und fundiert mit umfangreichen Literaturangaben bei den einzelnen Stichworten. Zum Nachschlagen bei differenzierten Problemen.

BÜHLER, Charlotte: Psychologie im Leben unserer Zeit, München (Knaur-Taschenbuch Nr. 269) 1976

Ein allgemeinverständlicher Überblick über die moderne Psychologie, geschrieben von der «großen alten Dame» dieser Wissenschaft. Die vernünftige Gewichtung der einzelnen Teilgebiete der Psychologie und die reichhaltige Ausstattung bilden die besonderen Stärken dieses preiswerten, schon über ein Jahrzehnt alten Taschenbuches.

CRONBACH, Lee J.: Einführung in die pädagogische Psychologie (Übersetzung aus dem Amerikanischen Weinheim (Beltz) 1974, 2. Auflage

721 Seiten dickes, umfassendes Lehrbuch der pädagogischen Psychologie, das neben einer ausführlichen Darstellung der psychologischen Theorien einen dauernden Bezug zur Pädagogischen Praxis bietet. Die Spannweite reicht von entwicklungs- und sozialpsychologischen Fragen bis zu Techniken der Leistungsbeurteilung. Für Lehrer und Pädagogikstudenten konzipiertes Monumentalwerk.

DREVER, James & FRÖHLICH, W. D.: dtv – Wörterbuch zur Psychologie, München (dtv Nr. 3031), 1975, 9. Auflage

Übersichtliches, zuverlässiges und preiswertes psychologisches Wörterbuch, das dem Stand der Wissenschaft entspricht. Für Fachleute nicht immer umfassend genug.

FUCHS, Walter R.: Knaurs Buch vom neuen Lernen, München (Knaur Taschenbuch Nr. 313) 1973

Großartig illustriertes, populärwissenschaftliches Buch über Lernmaschinen und programmierten Unterricht. Neben vielen interessanten Informationen findet man allerdings eine penetrant naive Fortschrittsgläubigkeit. Daß Lernen vor allem ein sozialer Vorgang ist, wird kaum bemerkt. Die – sicherlich bedeutsamen – Lernmaschinen werden als einzig Interessantes am Lernprozeß beschrieben. In CRONBACHS Standardwerk der pädagogischen Psychologie nehmen sie 16 Seiten von 721 ein, ein realistischeres Verhältnis.

GAGNE, Robert M.: Die Bedingungen des menschlichen Lernens (Übersetzung aus dem Amerikanischen), Berlin (Schroedel) 1973, 3. Auflage

Ein führender amerikanischer Lernpsychologe entwickelt auf wissenschaftlicher Grundlage ein System mit 8 Typen von Lernvorgängen. Mit deren Hilfe leitet er Strategien für eine effektivere Didaktik in den verschiedensten Schulfächern ab. Besonders für Lehrer ein anregendes und wertvolles Buch.

HEIL, Klaus D.: Programmierte Einführung in die Psychologie, Reinbek (rororo Sachbuch: 6930) 1975

Wer programmierte Bücher mag und es nicht ganz so wissenschaftlich will, findet hier ein Taschenbuch, das ihn relativ vertrauenswürdig und rasch in einige Themen der Psychologie einführt, die für einen Laien attraktiv sind.

HILGARD, Ernest R. & BOWER, Gordon H.: Theorien des Lernens (Übersetzung aus dem Amerikanischen), Stuttgart (Klett) Band I 1975, 4. Auflage; Band II 1973, 2. Auflage

Standardlehrbuch der Lernpsychologie. Didaktisch ausgezeichnet geschrieben, jedoch nur mit einigem Fachwissen zu lesen.

HOFSTÄTTER, Peter R.: Das Fischer-Lexikon, Band 6: Psychologie, Frankfurt (Fischer Lexikon) Neuausgabe 1975

Fachlich unbedingt zuverlässiges, enzyklopädisches Lexikon der Psychologie. Vermittelt dem Laien in verständlicher Form einen guten Überblick, das gesamte enthaltene Wissen ist jedoch erst dem psychologisch Vorgebildeten zugänglich. Im Zusammenhang dieses Buches besonders interessant sind die Abschnitte: Aufmerksamkeit, Bedingter Reflex, Gedächtnis, Gruppendynamik, Informationstheorie, Lernen am Erfolg, Lerntheorie, Pädagogische Psychologie.

HOFSTÄTTER, Peter R.: Gruppendynamik, Kritik der Massenpsychologie, Reinbek (Rowohlt rde 38) 1975, 11. Auflage

Voraussetzungslose, verständliche und preiswerte Einführung in die Ergebnisse der empirischen, psychologischen Gruppenforschung.

KUGEMANN, Walter F.: Kopfarbeit mit Köpfchen, München (Pfeiffer) 1977, 12. Auflage

Vom Autor des vorliegenden Buches: ein Buch über Lerntechniken für Schüler. Es ist in den Inhaltsschwerpunkten und im Stil auf diese Personengruppe ausgerichtet. Da die Lernsituation von Schülern relativ gleichartig ist, werden in stärkerem Umfang «konkrete Lernrezepte» angeboten.

LEGEWIE, Heiner & EHLERS, Wolfram: Knaurs moderne Psychologie, München (Knaur Taschenbuch Nr. 506) 1977

Ein Einführungsbuch, das auf den ersten Blick belletristisch wirkt und sich bei genauerem Lesen doch als wissenschaftlich fundiert erweist. Die Autoren haben es dabei verstanden, komplizierte Sachverhalte nicht nur anschaulich, sondern auch nachvollziehbar darzustellen.

ROTH, Erwin: Persönlichkeitspsychologie – Eine Einführung, Stuttgart (Urban Bücher Nr. 115) 1969

Eine zwar schon recht wissenschaftliche, aber trotzdem lesbare und knappe Einführung in das Gebiet der Persönlichkeitspsychologie.

SCHÖNPFLUG, Wolfgang: System Mensch-Studientext zur Einführung in die Psychologie – und – Beispiele aus der Psychologischen Fachliteratur, Stuttgart (Klett-Cotta) 1977, 2 Bände

Schriftliches Material des Kurses im Medienverbund (Fernsehteile WDR). Als allgemeinverständlicher Einführungs- und Auffrischungskurs in das gesamte Gebiet der Psychologie zugelegt bieten diese Bände (leider nicht ganz billig) anschauliche Fallbeispiele, davon abgeleitet übersichtliche Schematisierungen der wesentlichen Forschungs- und Anwendungsgebiete der Psychologie und schließlich eine Orientierung über verschiedene Richtungen dieser Wissenschaft. Mit grober didaktischer Sorgfalt entwickelt, liegt hier eigentlich das erste im Original deutsche Lehrbuch der Psychologie für den außeruniversitären Bereich vor.

SIEBER, Georg: Achtung Test, psychologische Testverfahren – Was man von ihnen erwarten darf, Reinbek (rororo Sachbuch 6683) 1971

Eine verständliche, anschauliche und salopp geschriebene, dabei aber wissenschaftlich korrekte Einführung in die Testpsychologie; eine Kombination, die in Deutschland selten zu finden ist.

RUCH, Floyd L. & ZIMBARDO, Philip G.: Lehrbuch der Psychologie, Berlin–Heidelberg–New York (Springer) 1975, 2. Auflage

Bearbeitete deutsche Übersetzung der Kurzfassung eines der verbreitetsten und renommiertesten amerikanischen Einführungsbücher. Mit ungeheurem Aufwand didaktisch aufbereitet und in Jahrzehnten gewachsen, führt es den Leser durch den gesamten Bereich der Psychologie.

WEINERT, Franz E.; GRAUMANN, Carl Friedrich; HECKHANSEN, Heinz & HOFER, Manfred: Funk-Kolleg Pädagogische Psychologie, Frankfurt (Fischer Taschenbuch 6113, 6114, 6115, 6116) 1976

Taschenbuchausgabe des umfangreichen Kurses im Medienverbund in 2 Text- und 2 Readerbänden (gesammelte Original-Artikel). Eigentlich für die Weiterbildung von Lehrern konzipiert, gibt dieses Programm den derzeit umfassendsten und aktuellsten deutschsprachigen Überblick über das Gebiet der Pädagogischen Psychologie und ihre Randgebiete. Dabei ist es allerdings – auch in den Augen der meisten Autoren – etwas monumental geraten.

Wissenschaftliche Grundlagenliteratur

AEBLI, Hans: Über die geistige Entwicklung des Kindes, Stuttgart 1963

ATTNEAVE, Fred: Informationstheorie in der Psychologie, Bern 1965

(Titel der englischen Originalausgabe Applications of Information Theory to Psychology)

v. CUBE, Felix: Kybernetische Grundlagen des Lernens und Lehrens, Stuttgart 1965

EYFERT, Klaus: Lernen als Anpassung des Organismus durch bedingte Reaktion, in: Handbuch der Psychologie, Band 1/2. Hlbd., Göttingen 1964

FOPPA, Klaus: Lernen, Gedächtnis, Verhalten, Köln–Berlin 1970

FOPPA, Klaus: Probabilistische Lernmodelle, In: Handbuch der Psychologie, Band 1/2. Hlbd. (siehe oben)

FRANK, Helmar: Kybernetische Grundlagen der Pädagogik, Band I und II, Baden-Baden 1969

GEHLEN, Arnold: Der Mensch, Frankfurt/Main – Bonn 1962

GRAF, Otto: Arbeitszeit und Arbeitspausen, in: Handbuch der Psychologie, Band 9, Göttingen 1961

HULL, C. L.: Essentials of Behavior, New Haven 1951

ITELSON, Lew: Mathematische und kybernetische Methoden der Pädagogik, Berlin 1967

KLAUS, Georg: Kybernetik und Erkenntnistheorie, Berlin 1962

LEWIN, Kurt: Principles of Topological Psychology, New York 1935

LEWIN, Kurt: Feldtheorie in den Sozialwissenschaften, Bern 1963

LUNZER, E. A., und MORRIS, J. F.: Das menschliche Lernen und seine Entwicklung, Stuttgart 1971
(Titel der englischen Originalausgabe: Development in Human Learning)

MEYER-EPPLER, W.: Grundlagen und Anwendungen der Informationstheorie, in: Handbuch der Psychologie, Band 1/2 (siehe oben)

MÜLLER, Kurt: Denken und Lernen als Organisieren, in: Handbuch der Psychologie, Band 1/2 (siehe oben)

PIAGET, Jean: Psychologie der Intelligenz, Zürich 1947
(Titel der französichen Originalausgabe: Psychologie de l'intelligence)

PICKENHAIN, I.: Grundriß der Physiologie der höheren Nerventätigkeit, Berlin 1959

REZA-FAZIOLLAH, M.: An Introduction to Information Theory, New York 1961

ROHRACHER, Hubert: Einführung in die Psychologie, Wien/Innsbruck, 1971

STACHOWIAK, Herbert: Denken und Erkennen im kybernetischen Modell, Wien–New York 1965

STEINBUCH, Karl: Automat und Mensch, Heidelberg 1961

WIENER, Norbert: Mensch und Menschmaschine, Frankfurt/Main 1962

Diese Literaturaufstellung ist nicht vollständig. Hinweise auf Spezialliteratur, insbesondere auf einzelne Untersuchungen, finden Sie jedoch in den aufgeführten Werken.

Psychologie aktiv

Shelley E. Taylor

Mit Zuversicht

Warum positive
Illusionen für uns
so wichtig sind

rororo

psychologie aktiv

Die praktische Psychologie ist traditionell ein Schwerpunkt im Sachbuch bei rororo. Autoren wie Wolfgang Schmidbauer, Jürg Willi, Reinhard Tausch oder Friedemann Schultz von Thun geben mit praxisorientierten Ratgebern Hilfestellung bei privaten und beruflichen Problemen.

Spencer Johnson
Ja oder Nein. Der Weg zur besten Entscheidung *Wie wir Intuition und Verstand richtig nutzen*
(rororo sachbuch 9906)

Ursula Lambrou
Helfen oder aufgeben? *Ein Ratgeber für Angehörige von Alkoholikern*
(rororo sachbuch 9955)

Ellen J. Langer
Fit im Kopf *Aktives Denken oder Wie wir geistig auf der Höhe bleiben*
(rororo sachbuch 9509)

Erhard Meueler
Wie aus Schwäche Stärke wird *Vom Umgang mit Lebenskrisen*
(rororo sachbuch 8540)

Frank Naumann
Miteinander streiten *Die Kunst der fairen Auseinandersetzung*
(rororo sachbuch 9795)

Wolfgang Schmidbauer
Liebeserklärung an die Psychoanalyse
(rororo sachbuch 8839)
Weniger ist manchmal mehr *Zur Psychologie des Konsumverzichts*
(rororo sachbuch 9110)

Friedemann Schulz von Thun
Miteinander reden 1 *Störungen und Klärungen. Allgemeine Psychologie der Kommunikation*
(rororo sachbuch 8489)
Miteinander reden 2 *Stile, Werte und Persönlichkeitsentwicklung. Differentielle Psychologie der Kommunikation*
(rororo sachbuch 8496)

Reinhard Tausch
Hilfen bei Streß und Belastung
(rororo sachbuch 9511)

Shelley E. Taylor
Mit Zuversicht *Warum positive Illusionen für uns so wichtig sind*
(rororo sachbuch 9907)

Jürg Willi
Ko-Evolution *Die Kunst gemeinsamen Wachsens*
(rororo sachbuch 8536)

Ein Gesamtverzeichnis aller lieferbaren Titel der *Rowohlt Verlage* und des *Wunderlich Verlags* finden Sie in der *Rowohlt Revue*. Jedes Vierteljahr neu. Kostenlos in Ihrer Buchhandlung.

rororo sachbuch

Laurie Ashner / Mitch Meyerson
Wenn Eltern zu sehr lieben
(rororo sachbuch 9359)

Karola Berger
Co-Counseln: Die Therapie ohne Therapeut *Anleitungen und Übungen*
(rororo sachbuch 9954)
Co-Counseln bedeutet: sich gegenseitig beraten. In dieser neuen Form der «Laien-Therapie» finden sich zwei Menschen zum therapeutischen Gespräch zusammen. Das Buch vermittelt mit leicht verständlichen Anleitungen und einfachen Übungen die Grundlagen und Techniken dieser neuen Methode.

Klaus Birker / Barbara Schott
Den Job will ich haben! *Die erfolgreiche Bewerbung NLP – das Psycho-Power-Programm*
(rororo sachbuch 9986)
Mit Hilfe der Techniken des Neuro-Linguistischen Programmierens, kurz NLP, kann man in kürzester Zeit lernen, sich optimal auf Bewerbungssituationen vorzubereiten. Die in diesem Buch vorgestellten Übungen sind leicht anwendbar, effektivitätsorientiert und im Management erprobt.

Robert M. Bramson
Schwierige Leute – und wie man am besten mit ihnen umgeht
(rororo sachbuch 8727)

Diane Fassel
Ich war noch ein Kind, als meine Eltern sich trennten ... *Spätfolgen der elterlichen Scheidung überwinden*
(rororo sachbuch 9984)

Karin Mager
Fair und selbstbewußt miteinander reden
Wie Sie Konflikte meistern

Daniel Hell
Welchen Sinn macht Depression?
Ein integrativer Ansatz
(rororo sachbuch 9649)

Karin Mager
Fair und selbstbewußt miteinander reden *Wie Sie Konflikte meistern*
(rororo sachbuch 60106)
Dies ist kein Programm für Harmoniesüchtige, die sich gegenseitig kein Härchen krümmen können, sondern eines für jedermann und jedefrau, die schwierige Gespräche selbstbewußt führen und Konflikte fair lösen wollen.

Tim Rohrmann
Junge, Junge – Mann, o Mann
Die Entwicklung zur Männlichkeit
(rororo sachbuch 9671)

Ian Stuart-Hamilton
Die Psychologie des Alterns
(rororo sachbuch 9516)

Streß mit dem Chef, Probleme in der Familie oder Angst vor der Zukunft – Probleme, die allein schwer zu meistern sind. Jetzt erscheint bei *rororo* das Psycho-Power-Programm zur Stärkung des Selbstbewußtseins, bekannt als **Neurolinguistisches Programmieren (NLP)**, das in den siebziger Jahren von den Amerikanern Richard Bandler und John Grinder entwickelt wurde. Knapp, praxisnah und verständlich geschrieben, bieten die Bücher konkrete Hilfe für Alltag und Beruf.

Cora Besser-Siegmund
Das Rauchen aufgeben
(rororo sachbuch 9956)
Frei von Eifersucht
(rororo sachbuch 9985)
Mit Hilfe der vorgestellten Übungen und Tricks kann man lernen, wie man sich nicht länger von der alles zerfressenden Eifersucht beherrschen läßt, sondern statt dessen seine Energien auf neue, positive Ziele konzentriert.

Barbara Schott
Gut drauf sein, wenn's schiefgeht
(rororo sachbuch 9604)
Cool bleiben
(rororo sachbuch 9603)
Passiert es Ihnen auch immer wieder, daß Sie gereizt reagieren, die Fassung verlieren und manchmal richtig aus der Haut fahren? Das muß nicht sein. Sie können mit einfachen Mitteln gezielt lernen, Ihre Stimmung positiv zu verändern.
Andere Wege wagen
(rororo sachbuch 9605)

Barbara Schott/ Klaus Birker
Freunde finden
(rororo sachbuch 9668)
Prüfungsstreß ade
(rororo sachbuch 9669)
Kompetent verhandeln
(rororo sachbuch 9773)
Geschicktes Verhandeln will gelernt sein – ob am Telefon oder am Verhandlungstisch. Dieses Buch stellt einfach anwendbare Strategien vor.
Schüchternheit überwinden
(rororo 9774)
Mut zur Entscheidung
(rororo sachbuch 9957)
Fällt es Ihnen manchmal schwer, klar ja oder nein zu sagen? Mit diesem Buch können Sie lernen, wie man Entscheidungen als positive Herausforderung begreifen kann.
Selbstbewußt auftreten
(rororo sachbuch 9905)
Souverän mit Kunden umgehen
(rororo sachbuch 9796)
Den Job will ich haben *Die erfolgreiche Bewerbung*
(rororo sachbuch 9986)

Kenneth Blanchard / Donald Carew / Eunice Parisi-Carew
Der Minuten-Manager schult Hochleistungsteams
(rororo sachbuch 60167)
Die zielgerichtete Anleitung, um aus einem «wilden (oder lahmen) Haufen» ein Spitzenteam zu formen.

Kenneth Blanchard / William Oncken / Hal Burrows
Der Minuten-Manager und der Klammer-Affe *Wie man lernt, sich nicht zuviel aufzuhalsen*
(rororo sachbuch 60166)

Kenneth Blanchard / Spencer Johnson
Der Minuten-Manager
(rororo sachbuch 60165)
Anschaulich und konkret: die Grundlagen für erfolgreiches Management.

Kenneth Blanchard / Sheldon Bowles
Wie man Kunden begeistert
Der Dienst am Kunden als A und O des Erfolges
(rororo sachbuch 60164)
Der pfiffige Ratgeber hilft, aus Zufallskäufern Stammkunden zu machen.

Spencer Johnson
Eine Minute für mich
(rororo sachbuch 60169)
Glücklich kann nur werden, wer den Ausgleich zwischen Privatleben und Beruf findet.

Spencer Johnson / Larry Wilson
Das Minuten-Verkaufstalent
(rororo sachbuch 60168)
«Sinnvoll verkaufen» mit Hilfe des Geheimnisses der «Selbstführung».

Kenneth Blanchard
William Oncken, Jr.
Hal Burrows
Der Minuten Manager und der Klammer-Affe
Wie man lernt, sich nicht zuviel aufzuhalsen

René Bosewitz / Robert Kleinschroth
Manage in English *Business English rund um die Firma*
(rororo sprachen 60137)
Better than the Boss *Business English fürs Büro*
(rororo sprachen 60138)
How to Phone Effectively *Business English am Telefon*
(rororo sprachen 60139 / Buch mit Audio-CD 60146 / Toncassette 60147)

Ingo Steinhaus
Online-Dienste sicher nutzen
(rororo computer 9849)

H. Erlenkötter / V. Reher
Microsoft Network
(rororo computer 9842)
Von Konfiguration bis Kostennutzung: Der Grundkurs zum raschen Einstieg in die Welt der Netze.

G. Hooffacker / P. Lokk
Online-Guide Beruf & Business
Findig reisen in den Netzen
(rororo computer 9852)

Intelligenter, einfallsreicher, kreativer werden, der Vergeßlichkeit in zunehmendem Alter vorbeugen und entgegenwirken: praktische Ratgeber für ein gezieltes Training des Gedächtnisses.

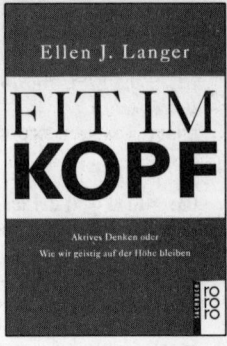

Kathleen Gose / Gloria Levi
Wo sind meine Schlüssel?
Gedächtnistraining in der zweiten Lebenshälfte
(rororo sachbuch 8756)
Die Autorinnen dieses praktischen Ratgebers haben ein Programm entwickelt, das ein gezieltes Training des Gedächtnisses ermöglicht. Nebenbei werden auf anschauliche Weise Funktionen und Leistungen des Gedächtnisses erklärt.

Raymond Hull
Alles ist erreichbar *Erfolg kann man lernen*
(rororo sachbuch 6806)

Walter F. Kugemann /Bernd Gasch
Lerntechniken für Erwachsene
(rororo sachbuch 7123)

Ellen J. Langer
Fit im Kopf *Aktives Denken oder Wie wir geistig auf der Höhe bleiben*
(rororo sachbuch 9509)
Ein psychologisches Sachbuch – spannend, manchmal witzig, wissenschaftlich fundiert und trotzdem handfest praxisbezogen –, das mehr Licht in unser Leben bringt und mehr Leben in unseren Alltag.

Hans-Jürgen Eysenck
Intelligenz-Test
(rororo sachbuch 6878)

Ernst Ott
Das Konzentrationsprogramm
Konzentrationsschwäche überwinden – Denkvermögen steigern
(rororo sachbuch 7099)
Optimales Denken
Trainingsprogramm
(rororo sachbuch 6836)
Optimales Lesen *Schneller lesen – mehr behalten. Ein 25-Tage-Programm*
(rororo sachbuch 6783)

Wolfgang Zielke
Konzentrieren – keine Kunst
Ratschläge und Übungen für den Alltag
(rororo sachbuch 9556)
Der Autor zeigt, wie man seine Konzentrationsfähigkeit durch Veränderungen des eigenen Verhaltens und Arbeitens erhöhen kann. Er bietet eine vergnügliche und leicht zu lesende Sammlung von hilfreichen Ratschlägen und Tips.

Recht bekommen, recht behalten mit Ratgebern von rororo:

Wolfgang Borchert
Kriegsdienstverweigerung
Wege aus der Gewissensnot. Ein Rechtsratgeber
(rororo sachbuch 8508)
Die neue Ausgabe des bewährten Rechtsratgebers berücksichtigt alle wesentlichen Gesetzesänderungen und Neuerungen.

Marianne Breithaupt
Rechte für Mütter und Väter
Was Alleinerziehende und Paare mit oder ohne Trauschein wissen müssen
(mit kindern leben 60155)
Welche Rechte haben Eltern? Sind alleinerziehende Mütter oder Paare ohne Trauschein benachteiligt? Das Handbuch klärt auf über Arbeitsrecht, Unterhaltsansprüche, Adoptions-, Sorge- und Umgangsrecht, Mutterschutz und Erziehungsgeld.

Wilhelm Funke
Patientenrechte *Ansprüche und Leistungen im Arzt-Patienten-Verhältnis*
(rororo sachbuch 9947)
Mit dem Ziel einer offenen und souveränen Beziehung zwischen Patient und Arzt entwickelt dieser Ratgeber an praktisch bedeutsamen Situationen, welche Rechte der Patient seinem Arzt gegenüber hat, von dem Recht auf gründliche «therapeutische Aufklärung» bis zu Besuchs-, Dokumentations- und Schweigepflicht des Arztes.

Gabriele Kaufmann /
Martina Meißner / Wolfgang Meyer
Existenzgründung *Rechtliche Voraussetzungen und betriebswirtschaftliche Hilfen*
(rororo sachbuch 9949)
Wie schafft man den Sprung zur Gründung einer eigenen Firma? Der Ratgeber erklärt an einem praktisch erprobten 12-Punkte-Programm alle notwendigen Schritte.

Scheidungsratgeber von Frauen für Frauen
(rororo sachbuch 9666)

Ernst Heinrich v. Bernewitz /
Konrad von Bonin
Das Grundgesetz verstehen
Didaktisches Sachbuch zu Verfassungsrecht und Gesellschaftswirklichkeit. Erläuterungen – Materialien – Arbeitsvorschläge
(rororo sachbuch 6995)

A. M. Textor
Sag es treffender *Ein Handbuch mit 25000 sinnverwandten Wörtern und Ausdrücken für den täglichen Gebrauch* (rororo handbuch 6520)
Auf deutsch *Das Fremdwörterlexikon Über 20000 Fremdwörter aus allen Lebensgebieten* (rororo handbuch 6521) Zwei Standardwerke (Gesamtauflage: 1,5 Mio.) in vollständig überarbeiteter und erweiterter Neuauflage.

Herta Beusche-Menze / Frohmut Menze
Die neue Rechtschreibung *Wörter und Regeln leicht gelernt* (rororo sachbuch 60171)
So schreibt man das jetzt! *Die neue Rechtschreibung* (rororo sahbuch 60172) Ab dem Jahr 2002 gelten in Deutschland, Österreich und der Schweiz vereinfachte Normen für Rechtschreibung und Interpunktion. Zwei erfahrene Deutschlehrer haben die neuen Regeln ins Jedermanndeutsch übertragen und sich auf die bedeutsamen Änderungen konzentriert.

Manfred Kienpointner
Vernünftig argumentieren *Regeln und Techniken der Diskussion* (rororo sachbuch 60109) Wen frustrieren sie nicht, diese chaotischen Auseinandersetzungen, wo Argumente weggeredet und Gesprächspartner kleingemacht werden? Dieser Kurs weist ebenso leicht verständlich wie praxisnah den Weg zu vernünftigem Argumentieren.

Wolf Schneider
Deutsch fürs Leben *Was die Schule zu lehren vergaß* (rororo sachbuch 9695) Ein Deutschkurs, insbesondere für Schreiber, aber auch für Leser und alle, für die daß Lernen nach der Schule nicht aufhört. Wolf Schneider erhielt 1994 den Medienpreis für Sprachkultur.

Wolf Schneider / Paul-Josef Raue
Handbuch des Journalismus 288 Seiten. Gebunden Wie werde ich Journalist? Die Autoren helfen mit diesem Handbuch bei allen Fragen zur Aus- und Fortbildung von Journalisten.

Menschen, die die Welt bewegten
Wer waren die wichtigsten Persönlichkeiten, die das 20. Jahrhundert bestimmt haben? Eine neue Reihe bei *rororo handbuch* stellt die «100 des Jahrhunderts» mit Bild und biographischen Porträts in kompakter, präziser Form vor. Die Bücher bieten mehr Information als gewöhnliche Lexikon-Artikel und sind hilfreich für alle, die privat oder beruflich schnelle Informationen benötigen.

Die 100 des Jahrhunderts: Politiker
(rororo handbuch 6450)
Sie haben den Lauf der Welt bestimmt, ihre Namen sind mit Krieg und Frieden, mit politischen Systemen und sozialen Konflikten, mit internationalen Bündnissen und wirtschaftlichem Aufstieg verknüpft.

Die 100 des Jahrhunderts: Naturwissenschaftler
(rororo handbuch 6451)

Die 100 des Jahrhunderts: Fußballer
(rororo handbuch 6458)
Ihre Tore und Paraden begeisterten Millionen, ihre Niederlagen und Schicksale bewegten ganze Völker.

Die 100 des Jahrhunderts: Sportler
(rororo handbuch 6453)
Sie ziehen Millionen Menschen in aller Welt in ihren Bann – mit Höchstleistungen und Rekorden auf Bahnen und Pisten, in Hallen und Stadien.

Die 100 des Jahrhunderts: Filmregisseure
(rororo handbuch 6452)
Ihre Filme entführen in Bildwelten, deren Faszination sich niemand entziehen kann.

Die 100 des Jahrhunderts: Komponisten
(rororo handbuch 6457)

Die 100 des Jahrhunderts: Schriftsteller
(rororo handbuch 6455)

Die 100 des Jahrhunderts: Unternehmer und Ökonomen
(rororo handbuch 6454)

Die 100 des Jahrhunderts: Filmstars
(rororo handbuch 6459)
Ohne seine Heldinnen und Helden wäre der Film ein nur mäßig aufregendes Spektakel. Seit den Anfängen begeistern jedoch die Stars ihr Publikum, sie sind die Ikonen unseres Jahrhunderts geworden. Hier treten sie auf, die eleganten Divas und die unwiderstehlichen Herzensbrecher, die großen Schauspieler und die einsamen Heroinen.

rororo handbuch

NILS CHRISTIE

Jenseits von Einsamkeit und Entfremdung

Gemeinschaften
für außergewöhnliche Menschen

Mit einem Nachwort
von Hans Müller-Wiedemann

VERLAG FREIES GEISTESLEBEN

Aus dem Englischen von Susanne Lenz

CIP-Titelaufnahme der Deutschen Bibliothek

Christie, Nils:
Jenseits von Einsamkeit und Entfremdung:
Gemeinschaften für außergewöhnliche Menschen / Nils Christie.
Mit einem Nachw. von Hans Müller-Wiedemann.
[Aus dem Engl. von Susanne Lenz]. –
Stuttgart: Verl. Freies Geistesleben, 1992 (Praxis Anthroposophie ; 11)
Einheitssacht.: Beyond loneliness and institutions <dt.>

ISBN 3-7725-1211-9

NE: GT

Die Originalausgabe erschien 1989 unter dem Titel
«Beyond loneliness und institutions: villages for extraordinary people».
© Universitetsforlaget AS, Oslo

Für die deutsche Ausgabe:
© 1992 Verlag Freies Geistesleben GmbH, Stuttgart
Umschlaggestaltung: Walter Schneider, unter Verwendung
des Bildes *Ruf aus der Höhe* von Paul Weisshuhn
Druck: Clausen & Bosse, Leck